“十四五”职业教育国家规划教材

旅游网络营销

第二版

主　编◎周凯波　林晓宁
副主编◎周　欢　喻林萍　智　瑀

中国旅游出版社

第二版前言

《旅游网络营销》自2020年出版以来，受到广大师生的普遍欢迎，并列选“十四五”职业教育国家规划教材。此次修订，主要体现在以下几个方面：

一是增加了二维码在内的数字化呈现方式，便于读者通过扫二维码方式获取相关知识链接及教学资源，使其可听、可视、可练。

二是更新了书稿中的个别陈旧案例，新的案例资料在内容选取上重点凸显与旅游业发展新形态、新理念、新标准的紧密结合。

三是补充完善了社会主义核心价值观的内容。增加了绪论，绪论内容主要包括：深刻认识党的二十大胜利召开的伟大意义，提升新时代大学生政治站位；深刻把握党的二十大主题，激发新时代大学生爱国热情；深入学习领悟过去五年工作和新时代十年伟大变革的重大意义，增强新时代大学生民族自豪感；深刻领会“两个结合”是推进马克思主义中国化时代化的根本途径，加强新时代大学生弘扬中华优秀传统文化教育；牢牢把握全面建设社会主义现代化国家开局起步的战略部署，指引新时代大学生守正创新促发展；深入把握党的二十大关于文化和旅游工作的部署要求，推动文旅融合高质量发展；深刻把握团结奋斗的新时代要求，为文旅行业培养高素质人才。

四是内容方面，第一章增加了第三节：网络营销的技术类型；原书附录删除，换成第 11 章，并与时俱进，增加抖音、快手等营销方式；还增加了软文撰写道德规范；删掉原书的陈旧案例，在新增的第十一章里增加董宇辉、刘畊宏营销案例；其他细节修改不一一列举。

由于作者水平有限，不足之处在所难免，敬请广大读者批评指正！

编者

2023 年 7 月

前　言

当前旅游行业发展迅猛，随之而来的是行业内激烈的竞争；随着经济发展、消费升级，游客对旅游产品提出了更高的要求。如何满足游客不断升级的需求，在激烈的竞争中走在竞争对手的前面，成为旅游企业必须重视且需要深入思考的问题。在这种情况下，互联网的发展为企业营销带来了新途径，旅游企业也纷纷抓住网络营销的浪潮，探索网络营销的有效方法。

本书专门针对旅游网络营销进行编写。首先结合旅游业实际情况回顾市场营销若干重要的基础理论，包括旅游网络营销概述（第一章）、旅游网络营销的理论基础（第二章）、旅游网络市场与消费者购买行为（第三章）以及旅游网络市场调研（第四章），在回顾了有关旅游市场营销理论的基础上，选择了时下较为流行的网络营销方式进行介绍，包括网站营销（第五章）、微博营销（第六章）、微信营销（第七章）、软文营销（第八章）、搜索引擎营销（第九章）和邮件营销（第十章）。在对网络营销工具进行介绍时，紧贴行业发展现状，理论联系实际，同时安排了众多操作性强、切实可行的操作活动，锻炼学生利用现有工具进行营销的能力，建立起对网络营销的认知。

本书是“第二批上海市属高校应用型本科试点专业——上海师范大学天华学院旅游管理专业”项目建设成果，是旅游电子商务方向七部理实一体化系列教材之一，由上海师范大学天华学院旅游管理专业教师周凯波和林晓宁共同编写完成。其中周凯波负责编写第一章至第四章，其余章节由林晓宁编写完成，全书由周凯波负责策划和统稿，周欢、喻林萍、智瑀参与了本书的资料收集和文字校对工作。

本书在编写过程中，参考了大量网络营销教材、旅游市场营销教材、具体的网络营销工具介绍的书籍以及网络资料，编者已经在参考文献处标注。在此要对这些文献资料的作者表示由衷的感谢，网络营销理论体系的建立尚处于初级阶段，旅游网络营销更是如此，感谢各位同人的悉心研究与分享，为该教材提供了有价值的思路，衷心感谢中国旅游出版社及孙妍峰编辑为本教材出版所给予的关心和指导。

由于编者水平有限，教材中有很多不成熟的观点，敬请广大读者多提出指导意见。另外，倘若书中有因疏忽未标注出处的参考资料，劳烦读者指出，编者一定及时标注并纠正，再次感谢。

编者
2020.6

目　录
CONTENTS

绪　论

党的二十大是在全党全国各族人民迈上全面建设社会主义现代化国家新征程、向第二个百年奋斗目标进军的关键时刻召开的一次十分重要的大会，是一次高举旗帜、凝聚力量、团结奋进的大会。党的二十大在政治上、理论上、实践上取得了一系列重大成果，就新时代新征程党和国家事业发展制定了大政方针和战略部署，是我们党团结带领人民全面建设社会主义现代化国家、全面推进中华民族伟大复兴的政治宣言和行动纲领，对于全党全国各族人民更加紧密团结在以习近平同志为核心的党中央周围，万众一心、接续奋斗，在新时代新征程夺取中国特色社会主义新的伟大胜利，具有极其重大而深远的意义。学习贯彻党的二十大精神，习近平总书记强调的“五个牢牢把握”是最精准的解读、最权威的辅导。要从战略和全局高度完整、准确、全面理解把握党的二十大精神，增强学习贯彻的政治自觉、思想自觉、行动自觉，为实现党的二十大确定的目标任务不懈奋斗。

一、深刻认识党的二十大胜利召开的伟大意义，提升新时代大学生政治站位

党的二十大担负起全党的重托和人民的期待，从战略全局深刻阐述了新时代坚持和发展中国特色社会主义的一系列重大理论和实践问题，科学谋划了未来一个时期党和国家事业发展的目标任务和大政方针，在党和国家历史上具有重大而深远的意义。

（一）这是中国共产党在百年辉煌成就和十年伟大变革的高起点上创造新时代更大荣光的大会

中国共产党在百年历程中共召开了十九次全国代表大会。党的二十大是我们党在建党百年后召开的首次全国代表大会，也是在新时代十年伟大变革的时

间坐标上召开的全国代表大会，具有特别的里程碑意义。

（二）这是推进实践基础上的理论创新、开辟马克思主义中国化时代化新境界的大会

马克思主义中国化时代化既是马克思主义的自身要求，又是中国共产党坚持和发展马克思主义的必然路径。中国共产党为什么能，中国特色社会主义为什么好，归根到底是马克思主义行，是中国化时代化的马克思主义行。党的二十大深刻阐述了习近平新时代中国特色社会主义思想的科学内涵和精神实质，深入阐释了开辟马克思主义中国化时代化新境界的重大命题并提出了明确要求，具有重大理论意义。

（三）这是谋划全面建设社会主义现代化国家、以中国式现代化全面推进中华民族伟大复兴的大会

现代化是各国人民的共同期待和目标。百年来，我们党团结带领人民进行的一切奋斗、一切牺牲、一切创造，就是为了把我国建设成为现代化强国，实现中华民族伟大复兴。在新中国成立特别是改革开放以来的长期探索和实践基础上，经过党的十八大以来在理论和实践上的创新突破，我们党成功推进和拓展了中国式现代化，创造了人类文明新形态。党的二十大明确提出以中国式现代化全面推进中华民族伟大复兴的使命任务，精辟论述了中国式现代化的中国特色、本质要求和重大原则，深刻阐释了中国式现代化的历史渊源、理论逻辑、实践特征和战略部署，大大深化了我们党关于中国式现代化的理论和实践。

（四）这是致力于推动构建人类命运共同体、携手开创人类更加美好未来的大会

当前，世界之变、时代之变、历史之变正以前所未有的方式展开，人类社会面临前所未有的挑战。世界又一次站在历史的十字路口，何去何从取决于各国人民的抉择。党的二十大深刻把握世界大势和时代潮流，宣示中国在变局、乱局中促进世界和平与发展、推动构建人类命运共同体的政策主张和坚定决心，为共创人类更加美好的未来注入强大信心和力量。

（五）这是推动解决大党独有难题、以党的自我革命引领社会革命的大会

全面建设社会主义现代化国家、全面推进中华民族伟大复兴，关键在党。党的二十大明确提出：我们党作为世界上最大的马克思主义执政党，要始终赢得人民拥护、巩固长期执政地位，必须时刻保持解决大党独有难题的清醒和坚定。

二、深刻把握党的二十大主题，激发新时代大学生爱国热情

党的二十大的主题，正是我们党对这些事关党和国家事业继往开来、事关中国特色社会主义前途命运、事关中华民族伟大复兴战略性问题的明确宣示，是大会的灵魂。习近平总书记在党的二十大报告中，开宗明义指出大会的主题："高举中国特色社会主义伟大旗帜，全面贯彻新时代中国特色社会主义思想，弘扬伟大建党精神，自信自强、守正创新，踔厉奋发、勇毅前行，为全面建设社会主义现代化国家、全面推进中华民族伟大复兴而团结奋斗。"这一主题明确宣示了我们党在新征程上带领人民举什么旗、走什么路、以什么样的精神状态、朝着什么样的目标继续前进等重大问题。《中国共产党第二十次全国代表大会关于十九届中央委员会报告的决议》指出："报告阐明的大会主题是大会的灵魂，是党和国家事业发展的总纲。"学习理解党的二十大精神，必须把握这一"灵魂"，抓住这一"总纲"。大会主题中的六个关键词语值得我们高度重视。

（一）旗帜

新时代新征程党高举的旗帜就是"中国特色社会主义伟大旗帜"。大会主题写入这一根本要求，既体现了中国特色社会主义历史演进的连续性、继承性，又体现了新时代党坚持和发展中国特色社会主义的坚定性、恒久性。

（二）思想

大会主题所指示的"全面贯彻新时代中国特色社会主义思想"，就是要求在新时代新征程必须全面贯彻习近平新时代中国特色社会主义思想。党的二十大报告对此作出全面部署。

（三）精神

继在庆祝中国共产党成立100周年大会上习近平总书记提出并号召继承发扬伟大建党精神后，党的二十大主题写入了"弘扬伟大建党精神"的要求，新修改的党章载入了伟大建党精神"坚持真理、坚守理想，践行初心、担当使命，不怕牺牲、英勇斗争，对党忠诚、不负人民"的内涵，这是党在自己最高权力机关及最高章程上的庄严宣示，明确回答了党以什么样的精神状态走好新

的赶考之路的重大问题，不仅是贯穿大会报告的重要红线，也是今后党的全部理论和实践的重要遵循。

（四）现代化

"现代化"即"全面建设社会主义现代化国家"。这一重要主题彰显了当前和今后一个时期党的中心任务。党的二十大庄严宣告："从现在起，中国共产党的中心任务就是团结带领全国各族人民全面建成社会主义现代化强国、实现第二个百年奋斗目标，以中国式现代化全面推进中华民族伟大复兴。""中国式现代化"成为这次大会的重要标识。

（五）复兴

在党的二十大主题中，前后用了三个"全面"，即"全面贯彻新时代中国特色社会主义思想""全面建设社会主义现代化国家""全面推进中华民族伟大复兴"。第一个"全面"规定了新时代党的创新科学理论的指导地位，第二个"全面"规定了新时代新征程的中心任务，第三个"全面"规定了党在新时代新征程的奋斗目标。大会主题中的前两个"全面"，以及报告全文使用的其他一百多个"全面"，都是为了实现"全面推进中华民族伟大复兴"这一根本目标。

（六）团结奋斗

"团结奋斗"是党的二十大主题的鲜明特色。除了在主题中要求"为全面建设社会主义现代化国家、全面推进中华民族伟大复兴而团结奋斗"外，"团结奋斗"一词还体现在党的二十大报告的标题、导语、正文、结束语各个部分。报告全文共使用 7 次"团结奋斗"、27 次"团结"，突出表达了这次大会的主基调。

三、深入学习领悟过去五年工作和新时代十年伟大变革的重大意义，增强新时代大学生民族自豪感

过去五年和新时代以来的十年，在党和国家发展进程中极不寻常、极不平凡。习近平总书记在党的二十大报告中全面回顾总结了过去五年的工作和新时代十年的伟大变革，深刻指出新时代十年的伟大变革，在党史、新中国史、改革开放史、社会主义发展史、中华民族发展史上具有里程碑意义。学习宣传、贯彻落实党的二十大精神，必须深入学习领悟过去五年工作和新时代十年伟大

变革的重大意义，坚定历史自信、增强历史主动，自觉在思想上政治上行动上同以习近平同志为核心的党中央保持高度一致。

党的二十大报告在总结党的十九大以来五年工作基础上，用“三件大事”、三个“历史性胜利”高度概括新时代十年走过的极不寻常、极不平凡的奋斗历程，从16个方面全面回顾党和国家事业发展取得的举世瞩目的重大成就，从4个方面总结提炼新时代十年伟大变革的里程碑意义。新时代十年的伟大变革，充分证明中国特色社会主义道路不仅走得对、走得通，而且走得稳、走得好。

四、深刻领会“两个结合”是推进马克思主义中国化时代化的根本途径，加强新时代大学生弘扬中华优秀传统文化教育

党的二十大报告提出，中国共产党为什么能，中国特色社会主义为什么好，归根到底是马克思主义行，是中国化时代化的马克思主义行。100多年来，我们党洞察时代大势，把握历史主动，进行艰辛探索，坚持解放思想和实事求是相统一、培元固本和守正创新相统一，把马克思主义基本原理同中国具体实际相结合、同中华优秀传统文化相结合，不断推进理论创新、进行理论创造，不断推进马克思主义中国化时代化，带领中国人民不懈奋斗，中华民族迎来了从站起来、富起来到强起来的伟大飞跃，实现中华民族伟大复兴进入了不可逆转的历史进程。

马克思主义理论不是教条，而是行动指南。习近平总书记在党的二十大报告中指出：“我们坚持以马克思主义为指导，是要运用其科学的世界观和方法论解决中国的问题，而不是要背诵和重复其具体结论和词句，更不能把马克思主义当成一成不变的教条。”坚持和发展马克思主义，必须同中国具体实际相结合。100多年来，我们党把坚持马克思主义和发展马克思主义统一起来，既始终坚持马克思主义基本原理不动摇，又根据中国革命、建设、改革实际，创造性地解决自己的问题，不断开辟马克思主义中国化时代化新境界。坚持和发展马克思主义，必须同中华优秀传统文化相结合。只有植根本国、本民族历史文化沃土，马克思主义真理之树才能根深叶茂。中华优秀传统文化源远流长、博大精深，是中华文明的智慧结晶，其中蕴含的天下为公、民为邦本、为政以德、革故鼎新、任人唯贤、天人合一、自强不息、厚德载物、讲信修睦、亲仁

善邻等，是中国人民在长期生产生活中积累的宇宙观、天下观、社会观、道德观的重要体现，同科学社会主义核心价值观主张具有高度契合性。中国共产党之所以能够领导人民成功走出中国式现代化道路、创造人类文明新形态，很重要的一个原因就在于植根中华文化沃土，不断推进马克思主义中国化时代化，推动中华优秀传统文化创造性转化、创新性发展。

五、牢牢把握全面建设社会主义现代化国家开局起步的战略部署，指引新时代大学生守正创新促发展

党的二十大站在党和国家事业发展的制高点，科学谋划了未来五年乃至更长时期党和国家事业发展的目标任务和大政方针，发出了全面建设社会主义现代化国家、全面推进中华民族伟大复兴的动员令。

“全面建成社会主义现代化强国，总的战略安排是分两步走：从二〇二〇年到二〇三五年基本实现社会主义现代化；从二〇三五年到本世纪中叶把我国建成富强民主文明和谐美丽的社会主义现代化强国。”党的二十大对全面建成社会主义现代化强国两步走战略安排进行了宏观展望，又围绕统筹推进“五位一体”总体布局、协调推进“四个全面”战略布局，从 11 个方面对未来五年工作作出全面部署，全面构建了推进社会主义现代化建设的实践体系。特别是把教育科技人才、全面依法治国、维护国家安全和社会稳定单列部分进行具体安排，充分体现了抓关键、补短板、防风险的战略考量，是党中央基于新的战略机遇、新的战略任务、新的战略阶段、新的战略要求、新的战略环境做出的科学判断和战略安排，必将引领全党全国各族人民有效应对世界之变、时代之变、历史之变，推动全面建设社会主义现代化国家开好局、起好步。

六、深入把握党的二十大关于文化和旅游工作的部署要求，推动文旅融合高质量发展

党的二十大作出推进文化自信自强、铸就社会主义文化新辉煌的重大战略部署，要准确把握社会主义文化建设的指导思想和原则目标、战略重点和主要任务以及中国立场和时代要求。

（一）要准确把握社会主义文化建设的指导思想和原则目标

报告指出：“全面建设社会主义现代化国家，必须坚持中国特色社会主义

文化发展道路，增强文化自信，围绕举旗帜、聚民心、育新人、兴文化、展形象建设社会主义文化强国，发展面向现代化、面向世界、面向未来的，民族的科学的大众的社会主义文化，激发全民族文化创新创造活力，增强实现中华民族伟大复兴的精神力量。”报告明确提出了社会主义文化建设的根本指导思想、基本原则和奋斗目标，坚持为人民服务、为社会主义服务，以社会主义核心价值观为引领，发展社会主义先进文化，弘扬革命文化，传承中华优秀传统文化，满足人民日益增长的精神文化需求，巩固全党全国各族人民团结奋斗的共同思想基础，不断提升国家文化软实力和中华文化影响力。

（二）要准确把握社会主义文化建设的战略重点和主要任务

党的二十大报告提出了建设具有强大凝聚力和引领力的社会主义意识形态、广泛践行社会主义核心价值观、提高全社会文明程度、繁荣发展文化事业和文化产业、增强中华文明传播力影响力五个方面的战略任务，准确把握、全面落实好这些战略重点和主要任务，对于推进文化自信自强，铸就社会主义文化新辉煌具有重要基础支撑作用。

（三）要准确把握社会主义文化建设的中国立场和时代要求

党的二十大报告指出：“中华优秀传统文化源远流长、博大精深，是中华文明的智慧结晶。”要把马克思主义基本原理与中华优秀传统文化相结合，不断推进马克思主义中国化，增强中华文明的传播力和影响力。

（四）以文塑旅、以旅彰文、推进文化和旅游深度融合发展

党的二十大报告明确提出：“加大文物和文化遗产保护力度，加强城乡建设中历史文化保护传承，建好用好国家文化公园。坚持以文塑旅、以旅彰文，推进文化和旅游深度融合发展。”这些重要论述，为文旅行业把握新发展阶段，贯彻新发展理念，构建新发展格局，推动高质量发展点明了方向，指明了路径，是未来5年乃至更长一段时间内文旅行业融合发展实践的根本遵循和行动指南，对文旅行业实现理念重构和实践创新具有非常重要的现实指导意义。

七、深刻把握团结奋斗的新时代要求，为文旅行业培养高素质人才

在党的二十大上，习近平总书记宣示新时代新征程党的使命任务，发出了全面建设社会主义现代化国家、全面推进中华民族伟大复兴的动员令。从现在

起，中国共产党的中心任务就是团结带领全国各族人民全面建成社会主义现代化强国、实现第二个百年奋斗目标，以中国式现代化全面推进中华民族伟大复兴。

美好的蓝图需要埋头苦干、团结奋斗才能变为现实。习近平总书记的铿锵宣示充满信心和力量——“党用伟大奋斗创造了百年伟业，也一定能用新的伟大奋斗创造新的伟业”。让我们更加紧密地团结在以习近平同志为核心的党中央周围，全面贯彻习近平新时代中国特色社会主义思想，坚定信心、同心同德，埋头苦干、奋勇前进，深入贯彻落实党的二十大精神和党中央决策部署，为全面建设社会主义现代化国家、全面推进中华民族伟大复兴而团结奋斗，在新的赶考之路上向历史和人民交出新的优异答卷！

相关链接1

关于党的二十大报告，必须知道的“关键词”

2022 年 10 月 16 日，中国共产党第二十次全国代表大会开幕，习近平代表第十九届中央委员会向大会作报告。一起学习报告里的这些“关键词”。

【大会的主题】

大会的主题是：高举中国特色社会主义伟大旗帜，全面贯彻新时代中国特色社会主义思想，弘扬伟大建党精神，自信自强、守正创新，踔厉奋发、勇毅前行，为全面建设社会主义现代化国家、全面推进中华民族伟大复兴而团结奋斗。

【三个“务必”】

中国共产党已走过百年奋斗历程。我们党立志于中华民族千秋伟业，致力于人类和平与发展崇高事业，责任无比重大，使命无上光荣。全党同志务必不忘初心、牢记使命，务必谦虚谨慎、艰苦奋斗，务必敢于斗争、善于斗争，坚定历史自信，增强历史主动，谱写新时代中国特色社会主义更加绚丽的华章。

【极不寻常、极不平凡的五年】

党的十九大以来的五年，是极不寻常、极不平凡的五年。党中央统筹中华民族伟大复兴战略全局和世界百年未有之大变局，就党和国家事业发展作出重大战略部署，团结带领全党全军全国各族人民有效应对严峻复杂的国际形势和接踵而至的巨大风险挑战，以奋发有为的精神把新时代中国特色社会主义不断推向前进。

【三件大事】

十年来，我们经历了对党和人民事业具有重大现实意义和深远历史意义的三件大事：一是迎来中国共产党成立一百周年，二是中国特色社会主义进入新时代，三是完成脱贫攻坚、全面建成小康社会的历史任务，实现第一个百年奋斗目标。

【新时代十年的伟大变革】

新时代十年的伟大变革，在党史、新中国史、改革开放史、社会主义发展史、中华民族发展史上具有里程碑意义。

【归根到底是两个“行”】

实践告诉我们，中国共产党为什么能，中国特色社会主义为什么好，归根到底是马克思主义行，是中国化时代化的马克思主义行。拥有马克思主义科学理论指导是我们党坚定信仰信念、把握历史主动的根本所在。

【中国共产党的中心任务】

从现在起，中国共产党的中心任务就是团结带领全国各族人民全面建成社会主义现代化强国、实现第二个百年奋斗目标，以中国式现代化全面推进中华民族伟大复兴。

【中国式现代化】

中国式现代化，是中国共产党领导的社会主义现代化，既有各国现代化的共同特征，更有基于自己国情的中国特色。

——中国式现代化是人口规模巨大的现代化。

——中国式现代化是全体人民共同富裕的现代化。

——中国式现代化是物质文明和精神文明相协调的现代化。

——中国式现代化是人与自然和谐共生的现代化。

——中国式现代化是走和平发展道路的现代化。

中国式现代化的本质要求是：坚持中国共产党领导，坚持中国特色社会主义，实现高质量发展，发展全过程人民民主，丰富人民精神世界，实现全体人民共同富裕，促进人与自然和谐共生，推动构建人类命运共同体，创造人类文明新形态。

【全面建设社会主义现代化国家开局起步的关键时期】

未来五年是全面建设社会主义现代化国家开局起步的关键时期。

【五个“坚持”】

我国发展进入战略机遇和风险挑战并存、不确定难预料因素增多的时期，各种“黑天鹅”“灰犀牛”事件随时可能发生。我们必须增强忧患意识，坚持底线思维，做到居安思危、未雨绸缪，准备经受风高浪急甚至惊涛骇浪的重大考验。前进道路上，必须牢牢把握以下重大原则。

——坚持和加强党的全面领导。

——坚持中国特色社会主义道路。

——坚持以人民为中心的发展思想。

——坚持深化改革开放。

——坚持发扬斗争精神。

【加快构建新发展格局】

必须完整、准确、全面贯彻新发展理念，坚持社会主义市场经济改革方向，坚持高水平对外开放，加快构建以国内大循环为主体、国内国际双循环相互促进的新发展格局。

【发展经济着力点】

坚持把发展经济的着力点放在实体经济上，推进新型工业化，加快建设制造强国、质量强国、航天强国、交通强国、网络强国、数字中国。

【实施科教兴国战略】

必须坚持科技是第一生产力、人才是第一资源、创新是第一动力，深入实施科教兴国战略、人才强国战略、创新驱动发展战略，开辟发展新领域新赛道，不断塑造发展新动能新优势。

坚持创新在我国现代化建设全局中的核心地位。完善党中央对科技工作统一领导的体制，健全新型举国体制，强化国家战略科技力量，优化配置创新资源，提升国家创新体系整体效能。

【全过程人民民主】

全过程人民民主是社会主义民主政治的本质属性，是最广泛、最真实、最管用的民主。必须坚定不移走中国特色社会主义政治发展道路，坚持党的领导、人民当家作主、依法治国有机统一。

【全面依法治国】

全面依法治国是国家治理的一场深刻革命,关系党执政兴国,关系人民幸福安康,关系党和国家长治久安。必须更好发挥法治固根本、稳预期、利长远的保障作用,在法治轨道上全面建设社会主义现代化国家。

【文化自信自强】

全面建设社会主义现代化国家,必须坚持中国特色社会主义文化发展道路,增强文化自信,围绕举旗帜、聚民心、育新人、兴文化、展形象建设社会主义文化强国,发展面向现代化、面向世界、面向未来的,民族的科学的大众的社会主义文化,激发全民族文化创新创造活力,增强实现中华民族伟大复兴的精神力量。

【为民造福】

治国有常,利民为本。为民造福是立党为公、执政为民的本质要求。必须坚持在发展中保障和改善民生,鼓励共同奋斗创造美好生活,不断实现人民对美好生活的向往。

【完善分配制度】

坚持按劳分配为主体、多种分配方式并存,构建初次分配、再分配、第三次分配协调配套的制度体系。努力提高居民收入在国民收入分配中的比重,提高劳动报酬在初次分配中的比重。坚持多劳多得,鼓励勤劳致富,促进机会公平,增加低收入者收入,扩大中等收入群体。规范收入分配秩序,规范财富积累机制,保护合法收入,调节过高收入,取缔非法收入。

【推动绿色发展】

大自然是人类赖以生存发展的基本条件。尊重自然、顺应自然、保护自然,是全面建设社会主义现代化国家的内在要求。必须牢固树立和践行绿水青山就是金山银山的理念,站在人与自然和谐共生的高度谋划发展。

【总体国家安全观】

国家安全是民族复兴的根基,社会稳定是国家强盛的前提。必须坚定不移贯彻总体国家安全观,把维护国家安全贯穿党和国家工作各方面全过程,确保国家安全和社会稳定。

【新安全格局】

我们要坚持以人民安全为宗旨、以政治安全为根本、以经济安全为基础、以军事科技文化社会安全为保障、以促进国际安全为依托,统筹外部安全和内部安全、国土安全和国民安全、传统安全和非传统安全、自身安全和共同安全,统筹维护和塑造国家安全,夯实国家安全和社会稳定基层基础,完善参与全球安全治理机制,建设更高水平的平安中国,以新安全格局保障新发展格局。

【开创国防和军队现代化新局面】

实现建军一百年奋斗目标,开创国防和军队现代化新局面。

如期实现建军一百年奋斗目标,加快把人民军队建成世界一流军队,是全面建设社会主义现代化国家的战略要求。必须贯彻新时代党的强军思想,贯彻新时代军事战略方针,坚持党对人民军队的绝对领导,坚持政治建军、改革强军、科技强军、人才强军、依法治军,坚持边斗争、边备战、边建设,坚持机械化信息化智能化融合发展,加快军事理论现代化、军队组织形态现代化、军事人员现代化、武器装备现代化,提高捍卫国家主权、安全、发展利益战略能力,有效履行新时代人民军队使命任务。

【坚持和完善“一国两制”,推进祖国统一】

“一国两制”是中国特色社会主义的伟大创举,是香港、澳门回归后保持长期繁荣稳定的最佳制度安排,必须长期坚持。

坚持贯彻新时代党解决台湾问题的总体方略,牢牢把握两岸关系主导权和主动权,坚定不移推进祖国统一大业。

解决台湾问题是中国人自己的事,要由中国人来决定。我们坚持以最大诚意、尽最大努力争取和平统一的前景,但决不承诺放弃使用武力,保留采取一切必要措施的选项,这针对的是外部势力干涉和极少数“台独”分裂分子及其分裂活动,绝非针对广大台湾同胞。国家统一、民族复兴的历史车轮滚滚向前,祖国完全统一一定要实现,也一定能够实现!

【人类命运共同体】

中国提出了全球发展倡议、全球安全倡议,愿同国际社会一道努力落实。我们真诚呼吁,世界各国弘扬和平、发展、公平、正义、民主、自由的全人类共同价值,促进各国人民相知相亲,尊重世界文明多样性,以文明交流超越文明隔阂、文明互鉴超越文明冲突、文明共存超越文明优越,共同应对各种全球性挑战。中国人民愿同世界人民携手开创人类更加美好的未来。

【新时代党的建设新的伟大工程】

全面建设社会主义现代化国家、全面推进中华民族伟大复兴，关键在党。我们党作为世界上最大的马克思主义执政党，要始终赢得人民拥护、巩固长期执政地位，必须时刻保持解决大党独有难题的清醒和坚定。全党必须牢记，全面从严治党永远在路上，党的自我革命永远在路上，决不能有松劲歇脚、疲劳厌战的情绪，必须持之以恒推进全面从严治党，深入推进新时代党的建设新的伟大工程，以党的自我革命引领社会革命。

【五个“必由之路”】

全党必须牢记，坚持党的全面领导是坚持和发展中国特色社会主义的必由之路，中国特色社会主义是实现中华民族伟大复兴的必由之路，团结奋斗是中国人民创造历史伟业的必由之路，贯彻新发展理念是新时代我国发展壮大的必由之路，全面从严治党是党永葆生机活力、走好新的赶考之路的必由之路。

【战略性工作】

青年强，则国家强。当代中国青年生逢其时，施展才干的舞台无比广阔，实现梦想的前景无比光明。全党要把青年工作作为战略性工作来抓，用党的科学理论武装青年，用党的初心使命感召青年，做青年朋友的知心人、青年工作的热心人、青年群众的引路人。

资料来源：人民网·中国共产党新闻网.

相关链接2

9个重要表述，带你理解高质量

习近平在党的二十大报告中提出，必须完整、准确、全面贯彻新发展理念，坚持社会主义市场经济改革方向，坚持高水平对外开放，加快构建以国内大循环为主体、国内国际双循环相互促进的新发展格局。

中国式现代化

报告原文

在新中国成立特别是改革开放以来长期探索和实践基础上，经过十八大以来在理论和实践上的创新突破，我们党成功推进和拓展了中国式现代化。

中国式现代化，是中国共产党领导的社会主义现代化，既有各国现代化的共同特征，更有基于自己国情的中国特色。

高水平社会主义市场经济体制

报告原文

构建高水平社会主义市场经济体制。坚持和完善社会主义基本经济制度，毫不动摇巩固和发展公有制经济，毫不动摇鼓励、支持、引导非公有制经济发展，充分发挥市场在资源配置中的决定性作用，更好发挥政府作用。

现代化产业体系

报告原文

建设现代化产业体系。坚持把发展经济的着力点放在实体经济上，推进新型工业化，加快建设制造强国、质量强国、航天强国、交通强国、网络强国、数字中国。

乡村振兴

报告原文

全面推进乡村振兴。坚持农业农村优先发展，坚持城乡融合发展，畅通城乡要素流动。扎实推动乡村产业、人才、文化、生态、组织振兴。全方位夯实粮食安全根基，牢牢守住十八亿亩耕地红线。深化农村土地制度改革，赋予农民更加充分的财产权益。保障进城落户农民合法土地权益，鼓励依法自愿有偿转让。

区域协调发展

报告原文

促进区域协调发展。深入实施区域协调发展战略、区域重大战略、主体功能区战略、新型城镇化战略，优化重大生产力布局，构建优势互补、高质量发展的区域经济布局和国土空间体系。

高水平对外开放

报告原文

推进高水平对外开放。稳步扩大规则、规制、管理、标准等制度型开放。加快建设贸易强国。营造市场化、法治化、国际化一流营商环境。推动共建“一带一路”高质量发展。有序推进人民币国际化。深度参与全球产业分工和合作，维护多元稳定的国际经济格局和经贸关系。

新领域新赛道

报告原文

必须坚持科技是第一生产力、人才是第一资源、创新是第一动力，深入实施科教兴国战略、人才强国战略、创新驱动发展战略，开辟发展新领域新赛道，不断塑造发展新动能新优势。

共同富裕

报告原文

我们要实现好、维护好、发展好最广大人民根本利益，紧紧抓住人民最关心最直接最现实的利益问题，坚持尽力而为、量力而行，深入群众、深入基层，采取更多惠民生、暖民心举措，着力解决好人民群众急难愁盼问题，健全基本公共服务体系，提高公共服务水平，增强均衡性和可及性，扎实推进共同富裕。

和谐共生

报告原文

大自然是人类赖以生存发展的基本条件。尊重自然、顺应自然、保护自然，是全面建设社会主义现代化国家的内在要求。必须牢固树立和践行绿水青山就是金山银山的理念，站在人与自然和谐共生的高度谋划发展。

资料来源：http://finance.people.com.cn/n1/2022/1018/c1004–32547280.html.

相关链接3

高举中国特色社会主义伟大旗帜
为全面建设社会主义现代化国家而团结奋斗
——在中国共产党第二十次全国代表大会上的报告（节选）

八、推进文化自信自强，铸就社会主义文化新辉煌

全面建设社会主义现代化国家，必须坚持中国特色社会主义文化发展道路，

增强文化自信，围绕举旗帜、聚民心、育新人、兴文化、展形象建设社会主义文化强国，发展面向现代化、面向世界、面向未来的，民族的科学的大众的社会主义文化，激发全民族文化创新创造活力，增强实现中华民族伟大复兴的精神力量。

我们要坚持马克思主义在意识形态领域指导地位的根本制度，坚持为人民服务、为社会主义服务，坚持百花齐放、百家争鸣，坚持创造性转化、创新性发展，以社会主义核心价值观为引领，发展社会主义先进文化，弘扬革命文化，传承中华优秀传统文化，满足人民日益增长的精神文化需求，巩固全党全国各族人民团结奋斗的共同思想基础，不断提升国家文化软实力和中华文化影响力。

（一）建设具有强大凝聚力和引领力的社会主义意识形态

意识形态工作是为国家立心、为民族立魂的工作。牢牢掌握党对意识形态工作领导权，全面落实意识形态工作责任制，巩固壮大奋进新时代的主流思想舆论。健全用党的创新理论武装全党、教育人民、指导实践工作体系。加强全媒体传播体系建设，塑造主流舆论新格局。健全网络综合治理体系，推动形成良好网络生态。

（二）广泛践行社会主义核心价值观

社会主义核心价值观是凝聚人心、汇聚民力的强大力量。弘扬以伟大建党精神为源头的中国共产党人精神谱系，用好红色资源，深入开展社会主义核心价值观宣传教育，深化爱国主义、集体主义、社会主义教育，着力培养担当民族复兴大任的时代新人。推动理想信念教育常态化制度化，持续抓好党史、新中国史、改革开放史、社会主义发展史宣传教育，引导人民知史爱党、知史爱国，不断坚定中国特色社会主义共同理想。用社会主义核心价值观铸魂育人，完善思想政治工作体系，推进大中小学思想政治教育一体化建设。坚持依法治国和以德治国相结合，把社会主义核心价值观融入法治建设、融入社会发展、融入日常生活。

（三）提高全社会文明程度

实施公民道德建设工程，弘扬中华传统美德，加强家庭家教家风建设，加强和改进未成年人思想道德建设，推动明大德、守公德、严私德，提高人民道德水准和文明素养。统筹推动文明培育、文明实践、文明创建，推进城乡精神文明建设融合发展，在全社会弘扬劳动精神、奋斗精神、奉献精神、创造精神、勤俭节约精神，培育时代新风新貌。加强国家科普能力建设，深化全民阅读活动。完善志愿服务制度和工作体系。弘扬诚信文化，健全诚信建设长效机制。发挥党和国家功勋荣誉表彰的精神引领、典型示范作用，推动全社会见贤思齐、崇尚英雄、争做先锋。

（四）繁荣发展文化事业和文化产业

坚持以人民为中心的创作导向，推出更多增强人民精神力量的优秀作品，培育造就大批德艺双馨的文学艺术家和规模宏大的文化文艺人才队伍。坚持把社会效益放在首位、社会效益和经济效益相统一，深化文化体制改革，完善文化经济政策。实施国家文化数字化战略，健全现代公共文化服务体系，创新实施文化惠民工程。健全现代文化产业体系和市场体系，实施重大文化产业项目带动战略。加大文物和文化遗产保护力度，加强城乡建设中历史文化保护传承，建好用好国家文化公园。坚持以文塑旅、以旅彰文，推进文化和旅游深度融合发展。广泛开展全民健身活动，加强青少年体育工作，促进群众体育和竞技体育全面发展，加快建设体育强国。

（五）增强中华文明传播力影响力

坚守中华文化立场，提炼展示中华文明的精神标识和文化精髓，加快构建中国话语和中国叙事体系，讲好中国故事、传播好中国声音，展现可信、可爱、可敬的中国形象。加强国际传播能力建设，全面提升国际传播效能，形成同我国综合国力和国际地位相匹配的国际话语权。深化文明交流互鉴，推动中华文化更好走向世界。

资料来源：http://www.gov.cn/xinwen/2022-10/25/content_5721685.htm.

第一章　旅游网络营销概述

【开篇案例】

天山天池风景名胜区既是国务院1982年首批确定的44处国家重点风景名胜区之一，也是首批国家4A级旅游景区。

随着互联网的普及，网民人数的暴增，网络逐渐成为人们获取信息的重要渠道。但是从天山天池相关负责人检查互联网天山天池网站信息统计，天山天池有价值的信息仅为13%，且多为广告或景区介绍，可信度不高。有关网友自发性的对于风土人情及旅游线路信息的介绍几乎为零；不能充分发挥电子商务平台的优势以达到预期效果，更不能带动天山天池的旅游。

天山天池迅速制订一系列网络营销执行方案，重新打造新的天山天池网站，打造新疆旅游第一品牌。首先，结合天池的历史相关资料向大众普及景区的历史，在百度知道、新浪爱问、天涯问答等网站及论坛中开设景区知识有奖问答。与一游网和丝绸之路官方网站合作，带来直接的用户流量和人气。在《中国旅游报》、中国旅游网、新浪旅游等知名旅游网站或门户网站的旅游频道进行全面的广告交换与投放。其次，通过即时消息工具设立网上热线，与网友和游客建立联系，处理电子订单和客户咨询。开发网上门票、酒店、机票预订，通过手续费实现网站直接盈利。经过采取一系列得当的网络营销措施，提升了天山天池景区在人们心中的形象，激发了网友的热情，天山天池的旅游人数比往常激增了10倍。

【本章学习任务】

- 了解旅游网络营销的基本概念及特点。
- 熟悉旅游网络营销的发展历程。
- 树立营销道德，培养职业素养。

第一节 旅游网络营销的定义与特点

在当前这个网络信息高速发展的时代，传统的旅游行业遇到了前所未有的发展机遇，但传统的旅游营销方式却面临着重要挑战。实践表明，网络营销是当前和未来旅游企业必须重视的领域，是旅游产品销售最主要的渠道和最具潜力的发展方向。网络营销在旅游企业的地位早已不是从前的可有可无，网络已成为旅游消费者们获取旅游信息的最大来源。

一、旅游网络营销的定义

旅游网络营销是指旅游企业以电子信息技术为基础，以计算机网络为媒介和手段，而进行的各种营销活动；其目的是塑造旅游目的地形象，推介旅游产品，实现双向交流，满足旅游者的需求，促成和引导（线上和线下）交易实现，从而发展旅游。旅游网络营销是目标营销、直接营销、分散营销、顾客导向营销、双向互动营销、远程或全球营销、虚拟营销、无纸化交易、顾客式营销在旅游产业实现的综合营销方式。一方面，旅游网络营销要针对新兴的网上市场，及时了解和把握网上市场的旅游消费者特征和旅游消费者行为模式的变化，为旅游企业在网上市场开展营销活动提供可靠的数据分析和营销依据；另一方面，网络营销在网上销售旅游产品和拓展旅游客源市场，可以实现旅游企业的目标。

二、旅游网络营销的特点

旅游企业开展网络营销，能使旅游目的地吸引力得到很大的提高，同时也解决了传统营销的地域局限性，网络营销可以覆盖全国各地的旅游消费者，也大大降低了营销成本和人力成本，为旅游企业带来更多的经济效益。这种营销模式最大的特点是旅游者可以随时随地通过互联网查询旅游产品和相关的旅游信息，这为他们提供了非常大的便利。我国旅游网络营销正在迅速发展，据统计，我国在线旅游业每年以30%的速度迅速成长，许多旅游企业都展开了相应的网络营销策略。从我国旅游网站发展现状来看，大致分为两种类型，一是第三方服务提供商，其中有携程网、艺龙网、驴妈妈、去哪儿网等服务商，他们占据了我国绝大部分的旅游线上预订市场；二是旅游企业自行组建的旅游网站，但大多数只是提供旅游信息查询和咨询服务，并不提供旅游产品在线预订服务，其中一些旅游企业网站产品信息更新慢，信息技术落后，没有达到网络营销的目的。

具体看，旅游网络营销具有如下特点：

（一）跨时空

互联网具有超越时空进行信息交换的特性，借助计算机网络，旅游企业能用更多时间和更大的空间进行营销，可每周7天、每天24小时随时随地提供全球性营销服务。

（二）交互式

旅游企业可以在网络上适时发布产品或服务信息，消费者则可根据旅游产品目录及链接资料库等信息在任何地方进行咨询或购买，从而完成交互式交易活动。另外，网络营销使供给双方的直接沟通得以实现，从而使营销活动更加有效。

（三）拟人化

互联网上的促销是一对一的、理性的、消费者主导的、非强迫性的、循序渐进式的，而且是一种低成本与人性化的促销，避免推销员强势推销的干扰，并通过信息提供与交互式交谈，旅游企业能与消费者建立一种长期、良好的关系。

（四）高效性

互联网储存了大量的信息，待消费者查询，可传送的信息数量大、精确度高，并能应市场需求及时更新产品或调整价格，因此，通过网络营销能及时有效地了解并满足顾客的需求。

（五）成长性

互联网使用者数量快速增长并遍及全球，使用者多为年轻人、中产阶级、高知人群，由于这部分群体购买力强而且具有很强的市场影响力，因此，网络营销是一条极具开发潜力的市场渠道。

（六）整合性

互联网上的营销可从商品信息至收款、售后服务一次性完成，因此，也是一种全程的营销渠道；另外，企业可以借助互联网将不同的传播营销活动进行统一设计规划和协调实施，以统一的传播资讯向消费者传达信息，避免不同传播中不一致性产生的消极影响。

（七）经济性

经济性主要表现在：①没有店面租金成本；②节省库存费用；③网上营销实际上是一种直销方式，可以减少商品流通的中间环节，降低营销成本；④结算成本低。

（八）定制化

定制化有助于实现以旅游消费者为中心的新的营销理念。旅游企业提供的各种有关销售的信息可以在服务器中集中存储，但它们仍然能独立运行、存入或输出。在网上推出的各类旅游商品可以让消费者比较挑选，从而迅速、经济、实惠地达到采购目标。

（九）个性化

网络营销个性化是指销售商使网络站点、信息、旅游产品、购买方式以及其他经营活动适合于个体旅游客户的需要，适应不同年龄、地点和不同爱好的个体旅游消费者。网络营销要以消费者个体为中心，这是网络经济的营销思想，是现代市场的营销思想。这一经营思想要求企业必须实行以满足消费者个体需求为出发点和归宿点来进行的企业营销。

三、旅游网络营销的优势

网络迅速发展，成为信息集散地，是旅游消费者获取旅游信息的主要来源。网络营销成为旅游产品销售的主要渠道，为旅游企业带来大量旅游客源和旅游产品销售订单，给旅游企业增加了价值，旅游企业对网络营销给予了空前的重视。与传统旅游营销相比，旅游网络营销的优势在于：

（一）旅游网络营销信息交流手段多样

营销人员可以利用网络营销提供的网上调查服务在网上进行形式多样的调查活动，并且可以以各种方式鼓励网络用户参加；可以在网上虚拟社区或电子布告板上张贴广告等各种共享信息；还可以利用网上服务器自动记录用户访问某个站点的次数，了解网上广告的效果。而利用网络营销的远距离数据检索功能，则可以进入各种商业性或专业性数据库，检索各种数据和信息，为旅游经营决策提供依据。

由于传统的信息媒介，如电视、报纸等只是一种单向的信息媒介，所以营销者很难与每一位潜在客户进行交流。而网络营销则是一种双向的信息交流媒介，通过网络营销，营销者不仅可以向作为整体的潜在客户群体传送信息，还可以与每一个个体的潜在客户进行交流，从而可以充分地了解每一位顾客的具体要求，这对市场营销活动产生了深刻的影响。因此旅游经营者应当充分利用好这一全新的信息交流媒介，以促进旅游业的发展。

网络的优势，除了上述的互动性外，还具有实时性、便捷性等优点。随着我国互联网的提速，长期困扰网民的跨网间访问速度太慢问题将得到有效解决。互联网带宽容量得到解决，用户访问旅游站点的速度将进一步提高，这就使得旅游经营者和旅游者之间传输旅游信息将变得更加通畅。

（二）旅游网络营销成本更低廉

国内首位互联网经济学博士吕本富曾说："互联网已经成为中小企业发展的高速公路。互联网时代，企业营销不再是传统形态下的点对点的链条状或者点对面的片状，而是透过互联网以三维的方式，以几何方式传播。利用互联网进行网络营销与传统的营销手段相比较成本低 10 倍以上。"传统旅游企业是否能利用互联网创造商业机会，降低成本，提高竞争力，是未来企业能否制胜的关键因素之一。旅游网络营销最具有经济性，非店面销售省去租金、水电、人工成本等大笔费用，少实物交换节约印刷费与邮递成本，这一切都将大大降低运营损耗。

（三）旅游网络营销更能满足旅游者的个性化要求

传统的营销方式（如广告、宣传手册等）只能"粗线条"地满足旅游者对旅游目的地的一般信息需求。信息化时代的个性化消费日益成为人们追求的目标，旅游者更追求个性化的旅游经历。网络的运用为个性化旅游的实现提供了前提条件。通过互联网，旅游者可以查询感兴趣的旅游产品信息，根据自己的情况进行组合，设计适合于自己的旅游线路和产品，真正做到"量身定制"。

（四）旅游网络营销扩大了旅游产品销售的范围

互联网络已经形成一个全球体系，旅游目的地运用网络营销能够超越时间和空间的限制，随时随地提供全球的营销服务。网络营销的网上服务可以是全天候、不间断的服务，而且更加方便快捷，旅游消费者花较少时间就可以了解相关旅游产品信息。这种快捷、高效的营销方式必定会增大旅游产品在全球的销售量。“旅游目的地营销系统”（DMS）正是基于网络营销的这一优势而产生的。“旅游目的地营销系统”的概念是世界旅游组织提出的，是利用互联网，结合数据库、多媒体、网络营销等技术手段及方式进行旅游目的地宣传促销和旅游服务的一个综合应用系统，目前已在一些国家和地区得到应用，世界旅游组织正致力于在全世界进行推广。

（五）旅游网络营销提高了旅游交易活动的效率

从旅游企业的角度来看，可以以较低成本在网上进行多种形式的调查活动；在网上发布信息，费用较低，效率较高；产品直销，减少分销环节，节省营销费用；网络广告“互动式”运作方式使传播者和接受者之间的关系发生了根本的转变，双向互动的信息交流缩短了旅游供给者和消费者之间的距离，并且避免了许多无用信息的传递。从旅游消费者来看，获得了更多可供决策的信息。传统的旅游营销由于信息不对称，使旅游者在选择旅游产品时信息有限，旅游者不得不花费更多的时间、精力向旅游代理商寻求信息。而在网络营销中，旅游者可以花费较少的时间和较低的成本获得尽可能充足的信息，能够较全面地了解旅游目的地、旅游企业以及他们的产品、价格和信誉，为自己快速做出最终决策提供可靠依据。

旅游网站的在线交易系统，即旅游电子商务，相对于电子商务中的其他行业而言，有两个优势：首先，作为服务领域的旅游行业较少涉及实物运输，因此旅游电子商务不用面临目前最复杂、费力的物流配送问题；其次，随着金融业的参与以及网络安全技术的提高，资金通过网上结算方式直接付款，免去了旅游者携款办理各种手续的麻烦。这种建立在优势互补基础上的新运行机制，由于各方面的经营投入与利益获取有着不同的侧重点，很快将形成银行、旅游中介商、旅游产品生产者、旅游者四方得利的共赢局面。

第二节　旅游网络营销的功能与发展历程

一、旅游网络营销的功能

（一）树立网络旅游形象

良好的企业形象是取得营销效果的重要保证。在互联网上，企业的形象不再由规模、实力、人数、业绩信誉、历史等决定，通常，网站的形象就代表着旅游企业的网上品牌形象，网站建设的专业化程度与个性风格直接影响着企业的网络形象，同时也对网站的其他功能产生直接的影响。因此，无论是旅游企业、景区景点，还是旅游目的地，都必须重视网站建设，并通过系列的推广措施展现自己的形象，得到旅游者和公众的认知和认可，并通过互动式沟通以实现持久的顾客关系并获得更多的直接收益。

（二）进行旅游网站推广

推广是网络营销最基本的职能之一，也是网络营销的基础工作。旅游网站获得必要的访问量是网络营销取得成效的基础。旅游网站建成并启动后，可以利用网络广告、交换链接、信息发布、邮件列表、注册搜索引擎等方式，发布一切有利于企业形象、顾客服务以及促进销售的企业新闻、产品信息、促销信息、招标与合作信息等，获得较高的点击率，提升网站的知名度，让更多的潜在旅游者访问网站，增加他们对旅游目的地和旅游企业的了解，从而实现网络营销的目的。

（三）发布旅游服务信息

旅游企业不仅可以将各类旅游产品和服务信息发布到网站上，还可以利用网络服务商的信息发布渠道和多种网络营销工具向更大的范围传播信息。同时，可建立方便旅游者查询的多媒体旅游信息系统，尽可能全面地提供旅游信息和咨询服务，以吸引更多旅游者。这些信息主要包括:（1）旅游目的地的基本信息和食、住、行、游、购、娱等常规旅游信息，包括民俗风情与历史文化知识等；（2）旅游企业的基本信息，包括旅行社、景点、酒店、餐厅等；（3）产品信息，包括旅游线路、酒店、客房、景点、门票等；（4）促销信息，如近期主要活动、会展、促销、优惠等。

（四）开展旅游网站调查

网上调查是掌握旅游消费者需求的理想方式，在组织实施、信息采集、信息处理、调查效果等方面具有明显的优势，弥补了传统市场调查中的不足。在线问卷调查，可以全天候、无地域限制地进行，内容可涉及品牌形象、消费者行为、产品和服务、满意度调查等。对调查收集到的数据，可运用计算机统计分析软件进行自动分析处理并统计结果，缩短了调查分析周期，提高了调查效率，也极大地降低了调查成本。

（五）实现旅游网上交易

网上销售是企业销售渠道在网上的延伸，一个具备网上交易功能的企业网站本身就是一个网上交易场所。旅游企业建立网站并开展一系列网络营销活动，可提高旅游消费者对旅游产品和服务的认知度，使旅游消费者根据自身的具体情况选择适合的旅游产品，实现产品的在线预订与购买。一个功能完善的旅游网站可以完成旅游订单的预订与传输、处理并确认、网上支付等电子商务功能，旅游线路、酒店入住、景区门票、航班机票等都可以在网上预购和结算，给旅游者带来方便并节省了时间。

（六）建立良好客户关系

建立良好的客户关系对于开发客户的长期价值具有至关重要的作用。网络营销为建立客户关系、提高客户满意度、保持客户忠诚度等提供了有效的手段。旅游企业通过网络可与旅游消费者进行良好的沟通，开展顾客服务，增进顾客关系。一方面，旅游企业为顾客提供各种在线服务和信息帮助，全天候、跨地区地服务客户；另一方面，通过网络调查或留言板等工具，收集各种客户信息和反馈意见，形成旅游者信息库，便于企业了解客户的需求、倾听客户的建议，为今后有针对性地改进旅游产品和服务、开展个性化的营销打下坚实基础。

二、旅游网络营销的发展历程

（一）启蒙阶段

启蒙阶段的主要特点是随着互联网的发展和电子商务的普及，旅游企业借鉴国外发展经验建立自己的网站。1997 年由当时国内旅游企业的龙头——中国国际旅行社总社、国内最大的信息服务提供商广东新太信息产业有限公司以及策略投资机构——华达康投资控股有限公司共同投资组建的华夏旅游网成立。而在此之前的旅游企业电脑网络都是通过专用的 WAN，如 EDVAN 传输数据的，而非现在的 Web 商务，因此并不是基于互联网的。

（二）初步发展阶段

初步发展阶段的主要特征是旅游企业纷纷触网，旅游电子商务网站开始建立。1998 年至 2000 年上半年，人们刚刚接触互联网的阶段，我国的旅游电子商务网站经历了投资热潮及炒作式发展，期间建立的形形色色的网站中就包括携程旅行网以及其竞争对手艺龙旅行网。

（三）过渡阶段

过渡阶段的主要特征是以国家的引导为主，地方性旅游网开始筹建。2000 年下半年，国家旅游局通过了“金旅”工程，并于次年正式启动了该工程，在全行业促进信息化的发展和信息技术的应用。在政府的号召下，地方性旅游网纷纷建立，它们以提供和宣传本地风光或本地旅游商务信息为主要内容，如北京旅游信息网、天津旅游综合网、上海旅游网、广州旅游网、海南旅游网等。

（四）快速发展阶段

快速发展阶段的主要特征是旅游网络营销的逐步完善，综合性旅游信息网大批出现。2001 年至今，我国旅游企业网络营销在过渡阶段经过整合以及策略探索，进入了快速发展阶段。电子商务网站与传统旅游企业开始紧密结合，例如：芒果网和港中旅、Hotel travel 与上海国旅、遨游网与中青旅、飞猪网和马蜂窝。

快速发展阶段旅游网络营销类型有以下三种：

一是旅游中介：携程网、艺龙网（赚取中介费）；

二是旅游公司直销：旅行社网站、酒店、航空客运公司（扩展公司客源）；

三是信息搜索型网站：垂直搜索、去哪儿（筛选信息，赚取广告费用）。

三、网络营销道德

营销道德是用来判定市场营销活动正确与否的道德标准，即判断企业营销活动是否符合消费者及社会的利益，能否给广大消费者及社会带来最大幸福。市场营销道德是市场经济的伴生物。在市场经济条件下，现代企业在开展营销活动中必须讲求营销道德，实施诚信营销。

而伴随互联网的发展，网络营销必将成为企业成功生产经营、营销的必备手段之一，而网络营销中出现的诸多道德问题却阻碍着网络经济的发展。企业必须要加强道德建设，并从外部约束机制和内部自律两个方面来解决网络营销道德问题。在实践中，企业在网络营销中，除了在产品策略、价格策略、促销策略和分销策略等方面做好自律外，还应该考虑到网络营销的特点，在保护消费者隐私权、商业信息发布等方面做好自律工作。具体从以下三个入手：

1. 树立全员道德意识

互联网的开放性使得网络营销中的道德问题已经涉及很多部门和个人，因此企业教育全体员工树立道德意识是解决网络营销道德问题所必需的。应该明确提出“先做人，后做事”，引导广大的员工从思想上树立道德意识，很多企业网站也已经在这方面做出了很好的表率，在网站上明确指出隐私保护的办法，在教育职工树立道德意识的同时，也明确告诉消费者—公司在隐私保护上采取的措施，全方位保护消费者的隐私不受侵犯。

2. 建立网络营销道德规章制度

建立道德规章制度有两个方面的含义，一方面是把道德纳入日常的规章制度中，另一方面是建立预防网络营销道德的保障制度，防范网络消费者遭遇道德风险。

3. 严格实施道德规章制度

制定了道德规章制度并不等于就已经有很好的道德，关键还是看在实际行动中如何实施道德规章制度。

第三节　网络营销的技术类型

网络营销又称之为全网营销或互联网营销，其借互联网为媒介开展各种营销推广，网络营销主要有以下几种类型：

1. 搜索引擎营销

搜索引擎营销是指围绕几大搜索引擎（例如百度、搜狗、好搜等）展开的推广方式，搜索引擎营销具体分为两类，一类是付费营销，即 SEM（Search Engine Marketing），一类是免费营销，即 SEO（Search Engine Optimization）。

（1）SEM：即付费选购展示，当客户点击广告位时进行收费，没有点击则没有收费。Sem 的特点是短平快，只要付费、只要有自己的合法网站，第二天就可以上线展示；但是缺点也比较明显，那就是需要你的产品效益较为客观，否则收益可能覆盖不掉成本。

（2）SEO：SEO 的全称是搜索引擎优化，即采用免费方式推广自己的网站，通过网站内的网页在搜索引擎的各种相关关键词搜索结果页上形成排名，进而获得点击、曝光和收益。这种网络营销方式的优点是 ROI 相对较高，缺点是见效相对缓慢，以至于很多人忍受不了搜索引擎的反应速度而放弃该方式。

2. 电子邮件营销

电子邮件营销又称为 EDM 营销（Email Direct Marketing），是指以电子邮件为媒介展开的一种网络营销方式。它的优点是精准、及时、可追踪。根据企业与客户的关系，EDM 营销又分为主动型与被动型两类。

（1）主动型 EDM 营销是指客户订阅网站的相关资讯或产品信息之后，网站将会定时或按照某种规律推送相关邮件给到订阅者。这种营销方式常见于一些长期合作且需求为刚需的客户类型。做好这类 EDM 营销，需要注意以下三个方面：订阅客户头像、发送邮件类型与内容、发送频次等。

（2）被动型 EDM 营销是指有些厂家通过某种方式获取到潜在客户的邮箱，然后利用一些软件，在尚未得到客户许可的前提下，发布邮件的一种营销推广方式。这种方式对于客户而言，很多时候是垃圾信息，并且随着邮件系统的不断完善，大多数垃圾广告邮件都会被放入垃圾箱中。

3. 微博营销

微博营销是以微博为媒介展开的信息推广方式，常见的微博平台有新浪微博、腾讯微博、和讯微博、网易微博，等等，但是目前最火的尚数新浪微博，这也是各大企业的营销高地。需要指出的是，今日头条推出的微头条，在一定意义上也可以视为微博。微博营销的特点如下：

（1）速度快。很多企业都选择使用微博来引爆话题，例如杜蕾斯；也有很多企业使用微博进行公关，正是看中了微博的速度快这一特点。

（2）素材多样。微博素材既可以是文字，也可以是图片，还可以是视频，这种富媒体展现形式，大大延展了微博的寿命。

（3）审核较松。与其他平台相比，微博的审核相对松一些，从而为企业节省了宝贵的时间和精力。但是需要指出的是，如果你的微博没有被平台收录，那其传播效果是非常局限的；只有当你的微博被平台收录了（专业名称是转为实时号），然后发布的内容才可能被更多潜在客户看到，从而提高曝光率和转化。

4. 交换广告 / 链接

交换广告可以视为一种互惠互利的营销推广方式，两个平台（不限于网站）只要具备一定的交集，就可以展开这种合作。例如：一个网站的客户头像是 20~30 岁的年轻人，另一个网站的客户头像是 25~33 岁的年轻人，这两个站点就具备了广告互换的基础。但是，互换的前提是互惠共赢，如果一个平台很大，而另一个平台很小，则这类合作就会使得一方受损、一方受益了。交换链接即是广告互换的初级形式，也可以看作权重传导的一种方式。通过交换链接，高权重的站点可以输送权重给到低权重的站点，从而提升低权重的站点权重及关键词排名，间接性地获得更多的曝光、流量和收益。

5. 品效型网络推广

现在的广告形式有两类，一类是品宣类营销；另一类是品效类营销。随着营销成本的逐年递增，越来越多的企业倾向于品效型网络营销。所谓品效型网络营销，就是指结合策划 -- 推广 -- 效果跟踪于一体的网络推广方式。最常见的品效型营销当属 CPS（根据营销效果进行付费推广）。

6. 图片营销

图片营销的方式有多种，一般都会结合搜索引擎营销一起推广。常见的方式有 QQ 群内图片营销，论坛内图片营销、图片标注 alt 并在相关关键词的百度图片栏目霸屏，等等。图片营销一般作为网络推广营销的补充成分，较少单独进行使用。尽管如此，这并不妨碍图片营销的效果，尤其是在营销炒作中，一张精准的图片可以让一篇文章添彩不少。

7. 视频营销

视频营销是指以视频为媒介展开的网络推广方式。视频营销一般分为视频创意、视频制作、视频发布、视频推广等几个环节。其中视频创意几乎决定着整个视频营销的成败。随着网速越来越快，预计视频营销将会越来越受到重视。需要特别指出的是，随着抖音、火山等视频平台的崛起，越来越多的企业加入了视频营销的阵营，一些热点视频的点赞超过百万也已司空见惯，而抖音等平台也因此一举超越了很多传统意义上的视频平台影响力。建议您在操作视频营销时，务必组建自己的视频营销矩阵，然后进行持续性的营销。

8. 网络整合营销

网络整合营销，顾名思义就是整合各类网络推广方式于一体，并实现1+1>2 的营销效果。需要指出的是，网络整合营销或全网营销，绝不应该限于多个战线的独立作战，相反，整合营销一定是综合各条战线，实现协同效应，最大化实现营销目标的一种新型营销方式。由于整合营销需要制定战略、协调战线、恰当引导舆论等，所以，整合营销一般都需要具备极强的推广能力。

9. CI 营销

CI 营销（Corporate Identity）指的是企业识别营销，这类营销一般常见于大型集团或公司。通常意义上，这类营销要求公司上下在各种场景中，都需要遵循一致的行为准则或理念。例如：有一家知名的互联网公司，口号换了两次了，但是宣传册上还印着早期的口号，这就是 CI 营销不到位的表现。真正意义上的 CI 营销，不仅仅是有形的口号、形象等的高度一致，更重要的是会体现为思想、理念上的高度认同。

10. 新闻源营销

新闻源营销是指通过发布文章到百度新闻源栏目并得到曝光的一种网络推广方式，这种方式的特点是速度极快，部分新闻源平台即发即收即展示，时间可以控制在分钟级别。众所周知，百度新闻源栏目是记者了解一个企业最新进展的重要栏目，历来受到各家企业的重视。因此，新闻源推广历来都是各家公关的必争之地。新闻源推广主要分为两种类型：一种是品牌曝光，通过发布相关资讯，维持或提升品牌的卖点；一种是舆情引导，当遇到危机公关时，新闻源推广就是最受重视的一种营销方式了。因为很多记者、客户都在关注企业的新闻源栏目，各大新闻平台对事件的曝光及进展也都会第一时间显示在新闻源栏目中，于是，每次遇到与企业相关的热点事件，新闻源栏目都会热闹一片。当然，新闻源营销不应该仅仅限于百度新闻源，随着搜狗和 360 的不断崛起，后两者的新闻源栏目也越来越受到企业的重视。因此，发布新闻源稿件时，建议首选那些三大引擎共同的新闻源平台，从而增加新闻的曝光量。

11. 论坛营销

论坛营销是指围绕论坛展开的网络营销推广。在论坛活跃的年代，论坛营销备受各大企业重视，通过论坛引爆话题的营销数不胜数，随着论坛的式微，论坛营销往往作为一种重要的网络营销辅助手段。常见的论坛有：天涯、豆瓣、西祠、小鱼、虎扑及一些中小地方平台的论坛。论坛营销的方式有两种，一种是置顶操作，通过技术或商务合作的方式，将自己的网页信息置顶，从而获得精准的曝光；另一种是水军操作，就是使用程序或人工批量注册论坛，然后批量发帖，推广企业信息的方式。这种方式因为涉嫌非法，所以近年来逐渐式微。

12. 口碑营销

随着互联网信息的透明化，各大口碑平台越来受到重视。很多人去餐厅吃饭，都要提前看下那家店的口碑如何，如果口碑较差，那就可能换一家餐厅。常见的口碑平台有大众点评网、口碑网、百度口碑，等等。基于客户的重视，各家企业也开始重视起口碑营销来。总体而言，口碑平台的诞生和发展，不仅为客户选择商品 / 服务的商家提供了一定的参考，也可以反过来督促商家不断提高自己的服务质量，整体而言利大于弊。

13. 事件营销

事件营销也被称之为事件炒作，是指炒作或借助有新闻热点的事件展开的营销。主要模式有两类：一类是自己炒作，这种方式难度较大，需要掌握的技能也较多，成本相对也较大，但是一旦炒作成功，收益也巨大；一类是借势营销，或借势炒作。这类事件的操作难度较低，但是需要掌握方向。举例而言，随着华为在美国被禁，激发了国内网民的爱国热情，在此场景下，如果你的营业服务可以对使用华为手机的用户采取一定的优惠，将会圈粉一片。尤其是你的企业很有实力，这种借势营销的功效就更大了。

14. B2B 营销

B2B（Business to Business）营销是指买卖双方均在 B2B 平台上发布供求信息，并在该平台上进行交易的一种网络推广方式。在 B2B 大火的年代，B2B 营销广泛流行，随着 B2B 的没落，这种营销方式逐渐沦为一种全网营销的补充。当下的 B2B 网络营销主要有两种：一种是批量发布企业信息，通过信息展示给站内、站外的客户，进而获取曝光；一种是结合 SEO（搜索引擎优化），通过优化企业在 B2B 平台上的店铺的关键词排名，进而在搜索引擎上获取排名和曝光的一种网络营销方式。常见的 B2B 平台有 51 搜了网、八方资源网、黄页网，等等。

15. SN 营销

SN 营销（Social Network）是指通过社会化网络进行营销推广的方式。这一推广方式的理论依据是六度空间，一般采用成员推荐的方式。举例而言，早期的一些邮箱，只有你收到别人的邀请，才能注册体验；而一旦注册，你也同时拥有了邀请他人的权限，这就是非常典型的 SN 营销。

16. RSS 营销

RSS 营销是指利用 RSS 工具传播企业信息的推广方式，是邮件营销的重要补充。RSS 营销的经典案例是亚马逊。亚马逊网站上的很多商品都被打包到相应的 RSS 频道，向意向用户定期推送商品上新、更新信息，由于 RSS 的即时性，这一营销方式在当时备受重视。

17. 博客营销

博客营销是指通过博客这一媒介进行的推广。博客营销一般分为两类：一类是建立企业官方博客，并发布相关商品、服务信息，这类营销的可信度较大；另一类是通过自建小号或者请第三方大号进行发布，这种形式的可信度要视账号而定。在博客大火的年代，一些头部博客代发一篇文章，报价都是几千甚至上万。

18. 病毒式营销

病毒式营销是指通过用户之间自发转载、传播进行营销的推广方式。病毒式营销案例一：滴滴出行“送给朋友 8 元乘车优惠，当 TA 首次乘快车时，您将获得 10 元代金券”。病毒式营销案例二：邀请好友，一起获得骑车券。病毒式营销案例三：美团外卖邀请新用户互得 15 元。

19. IM 营销

IM 营销（Instant Messaging）又名即时通讯营销，是指企业通过即时通讯工具推广产品和服务的一种网络营销方式。最常用的 IM 营销有：企业 qq 营销、企业 qq 群营销。典型案例如：Adidas 夺宝奇冰 App、萨帝互动网站。

20. 饥饿式营销

饥饿式营销是指厂家通过制造供不应求的“假象”，激发人们选购的欲望，进而获取更多利润的一种推广方式。经典的饥饿式营销案例如：iPhone4S、小米手机及各类限量版纪念款用品。但是饥饿式营销也是一把双刃剑，要防止客户失去耐心，还要防止对手截和。所以，恰当地把握营销的节奏就显得至关紧要了。

第二章　旅游网络营销的理论基础

【本章学习任务】

· 熟悉并掌握旅游网络营销的基础理论。

· 能够用相关理论解决实际的营销问题。

第一节　直复营销理论

一、直复营销的起源

直复营销起源于邮购活动。1498 年，阿尔定出版社的创始人阿尔达斯·马努蒂厄斯（Aldus Manutius）在意大利威尼斯出版了第一个印有价目表的目录。这普遍被认为是最早有记载的邮购活动。

1667 年，威廉·卢卡斯（William Lucas）在英国出版了第一个园艺目录。后来，邮购活动在美国、意大利、英国等地有了一定的发展。

1926 年，谢尔曼（Sherman）和沙克海姆（Sackheim）在美国创办了第一个现代图书俱乐部——月月图书俱乐部（The Book of the Month Club）。他们开始运用了免费试用方式，即先向消费者寄书，直到消费者不再订购或者不再付款为止。这与传统的先收款后寄书的方式截然不同。这也是营销人员试图测量顾客终身价值（Lifetime Customer Value）的首次尝试。

被时代杂志列为 20 世纪中最重要的三位营销顾问之一的莱斯特·文德曼（Lester Wunderman）在 1967 年首先提出直复营销的概念。他认为人类社会开始的交易就是直接的，那种古典的一对一的销售（服务）方式是最符合并能最大限度地满足人们需要的方式，而工业革命所带来的大量生产和大量营销是不符合人性的、是不道德的。

现阶段产品市场鱼目混珠，大量传统广告充斥媒体，已引起社会公愤。在当今社会条件下，人们更加追求个性化的产品和服务。

正当企业无所适从而营销人员苦苦思考、寻找新的营销方式的时候，直复营销应运而生并以强大的生命力和适应性迅速席卷所有西方国家，掀起了一场21世纪的营销革命。

二、直复营销理论的定义

直复营销DM，源于英文Direct Marketing，即“直接回应的营销”。直复营销是以营利为目标，通过个性化的沟通媒介向目标市场成员发布产品信息，以寻求对方直接回应（问询或订购）的社会和管理过程。

网店是一种典型的直复营销方式。“直”是企业不通过中间分销渠道直接通过媒体连接企业和消费者。网店用户通过搜索引擎或网络广告直达企业网站选择商品、下单、结算；“复”是回复，企业和用户之间有良好的即时交互及沟通，顾客对企业这种营销努力有一个回复（买还是不买），企业对用户的购买意愿信息可以进行统计。网店为直复营销提供了一个非常好的环境，只有在网络中，才能很好地形成这种快速、无需中间环节的信息交互环境。

三、直复营销理论的内容

借助互联网，企业与顾客之间可以实现直接的一对一的信息交流和直接沟通。互联网的方便、快捷使得顾客可以方便地通过互联网直接向企业提出建议和购买需求，也可以直接通过互联网获得售后服务。企业可以从顾客的建议、需求和要求的服务中，找出企业的不足，按照顾客的需求进行经营管理，减少营销费用。直复营销是可测试、可度量、可评价的。有了及时的营销效果评价，就可以及时改进以往的营销努力，从而获得更满意的结果。

四、直复营销的特性

（一）互动性

营销者和顾客之间可以进行双向的沟通，营销者通过某些或特定的媒介向目标顾客或准顾客传递产品或者服务信息，顾客通过邮件、电话、在线等方式对企业进行回应。

（二）可衡量性

目标市场成员对企业直复营销活动项目的回应与否，都与每一个目录邮件、每个电视广告、每次广播或每个直邮直接相关，效果是立竿见影的。

（三）空间广泛性

直复营销活动可以发生在任何地点。只要是直复营销者所选择的沟通媒介可以到达的地方都可以展开直复营销。

五、直复营销的优势

（一）降低了顾客成本

直复营销剔除了中间商加价环节，从而降低了商品价格；同时让顾客无须出门就可购物，使他们的时间、体力等成本几乎降为零。

（二）高效便捷

随着现代社会生活节奏不断加快，相比较逛街购物，消费者更愿意把宝贵的时间投入到工作、学习、交际、运动、休闲等更有意义的事情中，而直复营销电话（或网络）订货、送货上门的优点为顾客的购物提供了极大的便利。

（三）顺应社会发展趋势

发达的通信设施特别是互联网络技术的运用使电子购物成为一种趋势。直复营销顺应顾客个性化需求的趋势。通过直复营销，企业可根据每位顾客的特殊需要定制产品。

六、直复营销的类型

（一）直接邮购营销

直接邮购营销是经营者自身或委托广告公司制作宣传信函，分发给目标顾客，引起顾客对商品的兴趣，再通过信函或其他媒体进行订货和发货，最终完成销售行为的营销过程。

这是最古老的直复营销形式，也是当今应用最广泛的形式。如早在1982年，美国的邮购总额已达400多亿美元，占整个零售总额的8%。随着互联网的迅猛发展，邮件营销也成了各大商家竞相追捧的营销方式。和传统的直投相比，电子邮件营销有着成本低廉、展示内容多、可以通过统计用户行为进行进一步营销等优点。汉启科技作为最大的邮件营销服务商之一，服务的客户包括百度、完美时空、搜狐畅游、FT中文网、华尔街日报、阿里巴巴万网、广东发展银行等国内外知名企业。

（二）目录营销

目录营销是指经营者编制商品目录，并通过一定的途径分发到顾客手中，由此接受订货并发货的销售行为。

目录营销实际上是从邮购营销演化而来的，两者的最大区别就在于目录营销适用于经营一条或多条完整产品线的企业。

目录营销的优点在于：内容含量大，信息丰富完整；图文并茂，易于吸引顾客；便于顾客作为资料长期保存，反复使用。

其不足之处在于：设计与制作的成本费用高昂；只能具有平面效果，视觉刺激较为平淡。

（三）电话营销

电话营销是指经营者通过电话向顾客提供商品与服务信息，顾客再借助电话提出交易要求的营销行为。

电话营销的优势在于：能与顾客直接沟通，可及时收集反馈意见并回答提问；可随时掌握顾客态度，使更多的潜在顾客转化为现实顾客。

电话营销的劣势也相当明显：营销范围受到限制，在电话普及率低的地区难以开展；因干扰顾客的工作和休息所导致的负效应较大；由于顾客既看不到实物，也读不到说明文字，易使顾客产生不信任感等。

（四）电视营销

电视营销是指营销者购买一定时段的电视时间，播放某些产品的录像，介绍功能，告示价格，从而使顾客产生购买意向并最终达成交易的行为。其实质是电视广告的延伸。

电视营销的优点是：通过画面与声音的结合，使商品由静态转为动态，直观效果强烈；通过商品演示，使顾客注意力集中；接受信息的人数相对较多。

电视营销的缺点是：制作成本高，播放费用昂贵；顾客很难将它与一般的电视广告相区分；播放时间和次数有限，稍纵即逝。

为了克服上诉弊端，有些经营者创造了一种新的电视营销方式——家庭购物频道（Home Shopping Channels），如东方购物。

（五）电脑网络营销

电脑网络营销是指营销者借助电脑、联网网络、通信和数字交互式媒体而进行的营销活动。它主要是随着信息技术、通信技术、电子交易与支付手段的发展而产生的，特别是国际互联网的出现更是为它的发展提供了广阔的空间。

电脑网络营销是直复营销的各种方式中出现最晚的一种，但也是发展最为迅猛、生命力最强的一种。据统计，1994 年全球的网上交易额仅为 2000 万美元，1995 年达到 4 亿美元，1996 年上升至 28 亿美元，1997 年则一跃而变为 134 亿美元。2018 年全球 28 个主要国家及地区电子商务交易规模达到 247167.26 亿美元。

第二节 关系营销理论

一、关系营销的起源

在市场经济日趋完善和全球经济一体化的氛围里，企业置身于社会经济大环境之中，其营销活动的核心是正确处理与消费者、竞争者、供应商、经营商、政府机构、社区及其他公众之间的关系。

关系营销理论起源于 20 世纪 70 年代一批北欧学者对服务营销和 B2B 营销的研究，它强调建立、增进和发展同顾客长期持久的关系。

美国著名营销学专家巴巴拉·本德·杰克逊（Jackson B.B.）于 1985 年提出了关系营销的概念“关系营销关注于吸引、发展和保留客户关系”。关系营销理论一经提出，迅速风靡全球，杰克逊也因此成了美国营销界备受瞩目的人物。

二、关系营销的定义

关系营销，是把营销活动看成一个企业与消费者、供应商、分销商、竞争者、政府机构及其他公众发生互动作用的过程，建立和发展与这些公众的良好关系。

关系营销有三层含义：

（1）关系营销的核心是顾客满意，市场营销的根本在于满足顾客需求，市场竞争的实质就是争取顾客。

（2）关系营销的关键是建立并发展与相关组织和个人的良好关系。双方利益共赢、相互支持、合作。

（3）关系营销的重要特征是双向沟通，不仅要向社会传递信息，还要收集来自顾客的反馈信息。

关系营销与交易营销在关注重点、产品导向方面存在不同之处，具体如表 2-1 所示。

表 2-1　关系营销与交易营销的区别

	交易营销	关系营销
关注重点	关注单次交易	关注保持顾客
产品导向	产品特征导向	产品利益导向
期限	短期的	长期的
对客服务	不太强调为顾客服务	高度强调为顾客服务
顾客参与	有限的顾客参与	高度的顾客参与
顾客联系	适度的顾客联系	高度的顾客联系
质量	质量是产品的首要问题	质量是所有方面都要考虑的问题

三、关系营销的特征

（一）双向沟通

在关系营销中，沟通应该是双向而非单向的。只有广泛的信息交流和信息共享，才可能使企业赢得各个利益相关者的支持与合作。

1. 合作

一般而言，关系有两种基本状态，即对立和合作。只有通过合作才能实现协同，因此合作是“双赢”的基础。

2. 双赢

即关系营销旨在通过合作增加关系各方的利益，而不是通过损害其中一方或多方的利益来增加其他各方的利益。

3. 亲密

关系能否得到稳定和发展，情感因素也起着重要作用。因此关系营销不只是要实现物质利益的互惠，还必须让参与各方能从关系中获得情感的需求满足。

4. 控制

关系营销要求建立专门的部门，用以跟踪顾客、分销商、供应商及营销系统中其他参与者的态度，由此了解关系的动态变化，及时采取措施消除关系中的不稳定因素和不利于各方利益共同增长因素。此外，通过有效的信息反馈，也有利于企业及时改进产品和服务，更好地满足市场的需求。

四、旅游网络关系营销的案例

我这样使用 CRM：某旅行社业务经理工作日记

8：30 到公司，打开电脑，登录旅行社 CRM 系统。8：35 系统自动提醒今天有 4 位老顾客过生日，马上给他们发一份电子贺信，重点客户手写一封贺信；8：40 系统自动提醒今天有三个未处理的网上预订，处理网上预订并电话确认；8：45 给参加上个团旅游的每一位游客发封 E-mail，附件是随团导游拍的数码照片，对他们表示感谢；8：50 从系统数据库内调出去年参加旅游的教师资料，给希望今年去黄山的教师发去黄山的旅游资料，给今年刚结婚的教师推荐几条蜜月旅游线；9：00 调出后天出团中老顾客的旅游档案，包括他们曾经旅游过的目的地，饮食、喜好、性格、特长，身体状况等。打印出交给出团的导游；9：10 在旅行社网站的 BBS 中收集处理游客的建议、意见，解答游客的咨询。对现有线路和服务做出改进。

（资料来源：金旅雅途 yahtour，有删改。）

第三节　软营销理论

一、软营销的定义

软营销是指在网络环境下，企业向顾客传送的信息及采用的促销手段更具有理性化，更易于被顾客接受，进而实现信息共享与营销整合。

软营销是相对于“强势营销——硬广告”而言，企业以友好的方式宣传自己，淡化营销过程中的商业活动，尊重消费者的感受与体验，在提供有价值的内容给公众的同时，建设软实力，打造社会型企业。

二、软文营销

软营销包括软文营销，软文营销是软营销的一个大类，但不能代表软营销。软文是带有某种商业动机的文体；而软文营销就是通过软文实现营销交易或以交换为目的的营销活动。

软文营销取得好的效果需要关注以下四个方面。第一，具有吸引力的标题是软文营销成功的基础。软文文章内容再丰富，如果没有一个具有足够吸引力的标题也不会有读者关注。所以在创作软文的第一步，就要赋予文章一个富有诱惑、震撼、神秘感的标题。第二，文章排版清晰，巧妙分布小标题突出重点。为了达到软文营销的目的，文章的排版要做到上下连贯，最好在每一个话题上标注小标题，从而突出文章的重点，让人看起来一目了然。在语言措辞方面，如果是需要说服他人的，最好引入专家、教授、业界权威的话，用以提高文章的分量。第三，抓住时事热点，以热门事件和流行词为话题。第四，广告内容自然融入，切勿令用户反感。一篇高境界的软文要让读者读起来一点都没有广告的味道，就是要够“软”，读完之后读者还能够受益匪浅，认为文章为其提供了不少帮助。要在写软文之前想好广告的内容、广告的目的，在文章中自然地融入广告。

三、旅游软营销的案例

自驾游的快乐与不快乐

有一年的国庆我曾经问过一个即将自驾到厦门旅游的朋友：“自己开车去？”他乐呵呵地说：“对啊，不受你们的气了。”我知道他是开玩笑，但是又不好扫他的兴，于是只好笑笑祝他一路顺利。

晚上突然接到他的电话，十万火急的样子：“老兄，赶紧帮我订三个房间，条件是中山路边靠轮渡码头，300 元以内，三星级以上。”我哭笑不得：“有房间就不错啦，还那么多条件。”结果，处理到 11 点多，托这个帮忙、托那个帮忙，终于在离市区十多公里的集美给他找到了三间房。回来之后，他大吐苦水：吃饭等了半个小时，找停车位找了一个小时，在鼓浪屿买东西被骗，汽车放酒店外面被划花了，酒店去景区花在路上的时间超多，在厦门不熟悉路违章了三次。“下次还是参加你们的旅游团好了，打死也不自驾车了。”

我跟他说，也不要因噎废食啦，自驾游还是有自驾游的乐趣的。但是，像这位朋友一样碰到问题的游客不在少数。每个黄金周，我都经常为这些游客临时救急，订房是最经常的，但是往往很难订到满意的酒店。自驾游游客不像旅行社，提前十多天做好各种计划，下了各种订金，自以为到了当地就有吃有住。当然，作为有车一族来说，自由是他们的优势，要求这些车友像旅行社一样操作是不可能的。

所以，我们建议自驾游的游客在出发前（最少 5 天）联系旅行社，至少先预订酒店，确保住宿问题。旅行社每年的黄金周都会策划相关的产品，比如云霄云顶五星温泉度假两天，就是专门为自驾游游客设计的，自己驾车到景区，旅行社包五星级酒店住宿、温泉票、自助日式料理，并且价格为家庭打包价（即两个大人和一个小孩），非常受欢迎。游客可以自由驾车前往，享受真正的度假。还有仅仅预订酒店的，推荐京明度假村，每年都是汕头自驾游游客的热门选择。

（资料来源：陈泳佳 . 自驾游的快乐与不快乐［N］. 羊城晚报（粤东版），2008-09-17. 有删改。）

第四节　整合营销理论

一、整合营销的起源

1990 年，美国企业营销专家劳特明教授提出了整合营销理论，强调用 4C 组合来进行营销策略安排，4C 即消费者的欲望和需求（Consumer Wants and Needs），消费者获取满足的成本（Cost），消费者购买的方便性（Convenience），企业与消费者的有效沟通（Communications）。劳特明教授的整合营销理论主张重视消费者导向，其精髓是由消费者定位产品。

美国西北大学市场营销学教授唐·舒尔茨（Don Schultz）1993 年出版的

《整合传播营销》一书从理论上建立起了整合营销传播的思想，其提出整合营销就是“根据企业的目标设计战略，并支配企业各种资源以达到战略目标”。

二、整合营销的定义

整合营销是一种对各种营销工具和手段的系统化结合，根据环境进行即时性的动态修正，以使交换双方在交互中实现价值增值的营销理念与方法。

三、整合营销的目标

第一，以消费者为中心，研究和实施如何抓住消费者，打动消费者，与消费者建立一种“一对一”的互动式的营销关系，不断了解客户，不断改进产品和服务，满足他们的需要。

第二，整合营销传播要通过各种营销手段建立消费者对品牌的忠诚。

第三，树立整合的概念。过去企业习惯于使用广告这种单一的手段来促进产品的销售。整合营销要求企业在营销传播过程中，注意整合使用各种载体，达到最有效的传播影响力。

四、整合营销的特点

在整合营销传播中，消费者处于核心地位。整合营销传播的核心工作是培养真正的消费者价值观，与那些最有价值的消费者保持长期的紧密联系。

整合营销以本质上一致的信息为支撑点进行传播。以各种传播媒介的整合运用为手段进行传播。

整合营销紧跟移动互联网发展的趋势，尤其是互联网向移动互联网延伸、手机终端智能化以后，新技术为原有 PC 互联带来了前所未有的颠覆和冲击，在这个过程当中应当紧盯市场需求，整合现有的资源，包括横向和纵向的资源，成为一个具有移动营销价值的整合者和传播者。

五、整合营销的案例

某主题景区 2013 年“冰雪度假季”整合营销

某主题景区坐落于中国深圳大梅沙，占地近 9 平方公里，由华侨城集团斥资35亿元精心打造，是国内首个集休闲度假、观光旅游、户外运动、科普教育、生态探险等主题于一体的大型综合性国家生态旅游示范区，主要包括大峡谷生态公园、茶溪谷休闲公园、云海谷体育公园、大华兴寺、主题酒店群落、天麓大宅六大板块，体现了人与自然的和谐共处。

唐宋中国自2011年进行某主题景区的网络数字品牌管理运营以及整合推广，2年取得近2倍的PV增长，访问深度也获得36%以上的回访。

2012年官方网站的访问量更是突破了近800万的流量访问量，网站从世界排名10多万名，到了4万多名。获得非常大的进步。

深圳某主题景区每年春节都会策划大规模的主题活动，吸引更多的目标和潜在客户关注品牌。2013年的春节活动以“冰雪度假季”为主题，通过“冰雪度假”温暖篇、“冰雪度假”家庭篇、“冰雪度假”浪漫篇，以及“我与双城有个约会”主题拍、“冰雪度假”山海合家欢等系列活动，抛开了以往线上、线下活动单独开展的方式，双线联合推动，意在吸引更多大众关注度，传播“度假感动生活”理念，展示景区冬季特色美景，吸引游客至景区度假游玩。

整个项目以“冰雪度假季”为项目总体活动宣传主题，阶段性开展不同侧重点的小活动，线上以官方网站活动站点为大本营，将各种营销手段如微博、论坛、视频、软文、搜索引擎等进行有效整合，同步进行，活动信息无孔不入、源源不断地向大众传递，形成宣传推广的集中攻势，扩大了活动影响力。

营销传播运动目标：提升景区品牌好感度、美誉度，倡导“度假感动生活”的品牌理念；通过一系列线上、线下活动大面积曝光，吸引更多目标和潜在客户关注品牌；在传播中导入其官网信息，促使受众进一步了解其网站信息，增加受众对网站的关注度。通过各种优惠政策以及园区产品的展示，吸引游客至景区迎春度假。

传播策略及实施：以主题活动为主线，以官方网站活动站点为大本营，各种营销手段同步跟进，形成宣传推广的集中攻势。

2个多月的时间内，共计传播5波软文，每篇软文均发布于新浪、搜狐、网易、腾讯等门户网站及旅游类、垂直类媒体，平均每篇发布至少55家媒体；论坛帖共传播6波，每波至少发布175家社区论坛，合计共发布1050篇次；一个视频广告，传播媒体涵盖优酷土豆、六间房、腾讯播客、搜狐视频等主流视频网站及频道，发布媒体、社区、网站超过100家；微博方面，结合品牌特点、推广主题以及时效热点对微博内容进行了精心策划和撰写，每日发布10条以上原创高质量博文，吸引粉丝参与互动；与此同时，微博还配合线下活动、线上论坛活动、官网活动站点等发起微博活动共2次，目标受众覆盖超过10万人次；问答和口碑营销方面，项目共发布25个问答，推关键字15个，均在百度获得前三名的位置，取得了不错的推广效果。

在媒体选择上，以深圳及其周边地区媒体、网站为主要阵地，为活动宣传造势，提升品牌曝光度和关注度。软文传播媒体选择上有深圳特区报、深圳视窗等，品牌活动信息在本地权威主流媒体的推介下，更具影响力和说服力。

活动以一个主题为中心，并根据品牌受众的划分，阶段性开展系列子活动，使得春节系列活动既有普遍性，又有针对性，照顾了不同需求的游客，有助于提升品牌美誉度。本次项目在“冰雪度假季”总主题下又根据受众不同分了多个小主题，满足不同受众对品牌的需求，如“家庭篇”侧重适合家庭游客的产品推广，“浪漫篇”则侧重于情侣游客的需求。

效果成绩：各项数据表明，在项目进行的两个多月时间里，各项目标均顺利达成，品牌营销成效显著，仅景区官网流量日均PV便达到25631，较推广前1个月各项流量指标均有较大幅度的提升，大大提高了网站转化率。活动专题站点方面，采用单页的形式，将圣诞、春节元素创意融合，呈现出中西结合风格的欢快节日气氛，喜庆十足，视觉感染力强；活动站点设有视频播放链接和微博、微信、景区App下载链接，体现了用户体验和品牌营销概念。在软文方面，达到近300篇次的传播量，每篇软文媒体自发转载量均超过10家，阅读覆盖人群超过50万人次。在论坛方面，吸引近70万网友点击，评论量达2946次，共16个置顶加精帖。此外，与天涯、深圳房网论坛、深圳论坛等本地主流论坛共发起的3次线上互动活动，三天时间，活动总参与量达到近2万人次，充分体现网友的高度兴趣与积极参与。在视频方面，短短一周时间，获得超过250万点击数。

（资料来源：唐宋中国执行董事贺敏华风子的新浪博客，有删改。）

第五节　数据库营销理论

一、数据库营销的定义

数据库营销就是企业通过收集和积累会员（用户或消费者）信息，经过分析筛选后有针对性地使用电子邮件、短信、电话、信件等方式进行客户深度挖掘与关系维护的营销方式。

数据库营销就是以与顾客建立一对一的互动沟通关系为目标，并依赖庞大的顾客信息库进行长期促销活动的一种全新的销售手段。

二、数据库营销的作用

进行数据库营销先要选择和编辑顾客数据。收集、整理顾客的数据资料，构建顾客数据库。收集顾客的数据应包括顾客个人资料、交易记录等信息。其作用如下：

（1）有助于选择适当的消费者进行有针对性的沟通，提高反馈率，增加销量，从而降低营销成本。

（2）为使用营销数据库的公司提供这些消费者的状况，应用于邮件、电话、销售、服务、顾客忠诚计划和其他方面。

（3）可作为反击竞争者的武器。数据库可以反映出与竞争者有联系的顾客特征，进而分析竞争者的优劣势，改进营销策略，提供比竞争者更好的产品和服务，增进与顾客的关系。

（4）能及时进行营销效果反馈，可以分析市场活动的短期和长期效果，并提出改进方法。

三、数据库营销的策略

（一）基础运营方式

基础运营方式，是指企业建设自己的数据库营销运营平台，对企业自身已有数据进行集中管理，通过自身网站获取潜在目标客户，通过一系列的数据库营销策略开展数据库营销，与目标客户建立起信任与忠诚的互动关系，为企业创造出长期的商业价值。

（二）数据租赁运营方式

这种运营方式是利用专业的数据库营销公司提供的潜在目标客户数据，向潜在目标客户投递品牌信息或者产品信息广告，实现精准营销的广告投放效果。

（三）数据购买运营方式

这种运营方式是通过一系列的、符合法律程序的形式获取潜在目标客户数据，企业通过自己的数据库营销部门开展数据库营销，这种运营方式一般要和基础运营方式匹配使用。

这种方式的效果，很大程度上要依赖两个因素。一是基础运营方式中是否搭建适合企业的数据库营销平台，二是企业是否已经建立了数据库营销运营机制以及是否已经具备了数据库营销所要求的人力资源条件。

第六节　长尾理论

一、长尾理论的起源

长尾（The Long Tail）这一概念是由《连线》杂志主编克里斯·安德森在2004年10月的《长尾》一文中最早提出，用来描述诸如亚马逊和Netflix之类网站的商业和经济模式。

克里斯·安德森喜欢从数字中发现趋势。一次跟eCast首席执行官范·阿迪布的会面，后者提出一个让安德森耳目一新的“98法则”，改变了他的研究方向。范·阿迪布从数字音乐点唱数字统计中发现了一个秘密：听众对98%

的非热门音乐有着无限的需求，非热门的音乐集合市场无比巨大，无边无际。听众几乎盯着所有的东西！他把这称为“98 法则”。

安德森意识到阿迪布那个有悖常识的“98 法则”，隐含着一个强大的真理。于是，他系统研究了亚马逊、狂想曲公司、Blog、eBay、Netflix 等互联网零售商的销售数据，并与沃尔玛等传统零售商的销售数据进行了对比，观察到一种符合统计规律的现象。这种现象恰如数量、品种二维坐标上的一条需求曲线，拖着长长的尾巴，向代表“品种”的横轴尽头延伸，长尾由此得名。

《长尾》（*Long Tail*）发表后，迅速成了这家杂志历史上被引用最多的一篇文章。特别是经过吸纳无边界智慧的博客平台，不断丰富着新的素材和案例。安德森沉浸其中不能自拔，终于打造出一本影响商业世界的畅销书《长尾理论》。

“长尾”实际上是统计学中幂律（Power Laws）和帕累托分布（Pareto Distributions）特征的一个口语化表达。过去人们只关注重要的人或重要的事，如果用正态分布曲线来描绘这些人或事，人们只能关注曲线的“头部”，而将处于曲线“尾部”、需要更多的精力和成本才能关注到的大多数人或事忽略。例如，在销售产品时，厂商关注的是少数几个所谓“VIP”客户，“无暇”顾及在人数上居于大多数的普通消费者。而在网络时代，由于关注的成本大大降低，人们有可能以很低的成本关注正态分布曲线的“尾部”，关注“尾部”产生的总体效益甚至会超过“头部”。例如，某著名网站是世界上最大的网络广告商，它没有一个大客户，收入完全来自被其他广告商忽略的中小企业。安德森认为，网络时代是关注“长尾”、发挥“长尾”效益的时代。

一、长尾理论的定义

所谓长尾理论是指，只要产品的存储和流通的渠道足够大，需求不旺或销量不佳的产品所共同占据的市场份额可以和那些少数热销产品所占据的市场份额相匹敌甚至更大，即众多小市场汇聚成可产生与主流相匹敌的市场能量。也就是说，企业的销售量不在于传统需求曲线上那个代表“畅销商品”的头部，而是那条代表“冷门商品”经常被人遗忘的长尾。

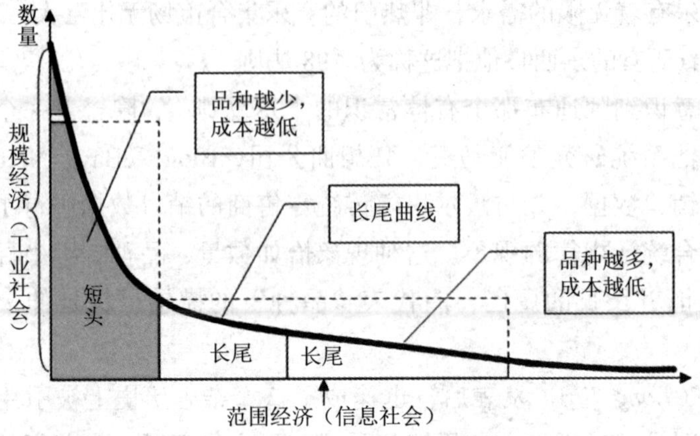

图 2–1　长尾理论的策略

长尾理论的策略（见图 2–1）已经成为一种新型的经济模式，被成功应用于网络经济领域。举例来说，网上零售巨人亚马逊的商品包罗万象，而不仅仅是那些可以创造高利润的少数商品，结果证明，亚马逊模式是成功的，而那些忽视长尾，仅仅关注少数畅销商品的网站经营状况并不理想。

长尾理论对于搜索引擎营销中的关键词策略非常有用。即虽然少数核心关键词或通用关键词可以为网站带来可能超过一半的访问量，但那些搜索人数不多然而非常明确的关键词的总和——即长尾关键词同样能为网站带来可观的访问量，并且这些长尾关键词检索所形成的顾客转化率更高，往往也大大高于通用关键词的转化率。

三、长尾理论的典型案例

旅游尾单是指一个团队马上发团，但突然有几个人因事不能随团出发，为了不影响团期而临时以低廉的价格招徕游客应急充数。如果团位尚未收满，商家根据最后不同剩余时间，将会进行相当大幅度的降价来吸引消费者来快速购买。决定尾巴长度的两个主要因素是市场容量大小和个性化需求强弱，出境游尾巴的长度值得期待。一边是旅游货品的积压，一边是国人出境游情绪的持续爆发，“说走就走”的背后是商机的应运而生。于是我们看到“来来会”“爱旅行”“明天去旅行”“麦途”等出境游库存特卖平台的疯狂逐鹿。在“旅游尾单”平台上，用户将会以远低于市场水平的价格进行订购，旅行社可以快速消化剩余库存，从整条线路产品来看也能达到效益最大化。

【本章作业】

1. 请选择一家旅游景区的网络营销案例，并试着分析该景区的网络营销用了哪些理论？

2. 请选择一家旅行社的网络营销案例，并试着分析该旅行社的网络营销用了哪些理论？

3. 案例讨论

新西兰旅游局：性格测试互动跟着感受游

2011 年姚晨成为其在中国大陆地区新西兰旅游局的品牌形象大使，并前往新西兰感受自然风光，体验丰富的旅游活动。此次市场推广活动更注重消费者内心的感受，根据消费者不同的心情“悠，乐，爱，狂”推荐对应的景点介绍，力求帮助旅行者寻找更形象的体验，并吸引更多消费者参与线上活动。仅一个月投放时间，在触动屏幕上就收到 8 万多个消费者留下手机号码希望获取前往新西兰的机票亲身体验旅程。

请分析本案例根据消费者不同的心情进行内容推送这一策略的成功之处。

第三章　旅游网络市场与消费者购买行为

【开篇案例】

人均消费水平背后的消费端、供给端痛点

党的十九大报告指出："中国特色社会主义进入新时代，我国社会主要矛盾已经转化为人民日益增长的美好生活需要和不平衡不充分的发展之间的矛盾。"这一矛盾在旅游业体现得非常明显，其突出特征就是旅游人均消费水平低。

1. 人均消费水平背后的消费端痛点从消费端来看，国内的旅游消费溢出现象比较突出。2017 年，中国出境人数超过 1.3 亿人次，中国已经成为全球第一大出境游市场。中国出境游客不仅规模大，而且人均消费高。据《中国公民境外旅游消费市场调研（2017—2018）》报告显示，中国游客境外消费总额年增长幅度达到 35%，中国人均境外消费达到 2600 美元，位列全球第一位。其中，境外购物占境外消费的一半。反观国内市场，2017 年全国国内旅游人均消费只有 913.03 元，人均消费增长缓慢，特别是旅游购物消费近年来停滞不前，大量景区和旅游目的地存在消费者没得买、不想买、不敢买的现象。造成这种现象有两个原因，一是国内企业在供给端的转型升级速度滞后，国内缺乏适应消费者需求变化的优质旅游供给；二是出境和出国旅游消费的门槛越来越低，消费者可以便捷地申请到旅游签证，方便地通过互联网预订国外的机票和酒店，中国游客能够方便地前往世界各国旅游消费。

2. 人均消费水平背后的供给端痛点在消费端出现消费外溢的同时，中国旅游供给端却是另一番两极分化的景象。截至 2017 年年底，全国纳入登记的星级饭店 10645 家，通过审核的 9566 家星级饭店，全年平均客房出租率只有

54.80%，连续5年全行业亏损；全国授牌的A级旅游景区9450家，其中5A级旅游景区259家，绝大多数4A级及以下旅游景区亏损；全国主题公园数量超过2700家，同质化的器械式乐园超过半数以上，70%的主题公园处于亏损状态，20%收支平衡，仅有10%能够实现盈利。那么，这些饭店、景区和主题公园的亏损是因为消费者消费能力不够吗？显然不是。驴妈妈旅游网发布的《2017国内长线游消费报告》显示，23~37岁的出游人群占比达到45%以上，“80后”“90后”“00后”已经成为旅游消费的主力军。随着中产阶层的崛起，中国消费者的消费能力正在快速上升，同时，他们的消费要求也越来越高。当国内的酒店、景区、主题公园不能带给消费者高满意度的时候，消费者就“用脚投票”，到国外旅游，把消费花到国外。

（资料来源：中国旅游报，消费升级时代 旅游创新发展之路要这么走，有删减。）

【本章学习任务】

- 能够解释旅游消费者行为模型。
- 能够概括我国网络时代游客行为的主要特征。
- 能够用旅游消费者行为模型解释游客的消费行为。
- 能够从消费者的需求出发制定合理的营销策略。

第一节　旅游网络市场

随着社会的发展，旅游业已成为全球经济中发展势头最强劲和规模最大的产业之一。旅游业在城市经济发展中的产业地位、经济作用逐步增强，旅游业对城市经济的拉动性、对社会就业的带动力，以及对文化与环境的促进作用日益显现。我国旅游资源十分丰富，是世界旅游资源大国之一。随着世界旅游业进入一个快速发展时期，中国旅游产业的发展也进入了一个高速增长时期。

一、认识旅游市场

营销学上理解的市场，是由某一产品的现有买者和潜在买者构成的集合，市场营销便是通过提供这些买者需要的产品满足其需求，同时达到营利的目的。旅游行业不同于实体业，作为典型的服务业，旅游营销人员必须正确认识旅游市场，理解旅游产品即服务的四个特征：无形性、不可分割性、变动性和不可存储性。

（一）无形性

旅游产品与有形产品不同，消费者在购买服务之前是看不见、摸不着、听不见、闻不到的。旅游行业所提供的产品即服务只能够被体验。在体验之前，消费者无法得知产品的质量。

由于消费者只有在接受了服务之后才能知道服务的质量，因此旅游营销人员需要通过一系列措施向消费者展示其产品的价值。促销信息、员工形象和企业的硬件环境都有助于服务的有形化。在旅游网络市场，企业通过网站、微博、微信公众号等向顾客展示公司概况、产品信息等都是对体验型产品的映射。网络为企业信息披露提供了众多便利，使企业信息展示更加丰富，消费者对产品的体验更加直观，在一定程度上减少了无形性这一产品特点给旅游业带来的劣势。

（二）不可分割性

有形产品经历了生产、储存、出售，进而消费的过程。但是与之相反的是旅游产品在被出售的同时，也被生产和消费，并且在大多数时候，服务者和消费者在交易发生时必须同时在场。旅游产品的不可分割性还意味着服务人员是产品的一部分。比如游客在进行跟团游时，如果导游人员服务态度恶劣或者服务存在疏忽，游客就会对整个旅游行程给予不好的评价，进而影响后续的满意度和顾客忠诚度。

旅游产品的不可分割性意味着企业必须重视对员工的培训，尤其是直接与顾客接触的服务人员。旅游服务人员除了要对企业服务运作系统熟悉之外，还要具有服务意识，除了本职工作，还能够站在顾客的立场上设身处地为顾客着想，从顾客的言行举止中挖掘他们的深层需求，给予顾客关怀，从而提升顾客满意度。

（三）变动性

服务的质量与提供服务的人员、时间和地点密切相关，因此旅游产品是高度易变的。第一，旅游产品的不可分割性致使生产与消费同时进行，进而导致质量控制变得很难操控；第二，消费者需求的变化会使产品的质量无法保持一致，消费者对服务的评价带有很强的主观性，同样的服务有的顾客非常满意，但是也有顾客不满意；第三，旅游服务者的服务技巧、交易时间等都会影响旅游产品的质量。例如同样的景点，由不同的解说人员介绍，游客对景点的评价便不同。产品缺乏一致性在旅游行业中是引起顾客不满的主要因素。

（四）不可存储性

服务是不能被存储起来的。国庆黄金周的旅游产品，过了国庆假期没有卖出去，该产品便失去意义。因为旅行社无法将同样的产品留到非黄金周售卖。由于服务的不可存储性，很多旅游相关企业，如航空公司和饭店提出无法取消预订的政策，即便是对于可以取消预订的企业，也有超额预订的方式以减少顾客此种行为所带来的损失。

由于旅游市场的上述特征，导致旅游营销不局限于传统的4P所做的外部营销，旅游营销还包括内部营销和互动营销。即对直接与顾客接触的员工和所有提供服务支持的后台员工进行有效的培训和激励，同时更加注重买卖双方在服务过程中所形成的互动关系。

二、旅游网络市场营销环境

企业营销环境是指对企业的市场和营销活动产生影响和冲击的不可控制的行动者和社会力量。其中宏观环境是指间接影响企业营销活动的大范围的社会力量，包括政治、法律、经济、人口、技术、文化和自然等环境。由于旅游网络营销过程中所面临的宏观环境与其他企业基本一致，在此不予介绍。本节内容主要介绍旅游企业在进行网络营销时所面临的微观环境。微观环境指与企业紧密相连、直接影响企业顾客能力的各种参与者。在旅游网络市场中，构成微观环境的要素包括上游资源供应商、中游产品组合及分销、下游产品营销以及线上、线下用户，如图3–1所示。

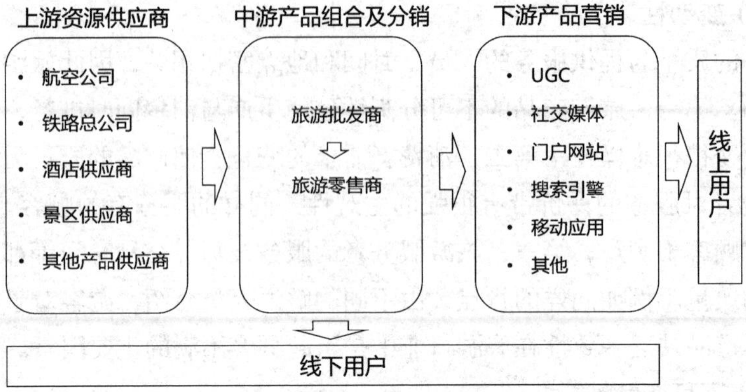

图 3–1　旅游网络产业链

（图片参考艾瑞咨询 2017 年中国在线旅游度假行业研究报告）

（一）上游资源供应商

资源供应商是向企业供应各种资源的工商企业和个人。如向旅游公司提供客房、餐饮产品的酒店，提供旅游资源的旅游景点，提供交通运输服务的运输企业，向酒店提供餐具和其他酒店用品的酒店用品公司等。供应商所提供的资源是旅游企业进行正常运行的保障，也是向市场提供旅游产品的基础。旅游市场营销工作很重要的一个方面就是保持与旅游资源供应商的联系，在旅游资源供应的任何一个环节上都不能放松。因为旅游产品的综合性决定了它的脆弱性，一环受损会造成全盘皆散。

（二）中游产品组合及分销

在旅游网络市场中，承担产品组合及分销职能的是旅游中间商，旅游中间商是指协助旅游企业推广、销售旅游产品给最终消费者的集体和个人。在线旅游中间商主要包括通过网络途径进行销售的批发商和零售商。

1. 旅游批发商

旅游批发商的业务是将航空公司或其他交通运输企业的产品与旅游目的地旅游企业的地面服务组合成整体性的旅游产品，然后通过某一销售途径推向广大公众。因而，旅游批发商通过大量订购旅游交通运输企业、饭店、旅游景点等企业的单项产品，将这些产品编排成多种时间、价格的包价旅游线路，然后再批发给旅游零售商，最终出售给旅游消费者。

一般来说，旅游批发商的经营范围可宽可窄，有的旅游批发商可在全国甚至在海外通过设置办事处或建立合资企业、独资企业等形式进行大众化产品的促销工作，或者广泛经营旅游热点地区的包价旅游产品；有的旅游批发商也可在特定的目标市场中只经营一些特定的旅游产品，如专项体育活动、专项节日活动等产品；而有的旅游批发商则可以通过某一交通运输工具组织包价旅游，如我国的长江三峡豪华游艇包价旅游、汽车穿越塔克拉玛干沙漠包价旅游等。

2. 旅游零售商

旅游零售商是指直接面向广大旅游消费者，从事旅游产品零售业务的旅游中间商，它与旅游消费者联系最为紧密。为适应旅游消费者的多种需求，旅游零售商要熟悉多种旅游产品的优劣、价格和日程安排，要了解和掌握旅游消费者的经济支付水平、生活消费需要和方式等情况，以帮助旅游消费者挑选适宜于其要求的旅游产品。同时，旅游零售商在市场营销活动中应具有较强的沟通能力和应变能力，要与旅游目的地的饭店、餐馆、风景点以及车船公司、航空公司等接待旅游企业保持良好的联系，能根据旅游市场及旅游消费者的需求变化而相应地调整服务。一般来说，旅游零售商的主要职责为：向旅游者提供广泛的和正确无误的旅行咨询服务；安排包含海、陆、空在内的各种交通运输；做出旅游消费者在旅游活动过程中的食宿、观光以及音乐会、剧场入场券等特殊节目以至行李的运送等方面的安排；制定单独旅游、个人陪同旅游、团体旅游等旅游产品；对有特殊兴趣的旅游，如宗教朝拜、会议旅游、奖励旅游、业务旅游、学生旅游和体育旅游等做出安排、预订；旅游活动中所涉及的一切琐碎事宜，如有关健康、保险、旅行支票、语言学习资料等事宜的处理和咨询。

在线旅游零售商最典型的是线上旅行社（OTA），如携程、途牛、驴妈妈等，除此之外，在互联网时代，很多传统旅行社都开通了网上渠道，建立了网站、开发了 App 等进行产品的销售，此类旅行社也属于在线旅游零售商。网络使旅游零售商与消费者的联系更加紧密，通过企业网站、微信公众号、微博等途径，一方面，使企业更有效地发布产品信息、促销信息等；另一方面，使消费者更加便捷地购买旅游产品，向企业反馈对产品的评价，使买卖双方共同获利。

（三）下游产品营销

除自身的营销外，企业的产品营销还依赖于市场营销服务机构，包括各种旅游的或非旅游的调研公司、营销组训公司、广告公司及各种广告媒体，这些机构协助企业选择目标市场，推销产品。在旅游下游产品营销中，主要发挥作用的平台或企业类型包括 UGC、社交媒体、门户网站以及搜索引擎等。

1. UGC 平台

UGC 是互联网术语，全称为 User Generated Content，也就是用户生成内容，即用户原创内容，是伴随着以提倡个性化为主要特点的 Web2.0 概念而兴起的。在 UGC 模式下，网友不再只是观众，而是成为互联网内容的生产者和供应者，体验式互联网服务得以更深入的进行。UGC 模式营销是一种传播力相对较强的模式，也是可以达到病毒传播效果的一种有效方式。

【阅读材料】

近年来，中国在线旅游 UGC 企业在产业链中的作用越来越重要。UGC 企业通过整合优质的 UGC 内容吸引大量高质量、目标明确的用户，从而形成流量规模，为后端 OTA 或其他旅游供应商提供精准流量；另外，也可帮助前端用户完成消费决策。

目前，中国在线旅游 UGC 市场参与者主要分为两类：一类为垂直企业，如马蜂窝、穷游网等；另一类为综合企业的攻略社区频道，如携程攻略社区。

艾瑞咨询统计数据显示，2014 年中国在线旅游 UGC 行业用户规模达 2.4 亿人次，比上年增长 128.0%，占整体互联网网民的 35.8%，2015 年在线旅游 UGC 突破 3.6 亿人次。从企业方面来看，携程攻略社区用户 8000 万人次，位列行业第一；马蜂窝与穷游用户体量相近，各为 5500 万人次和 5000 万人次。

艾瑞咨询认为，成立时间最短的携程攻略社区能在两年内迅速提升注册用户数，并位列行业第一，主要受益于其背后高认知度的携程品牌。对于部分用户来说，能在同一平台内实现“攻略信息收集、产品对比、完成预订、评论分享”等全部环节，是便捷与安全的保证。作为旅游 UGC 的老牌企业，马蜂窝的发展也一直备受关注，2013 年马蜂窝用户规模在 2000 万左右，2014 年突破 5500 万，实现近 175.0% 的增长。

（资料来源：海森文旅科技集团，中国在线旅游 UGC 行业的全面分析。）

2. 社交媒体

社交媒体是人们彼此之间用来分享意见、见解、经验和观点的工具和平台，现阶段主要包括社交网站、微博、微信、博客、论坛、播客等。社交媒体在互联网的沃土上蓬勃发展，爆发出令人炫目的能量，其传播的信息已成为人们浏览互联网的重要内容，不仅制造了人们社交生活中争相讨论的一个又一个热门话题，更进而吸引传统媒体争相跟进。

社交媒体是消费者与消费者以及企业与消费者之间的对话模式，对营销人员产生了很大的影响。营销人员试图通过社交网络推销产品并建立良好的顾客关系，事实证明这确实是奏效的。企业通过互联网和社交媒体不仅实现了对消费者进行单项的信息宣传，还实现了与顾客进行互动的目的，深入消费者的生活，关系远远超出了买卖层面。如很多景区开通官方微博、微信公众号，定期发布信息，与用户进行双向互动。

3. 门户网站

所谓门户网站，是指通向某类综合性互联网信息资源并提供有关信息服务的应用系统。在全球范围中，最为著名的门户网站则是谷歌以及雅虎，而在中国，著名的门户网站有新浪、网易、搜狐、腾讯、百度、新华网、人民网、凤凰网等。

4. 搜索引擎

所谓搜索引擎，就是根据用户需求与一定算法，运用特定策略从互联网检索出指定信息反馈给用户的一门检索技术。搜索引擎依托于多种技术，如网络爬虫技术、检索排序技术、网页处理技术、大数据处理技术、自然语言处理技术等，为信息检索用户提供快速、高相关性的信息服务。搜索引擎技术的核心模块一般包括爬虫、索引、检索和排序等，同时可添加其他一系列辅助模块，以为用户创造更好的网络使用环境。

（四）线上用户与线下用户

用户是企业的服务对象，是企业进行营销时最重要的环境因素。用户可以是个人、家庭，也可以是组织。根据消费方式的不同，旅游企业的网络用户分为线上用户与线下用户两类。线上用户消费的主要是文字、图片、视频等不需要线下体验的产品，如微信公众号的文章、微博平台的视频，都是可以直接线上消费的。与线上用户相比，线下用户占了旅游企业网络用户的大多数，这些用户通过网络获取企业的营销信息，转而到线下进行体验消费。

本章第二节将会对用户行为进行具体分析，在此不多做描述。

【阅读材料】

原国家旅游局数据中心对全国 60 个样本城市开展的“中国大陆居民出游意愿调查”显示，2017 年第一季度我国居民出游意愿为 82%，接近半数居民选择春节期间出游，出游意愿高。从游客流向看，从东往西、由北往南的探亲流，南北交织的“一冷一热”旅游流仍将是国内中远程旅游的主要流向。南北方向的旅游流将集中流向三亚、厦门、珠海、深圳、北海、西双版纳、大连、长春、哈尔滨、长白山等地。短程旅游将以城市流向周边及城郊的休闲度假游为主。港澳地区仍是周边游主要地区。从旅游预订情况看，远程出境游向美国、英国、西班牙、德国、瑞士、匈牙利、捷克等国家和地区出游的趋势比较明显，中近程出境游向澳大利亚、新西兰、泰国、越南、印度尼西亚、菲律宾等国家和地区出游的趋势比较明显。从出游目的来看，度假休闲、排解工作压力和旅游观光、增长见识的是居民选择出游的两个主要原因，此外，寻觅清新自然的绿色生态也是假日出游的一个重要因素。

邮轮游、亲子家庭游、主题游市场热度不减。调查显示，普吉岛、巴厘岛、济州岛、冲绳、长滩岛、马尔代夫、沙巴、芽庄、塞班岛、斯里兰卡是游客度假的热门海岛。上海迪士尼乐园、广州长隆旅游度假区、澳门渔人码头等很受亲子游家庭欢迎。邮轮游已成为国民出游新方式，2017 年春节邮轮出游人数预计增长 1.7 倍。随着经济水平和生活观念的提升，中国已连续四年成为世界第一大出境旅游消费国。出境旅游已经成为居民普遍认可的一种休闲生活方式，自由行、定制游增长更快，2016 年，我国公民出境旅游人数预计达到 1.22 亿人次，同比增长 4.3%，旅游花费 1098 亿美元。中国成为世界最大的出境旅游市场和最大的出境旅游消费国。调查显示，参团游游客平均花费 15400 元人民币，自由行游客平均花费 23139 元人民币。“80 后”“70 后”成为中国出境游客的主力军，占比超过七成。通过对中国游客境外旅游行为与习惯的分析，出游前中国游客平均使用 2~3 个渠道查询相关信息，旅行社门市或网站是中国游客获取信息最多的渠道，也是被认为最有帮助的渠道。此外，中国游客选择线下或线上渠道预订旅行团的机会几乎不相上下。出游后，约九成中国出境游客会在旅游过程中或旅游结束后分享其旅行经历。随着移动智能手机的普及，微信朋友圈、微博和QQ空间是中国游客选择最多的分享途径。“旅游达人”“旅游专家”在一定程度上影响普通游客的出游选择，因为旅游达人们热衷于分享传播旅游经验，普通游客喜欢关注达人们发布的游记、攻略，并跟随他们的脚步。

（资料来源：搜狐网，“互联网+旅游”行业分析，有删改。）

第二节 网络旅游消费者购买行为

一、网络旅游消费者行为模式

随着旅游消费经常化的出现，我国已进入了大众旅游时代。旅游行业竞争加剧以及游客消费升级促使企业在激烈的竞争中进行市场调研，弄清楚网络时代游客想要购买什么样的旅游产品、对旅游目的地有什么要求、何种设施和设备最为重要、他们为何以及如何购买等尤为重要。在现代竞争中，能够真正了解消费者行为特征的公司，才会在竞争中取得优势地位。

网络消费者的行为模式与普通消费者一致，如图3-2所示，营销刺激因素由产品、价格、渠道、促销四个因素构成，其他的刺激因素是指购买环境中一些经济的、技术的、政治的和文化的重要因素和事件。所有这些刺激都进入购买者的黑箱中，进一步转化为一系列可以观察到的购买者的反应：产品选择、品牌选择、经销商选择、购买时间和购买数量等。

在这一过程中，研究购买者黑箱中的因素对于企业来说最为重要。之所以称之为购买者黑箱，是因为不同的消费者在接受了相同的外界刺激之后，会产生不同的购买决策，而消费者在接受刺激之后的反应过程是非常复杂的，企业往往不得而知。然而这并不意味着企业将对此束手无策，研究并总结消费者在受到刺激之后的反应规律，从而推测购买者的行为对企业具有重要意义。

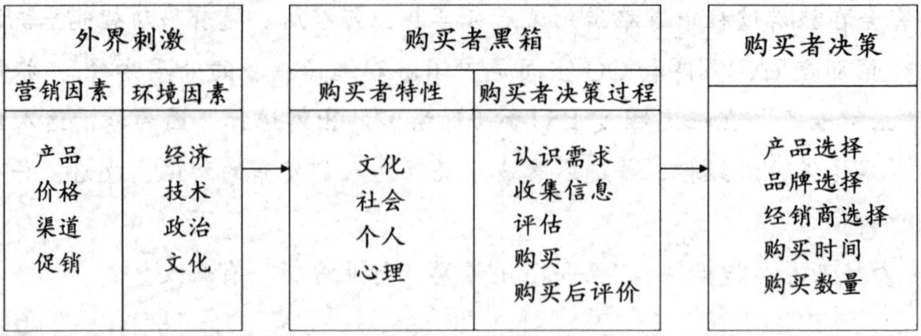

图 3–2　购买行为模型

二、影响消费者行为的因素

消费者的购买行为受到其文化、社会、个人和心理特性的影响，这些因素往往不受营销人员的控制，但是必须对其予以重视。

（一）文化因素

在所有影响消费者购买行为的因素中，文化起着最深入、最广泛的影响。文化因素对消费者购买行为的影响主要体现在以下几方面。

1. 文化

文化是决定人们欲望和行为的最基本的要素。每个人都需要处于一定的文化环境中，文化也潜移默化地影响着人们的行为。文化的差异会引起消费者购买行为的差异，它是旅游行业不可或缺的组成部分，决定了我们吃什么、如何旅行、去哪里旅行等问题。文化看不见摸不着，但往往可以通过一些有形的要素表现出来，如食物、建筑、艺术品等。如四川、湖南等地区的餐厅口味偏辣，而上海、江苏、浙江等地的餐厅口味偏甜；中国酒店会提供烧水壶，而很多欧美酒店不提供该项服务等。

2. 亚文化

每一种文化都包含若干个小的亚文化或者是拥有共同价值观的群体，他们在共同的生活经历或者生活环境的基础上形成共同的价值观，产生局部文化的同一性，这便是亚文化。亚文化包括民族亚文化群、种族亚文化群、宗教亚文化群和地理亚文化群。营销人员常常根据不同亚文化群的需求偏好设计相应的产品和营销方案。

3. 社会阶层

社会阶层是社会中按层次排列的、具有同质性和持久性的群体。几乎每一个社会都会有某种形式的社会等级结构。这些等级可以按职业、收入来源、受教育水平、财产数量、居住区等因素来进行划分，从而形成相对稳定和有序的分类体系。同一社会阶层的人在生活习惯、消费内容、消费水平、价值观、偏好等方面比较接近。

根据中国社会科学院《当代中国社会阶层研究报告》，目前中国形成了十大社会阶层：国家与社会管理者阶层、经理人员阶层、私营企业主阶层、专业技术人员阶层、办事人员阶层、个体工商户阶层、商业服务人员阶层、产业工人阶层、农业劳动者阶层和城乡无业失业半失业者阶层。

（二）社会因素

社会因素对消费者购买行为的影响，是通过相关群体、家庭、社会角色和社会地位等产生的。

1. 相关群体

人的行为会受到许多小群体的影响，对个人的态度、意见、行为有直接或间接影响的小群体就是相关群体。相关群体有两种类型：成员群体和非成员群体。

成员群体是指一个人所归属的、对其行为有直接影响的群体。成员群体又有主要群体和次要群体两种。主要群体在成员间保持着经常的、非正式的互动关系，如家人、朋友、同事等。次要群体的成员之间是一种不大经常互动的关系，如学生会、俱乐部等。非成员群体是个人不具有成员资格，但却期望成为其中一员的群体，其渴望加入的群体会成为榜样的力量影响个人行为。某些景点标榜影视作品取景地以吸引游客的做法便是此因素的应用。

2. 家庭

家庭成员对购买行为的影响非常大，是消费者购买商品的基本决策单位和使用单位。一个人的购买行为或受其原生家庭影响，或受其后来家庭的影响，这种影响甚至会持续一生。

丈夫、妻子、儿女在购买决策中扮演着不同的决策，发挥着不同的影响。国外研究显示，妻子传统上是家庭物品的主要采购者，尤其是食品、日用品和服饰等。但是当 70% 的妇女成为职业女性，同时越来越多的男性乐于为家庭进行采购时，所有的一切便发生了变化。例如，80% 的购车决策会受到女性的影响，而 40% 的食品采购会受到男性的影响。

值得注意的是，儿童对家庭购买决策的影响越来越大。一项调查发现，儿童极大地影响着旅游目的地的选择、酒店的选择以及旅行中活动的选择。

3. 社会角色与地位

个人在不同群体中扮演着不同的角色身份，其在群体中的位置可以根据他扮演的角色和所处的地位来界定，而在特定的时间内某一特定的角色将占主导地位。每个角色都代表着一定的社会地位，人们通常会选择与自己社会地位相符的产品。例如，大学生在旅行时会选择穷游的方式，无论是交通工具还是酒店，都会选择经济型。同时我们的角色也会受到周围环境的影响。在高档餐馆就餐时，人们的言行举止便会不同于在一家快餐店就餐。

（三）个人因素

年龄、家庭生命周期、职业、经济状况、生活方式、个性和自我观念等个人因素也会对消费者的购买行为产生影响。

1. 年龄与家庭生命周期

不同的年龄段购买的产品和服务的类型是不同的。人们对旅游目的地、休闲娱乐活动甚至食物、交通的选择都与年龄有较强的相关性。因此对于不同年龄段市场的营销要制定明确的目标和专门的战略来实现。例如，新西兰旅游主要目标群体是年轻人，因此在制定营销战略时会主要突出其冒险、刺激的极限运动。

另外，购买行为还受到个人所处的家庭生命周期的影响。单身未婚青年通常经济负担较轻，他们会把一大部分的可支配收入花费在娱乐上；有孩子的家庭在选择目的地时多会选择适合亲子游的目的地和娱乐活动。营销人员在制订产品和营销计划时，也要考虑家庭生命周期阶段对人们购买行为和消费决策的影响。

2. 职业和受教育程度

不同职业和受教育程度不同的消费者在选购旅游产品和服务时也会呈现不同的特征。如蓝领工人和白领职员对休闲娱乐活动的偏好就有一定的差异。受教育程度高低不同的游客在选择旅游方式（跟团游、自由行等）时也会有所不同。

3. 经济状况

经济状况对购买行为的影响体现在个人经济状况和社会整体经济状况两个方面。个人经济状况主要体现在消费者可支配收入、储蓄、资产等方面，它是决定购买行为的首要因素。而社会整体经济状况对购买行为的影响主要体现在经济萧条时期，消费者会普遍缩减在旅行、休闲娱乐等方面的开支；相反，在经济繁荣时期，消费者会相应增加旅行、休闲娱乐等费用，甚至在出行方式及住宿类型等方面都会有较多的预期开支。

4. 生活方式

即便来自相同亚文化群或同一社会阶层的消费者，也会有不同的生活方式。生活方式即个人的生活形式，通过活动、兴趣和观点表现出来。我们在现实生活中会接触到不同生活方式的群体，如节俭型、奢华型、守旧型、革新型。国外有研究发现，一份针对两种不同旅游者（一种购买跟团游的旅游产品，另一种购买自由行的旅游产品）的研究发现，他们的生活方式是不同的。购买跟团游产品的人更热衷于社会交往、为人热情，而喜欢自由行的游客往往更自信、更喜欢独处。

5. 个性与自我观念

个性是个人独特的心理特征，它使人们对环境做出比较一致和持续的反应。在分析消费者对某些产品或品牌的偏好时，个性是一项很有用的变量。比如星巴克发现喜欢喝咖啡的人往往也善于交际，因此星巴克为顾客提供了舒适的社交环境。

同时，与个性相关性较强的另一个因素是自我观念，也叫自我形象，它是人们对自己的看法，其前提观念是我有什么我就是什么。这意味着每个人都有一个很复杂的“人设”，而人们的行为往往与自己对自己的“人设”一致。那些自认为外向和活跃的人，会把邮轮游认为是老年人躺在摇椅上消磨时光的方式，因此他们就不会购买邮轮这种度假产品，他们可能会更倾向于滑雪等更有活力的方式度假。

（四）心理因素

一个人的购买行为还受到四个主要的心理因素的影响，分别是：动机、知觉、学习、信念与态度。

1. 需要动机

人的行为是由动机支配的，而动机则由需要引发。人在任何时候都会有很多需要，有些需要是生理性的，如饥饿、口渴、保暖；而另一些需要则是心理上的，如认可、尊重或归属的需要。需要刚产生时比较弱，不足以激发一个人的行为。但随着需要的程度不断加深，达到一定程度时，便成为一种驱策力，这种驱策力被引向一种可以减弱或消除它的刺激物时，才会变成一种动机。

心理学家已经发展了人类动机理论，其中两种最流行的理论是马斯洛的需求层次理论和赫茨伯格的双因素理论。

1954 年，心理学家马斯洛出版了影响深远的巨著《动机与人格》，（Motivation and Personality），其中提出的就是上述的需求五层次论。马斯洛理论把需求分成生理需求（Physiological Needs）、安全需求（Safety Needs）、爱和归属感（Love and Belonging）、尊重（Esteem）和自我实现（Self-actualization）五类，依次由较低层次到较高层次排列。在自我实现需求之后，还有自我超越需求（Self-transcendence Needs），但通常不作为马斯洛需求层次理论中必要的层次，大多数会将自我超越合并至自我实现需求当中。

双因素理论（Two Factor Theory）亦称“激励—保健理论”，由美国心理学家赫茨伯格于 1959 年提出。他把企业中有关因素分为两种，即满意因素和不满意因素。满意因素是指可以使人得到满足和激励的因素。不满意因素是指容易产生意见和消极行为的因素，即保健因素。他认为这两种因素是影响员工绩效的主要因素。保健因素的内容包括公司的政策与管理、监督、工资、同事关系和工作条件等。这些因素都是工作以外的因素，如果满足这些因素，能消除不满情绪，维持原有的工作效率，但不能激励人们更积极的行为。激励因素与工作本身或工作内容有关，包括成就、赞赏、工作本身的意义及挑战性、责任感、晋升、发展等。这些因素如果得到满足，可以对人产生很大的激励，若得不到满足，也不会像保健因素那样产生不满情绪。

2. 知觉

消费者产生购买动机后，就要采取行动，他的行动取决于他的认知过程。人凭五种知觉来获取信息，这五种知觉分别是视觉、听觉、嗅觉、触觉和味觉。认知是个人选择、组织和解释信息并勾画出的有意义的世界图示的过程。

在同样的场合，具有相同动机的两个人会由于感觉到的各种条件的不同而采取完全不同的行动，原因在于知觉有三个特点：选择性注意、选择性理解和选择性记忆。

（1）选择性注意。人们每天都面对大量的信息，这些信息作为刺激物被人们接收。但是，人们不可能注意到所有刺激物，大部分刺激物都被过滤掉了，这便是选择性注意。选择性注意意味着营销人员要在吸引消费者方面下功夫。

（2）选择性理解。即便注意到了刺激物，也有可能未按预想的方式被接受，每个人都有一些思维定式，他们会将所接收的信息按照自己的思维方式加以理解，使之符合自己的意向，这便是选择性理解。与选择性刺激不同，对于选择性理解，营销人员往往束手无策。

（3）选择性记忆。在人们接触的大量信息中，能够被保留下来的往往是那些符合其态度和信念的，这便是选择性记忆。选择性记忆要求营销人员在向市场传达信息时要使用戏剧化的手法并且要不厌其烦地进行重复。

3. 学习

学习是由经验引起的个人行为上的变化。消费者由于内在需要产生了购买某产品的动机，但这种动机可能在此次购买行为结束后继续产生或从此消亡，这意味着消费者消费一件产品时，也在学习它。例如，游客在某旅行社预订了一次跟团游，实际旅游时有不好的体验，那么他将不会再预订该旅行社的产品。营销人员要关注顾客的消费体验，顾客对此次消费是否满意将会影响到后续消费，甚至影响到其他消费者对本产品的印象。

4. 信念与态度

消费者通过学习形成了信念和态度，而这些反过来又影响人们的购买行为。信念是一个人对事务的描述性看法。一位游客可能认为在携程上购买的旅游产品在价格、服务等各方面都优于其他 OTA，当然，这些看法有些可能是真实、客观的，也有一些是掺杂着感情成分的。

态度是人们对某些事物或观念所持有的相对稳定的评价、感受和倾向。消费者的态度一旦形成，就很难改变，因此企业最好使产品迎合目标消费者的态度，而不是试图改变他们的态度。当然如果用于改变态度的成本可以得到补偿的话，企业也可以试图改变消费者的态度。

综上，消费者的购买行为是文化、社会、个人和心理因素之间复杂的相互作用的结果，其中有些因素，如消费者的年龄、收入水平、职业等不受企业营销行为的左右，企业只能了解、分析他们，从中识别出最有效的目标市场。而其他一些因素，如消费者的动机、知觉、学习、信念和态度，则容易受到企业营销的影响。企业营销人员要利用这些因素更好地理解顾客的反应和行为，从而制定有效的营销策略，促使消费者产生企业所期望的购买行为。

第三节　网络旅游消费者购买决策过程

网络旅游消费者购买决策过程如图 3–3 所示。

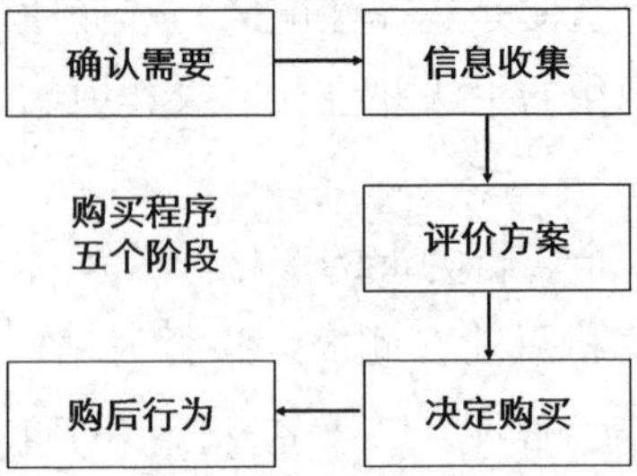

图 3–3　消费者购买决策过程

一、识别并确认需要

购买过程开始于需要的产生。当一个人意识到自己的实际状态与期望之间出现差异时，就产生了需要。这种需要可能由内部刺激所诱发。如有一个人产生了自我实现的需要，希望通过旅行的方式开阔眼界，体验不同的生活，便会购买旅游产品满足自己的该需要。

有些需要是由外部刺激激发的。如观看电视时看到了某旅游目的地的宣传片，或看到朋友从某地回来展示的优美图片以及听了对该地的美好描述，又或是在网络上观看到有关目的地的信息，如图片、文字、视频，应有尽有，这些都可以刺激人们产生去某地旅行的需要。

在这一阶段，营销人员必须确定能够影响消费者对需要进行识别的因素。为了了解消费者，弄清什么类型的需要或问题导致他们购买某种产品，什么引发了这些需要，这些需要如何引导消费者选择本产品，营销人员必须要对消费者进行调查。而网络数据库方便地提供了这一便利。

美国旅游协会发现如果家庭中的重要人物都有工作的话，那么寻找一个人人都清闲的星期将是一件十分困难的事情。因此这一细分市场需要的是 3~4 天的假期，并且不会很早进行预订，因为他们当中 42% 的家庭在假期真正到来的两周才开始订计划。这一例子表明商家必须了解顾客的需要并将这些需要转变为对产品的欲求。

二、搜集信息

消费者的需要被激发起来后，他会不会继续收集相关信息取决于多种因素。如果消费者的驱策力很强，而且能够满足需要的产品很容易获得，那么消费者就可能立马进行购买，否则消费者可能会把需要搁置下来。如果这个需要由强变弱，那么对产品的欲求也会随之消失，也不会对产品信息进行搜集。但是随着需要的由弱转强，消费者还可能采取两种做法：一种是被动接收信息，此时消费者会比以往更加关注该产品的广告以及别人对该产品的评价；另一种是主动收集信息，如阅读介绍材料、浏览广告、去商场询问了解等。消费者收集信息的多少取决于驱策力的强度、原有信息的多少、获取信息的难易程度、增加的价值量以及一个人通过搜集信息可得到的满意程度。

消费者获得信息的来源主要包括以下四种：

个人来源：家人、朋友、邻居等熟人。

商业来源：广告、推销人员、包装物、中间商宣传、展览等。

公共来源：其他消费者的评论、社论、消费者评选机构。

网络来源：公司网站、门户网站、论坛、社交媒体等。

对于旅游产品而言，个人及公共信息来源比广告更为重要，因为消费者只有在消费之后才能知道他们将获得怎样的产品。人们经常向他人，尤其是直接体验过产品的人征求有关产品的建议。因此旅游企业要特别关注口碑传播这一渠道。

企业营销人员应仔细识别目标消费者的信息来源，通过调研、座谈会等方式了解消费者最开始是如何知道本产品的，他们都知道哪些信息，对各种信息来源的重要性如何评估等。这些信息在制订有效的传播方案时会很有帮助。

三、方案评估

经过信息收集阶段，消费者逐步缩小了可供选择品牌的范围，接下来就是对可选品牌进行评估。但是，目前还没有形成一个适用于所有消费者以及所有购买场合的简单的评价过程，具体的评价过程是因人而异的。但是有一些基本概念可以帮助解释消费者的评价过程。

第一，先假设每个消费者都把产品看作一系列产品属性的集合。对于旅游景点来说，这些属性可能包括景区交通、景区硬件环境、景区服务质量、门票价格等。这些属性哪些比较重要，对于不同的消费者来说看法会有所差异。他们会特别注意那些与他们需要有关的属性。

第二，消费者对每一种属性的重视程度不同，也就是说每个消费者会根据他个人特殊的需要和欲望来评价每一种属性的重要程度，并且通过评价形成对不同品牌的态度。

第三，消费者会在心目中建立关于每个品牌的品牌形象，这些品牌形象与消费者个人经验、选择性注意、选择性理解和选择性记忆相关，因此企业希望建立的品牌形象与消费者所理解的品牌形象有所偏差。

在评价中到底是用一种还是多种评价，取决于消费者及其购买决策。

四、购买决策

在评价阶段，消费者对不同品牌进行排序并形成购买意向。但是在现实中，消费者不一定全部实现购买行为，原因主要有三点：一是他人态度的干扰，如家人的强烈反对可能会导致消费者放弃购买产品，又如在网络时代，大量旅游者会在网络上对旅游产品进行评价，供其他游客参考，很多旅游消费者会受他人网评的影响，从而改变对产品的看法；二是意外情况的发生，旅游产品往往容易受到意外情况的影响，如游客已经选择好出发日期并选择好了最佳航班，但是由于天气原因不得不取消行程；三是预期风险的大小，尤其是在购买价值较高的产品时，消费者会承担较高的风险，为了减少风险，消费者会选择暂时放弃购买该产品。

五、购后行为

消费者完成购买并不意味着营销过程的结束。购买结束后，消费者也许满意，也许不满意，于是便会出现营销人员特别感兴趣的购后行为。消费者往往会将其对产品的预期和实际体验进行对比。若实际体验与预期一致，则对产品满意；若实际体验超出了预期，消费者便会感觉非常满意；若实际体验未达到预期，消费者便会感到不满意。

消费者的期望通常建立在过去的经验、销售人员介绍、广告以及朋友和其他渠道所获得的信息的基础上。这就要求营销人员在宣传产品时要实事求是，如实描述产品的性能，如果卖家夸大产品所具有的性能，很有可能会导致消费者失望。如果消费者不满意，他们就会采取行动进行退、换货或要求赔偿，甚至告知家人、朋友不要购买该公司的产品，不利于公司的长期发展。因此营销人员要采取措施以减少消费者购后的不满，并帮助顾客感受到购买所带来的好处。网络营销时代，尽管科技的便利使得造假更加容易，但无论何种方式的不实宣传，最终还得接受市场和顾客的真实考验。加之网络评价的便利性和广泛性，使得顾客之间更便于对购后体验进行交流，从而利用舆论影响旅游企业和产品的口碑。

通过了解购买者识别需要、收集信息、方案评估、购买决策和购后行为等过程，旅游网络营销人员可以得到满足消费者需要的线索，制订有效的营销计划，这是旅游网络营销成功的基础。

【本章作业】

1. 你认为在线旅游平台的出现对传统旅行社有何影响？传统旅行社该如何应对这一趋势？

2. 结合自身通过网络平台订购旅游产品的经历，描述你的购买决策过程。

3. 案例讨论

近年来，随着在线旅游产品的火热，旅游电商平台“默认勾选搭售产品服务”也应运而生。

中秋前夕，南京消费者张女士在途牛旅游网为家人选购中秋节旅游产品时，遇到了搭售保险的情况。这让她很费解和愤怒，因为保险应该是自愿购买，网站未经消费者同意就默认自动购买，对消费者显失公平。

9月5日，《中国消费报》记者登录途牛旅游网官网首页，随机点击了一款编号为210423547的“【国庆】丽江—香格里拉—大理—泸沽湖—玉龙雪山双飞8日游>15人臻品小团”跟团游产品。按照页面提示，记者选择出行时间为9月20日到9月24日，点击“出行人数”成人2人，此时的页面没有显示多余的金额，系统随即跳转至结算页面。记者核对信息后发现，原本3535元/人的套餐，在结算时却多出了290元的保险费用。经仔细查看，记者发现这两款保险分别为85元/人的“太平洋境内游长期保障方案三（出游8~10天）”和60元/人的“太平旅程取消险方案6”。这两项保险分别是意外险和取消险，均为系统自动默认勾选的额外收费服务，而这多出来的费用在先前的购买页面中并没有明示，并且在结算信息页面上并没有可供反向勾选的选项。

如何取消这多出来的费用呢？记者在此页面仔细查找，终于在订单页左下角的“保险方案”中发现了“被购买”的两项保险的反勾选选项。记者点击勾选，默认选择的两款保险产品才被勾除。

记者调查发现，普通消费者的日常消费常识大多停留在“勾选选择”上，对于“反勾选取消”的操作模式，多数消费者认为是网站“挖坑式神操作”。因此，消费者在付款时很容易忽视被搭售的产品，从而多支出这笔费用。

阅读上述案例并分析为什么消费者容易忽视旅游电商平台的“默认勾选”，电商平台的此类行为对客户忠诚度有何影响？

第四章　旅游网络市场调研

【开篇案例】

2018 旅游消费者用户画像：年轻游客都在玩什么?

2017 年 11 月，腾讯数据实验室发布了《2017 年中国旅游目的地白皮书》（以下简称《白皮书》）。《白皮书》根据腾讯与国家旅游局产业运行监控平台数据，针对中国 50 余座城市的旅游消费者进行分析，阐释了用户画像、行为分析和市场洞察，解读了消费人群对热门旅游目的地的满意度舆情，并对满意度待提升的目的地给予策略指引，意在帮助旅游目的地的运营者更全面理解新时代用户特征，制订更加完善的营销方案，吸引更多游客。

腾讯认为以“90 后”“00 后”为代表的“Z 世代”已经崛起成为新兴消费主体，出行习惯更加趋于随性，水体娱乐、户外探险、海岛和温泉等选择开始逐步替代单一的观光需求。十大热门城市目的地的第一名与第二名分别是上海和北京，便利的交通设施和众多以 5A 级和 4A 级为代表的旅游吸引物成为其排名靠前的主要因素。旅行中如何拥有完美的纪念照片已经成为旅游用户的一堂必修课，因此手机拍照能力是年轻人选择手机的重要参考标准。此外，出游人群在旅途中对于社交、视频、新闻类 App 的关注度最高。景区管理者应该监测消费行为和消费偏好的变化，捕捉并适配年轻人的旅行偏好，利用互联网手段不断优化营销方式。

【本章学习任务】

- 了解网络营销调研的含义和特点。
- 掌握网络营销调研的步骤和方法。
- 能够培养实事求是的意识，用调研说话。

市场调研是旅游营销链中的重要环节，没有市场调研，就把握不了旅游市场。互联网和移动互联网作为21世纪新的信息传播媒体，它是高效、快速、开放的，它加快了旅游产业经济结构的调整与重组，形成了数字化、网络化、智能化、集成化的走向，它正在迅速改变传统的旅游市场营销方式。

为适应旅游信息传播媒体的变革，旅游网上调查（Tourism Internet Survey）随之产生。网上旅游市场调查就是利用互联网发掘和了解旅游市场的顾客需要、市场机会、竞争对手、行业潮流、分销渠道以及战略合作伙伴等方面的情况。互联网正是实现这些目标的良好资源。从某种程度来说，全球互联网上的海量信息、几万个搜索引擎的免费使用已对传统旅游市场调查的计划和策略产生了很大影响，它大大丰富了旅游市场调查的资料来源，扩展了传统的市场调查方法。特别是互联网在预调查、定性调查和二手资料调查方面具有无可比拟的优势。

第一节　旅游网络市场调研概述

一、旅游网络市场调研的含义

市场调查是指以科学的方法，系统地、有目的地收集、整理、分析和研究所有与市场有关的信息，特别是有关消费者的需求、购买动机和购买行为等方面的信息，从而把握市场现状和发展态势，有针对性地制定营销策略，取得良好的营销效益。

基于互联网而系统地进行旅游营销信息的收集、整理、分析和研究活动被称为旅游网络市场调研。我们把利用各种网站的搜索引擎寻找旅游市场竞争环境信息、客户信息、供求信息的行为称作二手资料的收集，把通常采用的旅游网站用户注册和免费服务申请表格填写等做法看作旅游网站发起的用户市场调查的基本手段。

网上旅游市场调研，泛指利用互联网手段所进行的各种以旅游市场调研为目的的活动，如收集旅游市场信息、了解旅游竞争者的情报、调查消费者对旅游网站改版的意见，以及参与微博旅游活动、微信旅游活动、微店旅游活动调查等。作为旅游网络营销的基本职能之一，相对于无处不在的旅游网络推广而言，网上市场调研的存在感略低些，不过这并不意味着可以被忽略。其实网络调研无处不在，如旅游产品内容营销选题、旅游用户搜索行为分析、网站访问统计分析等无不包含着网上调研的思想和方法。

与传统的旅游市场调研一样，进行网络旅游市场调研，主要是要探索以下几个方面问题：即旅游市场可行性研究、分析不同地区的旅游产品销售机会和潜力、分析影响旅游产品销售的各种因素、进行旅游市场竞争分析、旅游产品研究、旅游价格研究、旅游广告监测和效果研究、旅游企业形象研究、旅游消费者研究和旅游市场性质动态变化分析等。

二、旅游网络市场调研的特点

旅游网络市场调研可以充分利用互联网的开放性、自由性、平等性、广泛性和直接性等特点开展调查工作。现在许多旅游公司都利用互联网及其他一些在线服务进行市场调研，并且取得了满意的效果。与传统的市场调研相比，旅游网络市场调研具有如下6个特点：

（一）网络信息的及时性和共享性

网络的传输速度非常快，网络上的旅游信息能迅速传递给连接上网的任何用户；旅游网上调查是开放的，任何网民都可以参加投票和查看结果，这保证了网络信息的及时性和共享性。另外，网上投票信息经过统计分析软件初步处理后，可以马上看到阶段性的调查结果，而传统调查结论的形成，需经历很长一段时间。如对全国各省区旅游市场的抽样调查纸质问卷统计分析需1个月，而借助互联网进行调查时，设置好IP地址，从设计问卷到实施网上调查和发布统计结果，前后总共不到1星期的时间就可以完成。

（二）网络调研的便捷性与低费用

网上进行旅游市场调查可节省传统调查中所耗费的大量人力和物力。在网络上进行旅游市场调研，只需要一台能上网的计算机即可。调查者在旅游企业自身网站或第三方网站上发出电子调查问卷，网民自愿填写，然后通过统计分析软件对访问者反馈回来的信息进行整理和分析。网上调查在信息采集过程中不需要派出调查人员，不受天气和距离的限制，不需要印刷调查问卷，调查过程中最繁重、最关键的信息采集和录入工作将分布到众多网上用户的终端上完成。网上调查可以无人值守和不间断地接受调查填表，信息检验和信息处理工作均由计算机自动完成。

（三）网络调研的交互性和充分性

网络的最大好处在于交互性。在网上调查时，被调查对象可以及时就问卷相关的问题提出自己更多的看法和建议，可减少因问卷设计得不合理而导致的调查结论偏差等问题。同时，被调查者还可以自由地在网上发表自己的看法，也没有时间限制的问题。这在传统的调查中是不可能做到的，如平常人们遇到的路上拦截调查，它的调查时间不能超过 10 分钟，否则被调查者肯定会不耐烦，因而对访问调查员的要求非常高。

（四）网络调研结果的可靠性和客观性

由于旅游企业网站站点的访问者一般都对旅游产品有一定的兴趣，所以这种基于顾客和潜在顾客的市场调研结果是客观和真实的，它在很大程度上反映了消费者的消费心态和市场发展的趋向。首先，被调查者是在完全自愿的情况下参与调查，调查的针对性更强；其次，调查问卷的填写是自愿的，旅游者有意愿了解旅游企业的产品信息，所以不是传统调查中的“强迫式”，填写者一般都对调查内容有一定兴趣，回答问题相对认真些，所以问卷填写可靠性强；最后，网上调查可以避免传统调查中人为错误（如访问员缺乏技巧、诱导回答问卷问题）所导致调查结论的偏差，被调查者是在完全独立思考的环境下接受调查，不会受到调查员及其他外在因素的误导和干预，能最大限度地保证调查结果的客观性。

（五）网络调研无时空和地域限制

旅游网络市场调查可以 24 小时全天候进行，网民可以在任何方便的时间和地点参与调查，不受区域制约和时间制约，这与传统的调研方式有很大的不同。一个旅游企业如利用传统方式在全国范围内进行旅游市场调研，需要各个区域代理商、分销商或分店的配合，会花费大量的人力、物力和财力；而利用互联网对旅游用户进行在线调查，旅游企业只要与访问率较高的门户网站、有关旅游的专业网站及在线网络广告站点联合，即可方便进行。当前旅游市场是全球化的，出境游市场和入境游市场的范围非常广阔，至于到海外市场调研，网络更具有无可比拟的优越性。

（六）网络调研的可检验性和可控制性

旅游企业利用互联网进行网上调查收集信息，可以有效地对采集信息的质量实施系统的检验和控制。这是因为，第一，网上调查问卷可以附加全面规范的指标解释，有利于消除因对指标理解不清或调查员解释口径不一而造成的调查偏差；第二，问卷的复核检验由计算机依据设定的检验条件和控制措施自动实施，可以有效地保证对调查问卷100%的复核检验，保证检验与控制的客观公正性；第三，通过对被调查者的身份验证技术可以有效地防止信息采集过程中的舞弊行为。

三、网络市场调研的策略

旅游企业进行网络市场调研的目的是收集网上旅游者和潜在旅游者的信息，利用网络加强与消费者的沟通与理解，改善营销并更好地服务于顾客。要达到这个目的，首先是要让更多的用户访问进行调研的站点；其次是使站点的访问者乐于接受旅游企业的调查询问，能够善意而又真实地发回反馈信息。这样，旅游市场调研人员才可能有针对性地制作网上调研表单，消费者可以发现更多的有关旅游公司的产品及服务的信息，发回反馈参加联机交互调查和竞赛，使旅游市场营销调研人员掌握到更多、更翔实的市场信息。

为此，市场调查人员必须根据网络调研的特殊性认真研究调研策略，以充分发挥网络调查的优越性，提高旅游网络调查的质量。旅游网络市场调研的策略主要包括如何识别网络站点的访问者以及如何有效地在网络站点上进行市场调查。

（一）识别网站的访问者并激励其访问旅游企业站点

传统市场调研，无论是普查、重点调查、典型调查，还是随机抽样调查、非随机抽样调查以及固定样本持续调查，尽管调查的范围不同，但调研的对象如区域、职业、民族、年龄等都有一定程度的针对性，即对被调查对象的大体分类有一定的预期。网络旅游市场调研则不同，它没有空间和地域的限制，一切都是随机的，调研人员无法预期谁将是旅游企业站点的访问者，也无法确定调研对象样本。即使那些在网上购买旅游企业产品的消费者，要确认其身份、职业、性别、年龄等也是一个很复杂的问题。因此，旅游网络市场调研的关键之一是如何识别并吸引更多的访问者，使他们有兴趣在企业站点上进行双向的网上交流。为了解决这一问题，目前可采取以下一些策略：

1. 利用电子邮件获得旅游市场信息

电子邮件可以附有 HTML 表单，旅游消费者可在表单界面上点击相关主题并且填写附有收件人电子邮件地址的有关信息，然后回发给旅游企业。通过电子邮件，旅游企业的所有潜在旅游消费者均可以阅读并了解企业的情况，市场营销调研人员则可获得有关访问者的市场信息。比如，知道访问者的邮编后，就可以得知访问者所在的国家、地区、省市等地域分布范围；对访问者回复的信息进行分类统计，就可以进一步对旅游市场进行细分，而旅游市场细分是旅游企业制定营销策略的重要依据之一。

2. 给予访问者奖品或者免费商品

如果访问者被告知能获得一份奖品或免费商品，他们会告诉企业该把这些东西寄往何处。旅游企业可以很容易地得知他们的姓名、住址和电子邮件地址。这种策略被证明是行之有效的。它能减少访问者因担心网站泄密而发出不准确信息的可能性，提高旅游营销人员市场调研的工作效率。

3. 吸引访问者注册从而获得个人信息

如果旅游企业用大量有价值的信息和免费软件来吸引访问者，他们可能会很愿意告诉企业有关个人的详细情况。著名的旅游网站去哪儿专门登载关于折扣机票实时行情等有关方面的信息，有些信息非常有价值，访问者为了获得这些信息和及时买到优惠机票，都会毫不犹豫地立即注册，填写如年龄、性别、证件号码等有关信息，这样就可以基本掌握访问者的情况。

4. 向访问者承诺物质奖励

互联网上有些旅游站点能给访问者购买旅游产品打折或给予奖金，但这需要访问者填写一份包括个人习惯、兴趣、假期、特长、收入等个人情况的调查问卷。因为有物质奖励，许多访问者都会完成由这些站点提供的调查问卷。

5. 由软件自动检测访问者是否完成调查问卷

访问者经常会有意无意地漏掉一些信息，这可以通过一些软件来确定他们是否正确地填写了调查问卷。如果访问者遗漏了调查问卷上的一些内容，调查问卷会重新发送给访问者要求补填，如果访问者按要求完成了调查问卷，那么计算机屏幕上会提示访问者提交问卷。

（二）网站上的市场调研策略

要想有效地在网站上进行旅游网络市场调研，可以采取以下策略：

科学地设计调查问卷。一个成功的调查问卷应具备两个功能：一是能将所调查的问题明确地传达给访问者；二是设法取得对方的合作，使访问者能真实、准确地回复。设计一份理想的在线问卷，一般应遵循以下几个原则。（1）目的性原则。即询问的问题与调查主题密切相关，重点突出。（2）可接受性原则。即被调查者可以充分自由地决定回复哪一项，是否回复，故问卷设计要容易为被调查者所接受。（3）简明性原则。即询问内容要简明扼要，使访问者易读、易懂，而且回复内容也简短省时。（4）匹配性原则。即使得访问者回复的问题便于检查数据处理、统计和分析，提高市场调研工作的效率。

监控在线服务。旅游营销调研人员可通过监控在线服务了解访问者主要浏览哪类旅游企业、哪类旅游产品的主页，挑选和购买何种旅游产品等基本情况。通过对这些数据的研究分析，营销人员可对顾客的地域分布、产品偏好、购买时间以及行业内产品竞争态势做出初步的判断。

测试旅游产品不同的内容、服务、价格、名称和广告页。在互联网上，修改调研问卷的内容是很方便的。因此，营销人员可方便地测试不同的调研内容的组合。像旅游产品的服务、价格、名称和广告页等顾客比较敏感的因素，更是市场调研中重点涉及的内容。通过不同因素组合的测试，营销人员能分析出哪种因素对产品来说最重要，哪些因素的组合对顾客是最有吸引力的。

有针对性地跟踪目标顾客。市场调研人员在互联网上或通过其他途径获得了顾客或潜在顾客的电子邮件地址，可以直接使用电子邮件向他们发出有关旅游产品和服务的询问，并请求他们反馈回复；也可在电子调查表单中设置让顾客自由发表意见和建议的板块，请他们发表对旅游企业、旅游产品、旅游服务等各方面的见解和期望。通过这些信息，调研人员可以把握产品的市场潮流以及消费者的消费心理、消费爱好、消费倾向的变化，并根据这些变化来调整企业的产品结构和市场营销策略。例如，旅游公司销售养生康体游产品，但调研后发现客户感兴趣的是亲子游，那么旅游公司应采取措施转向亲子游产品的设计与销售。

建立企业公众号。旅游企业可随时在公众号上与旅游者或潜在旅游者就有关产品、服务等各方面的问题进行及时有效的交流，及时掌握消费者的消费心理、消费爱好、消费倾向的变化，把握市场趋势、市场环境变化及竞争者状况等信息。

以产品特色、网页内容的差别化赢得访问者。如果旅游企业市场调研人员跟踪到访问者浏览过其他旅游企业的站点，或阅读过有关攻略的旅游产品广告主页，那么应及时发送适当的信息给目标访问者，使其充分注意到本企业站点的主页，并对产品做进一步的比较和选择。例如，如果访问者刚浏览过竞争企业的站点，则市场调研人员应及时做出差别化宣传，在企业站点的主页上着重描述本企业产品的特色和服务优势，通过经营上的特色和差别化优势吸引访问者，使其尽可能在本企业站点上实现网上购买行为。

传统市场调研和电子邮件相结合。企业市场调研人员也可以在各种传播媒体上，如报纸、电视或有关杂志上刊登相关调查问卷的二维码，并公告企业的电子邮箱和网址，让消费者通过电子邮件回答所要调研的问题，以此收集市场信息。采用这种方法，调研的范围比较广，同时也可以减少企业市场调研中相应的人力和物力的消耗。

与著名的门户网站、著名的搜索引擎网站等合作，通过产品的网上竞买或某些主题推广活动掌握市场信息。企业推出的新产品，可以通过网上竞买，了解消费者的消费倾向和消费心理，把握市场态势，从而制定相应的市场营销策略。

第二节　旅游网络市场调研的步骤和方法

一、网络市场调研的一般步骤

旅游网络市场调查与传统市场调查一样，应遵循一定的方法与步骤，以保证调查过程的质量。旅游网络市场调查一般包括以下几步：

（一）明确问题与调查目标

进行旅游网络市场调查，首先要明确调查的问题是什么；调查的目标是什么；谁有可能在网上查询企业的旅游产品或服务；哪些客户最有可能购买企业的旅游产品或服务；在旅游行业，企业都有哪些竞争者；竞争者在干什么；客户对竞争者的印象如何；旅游企业在日常运作中，可能要受哪些法律法规的约束等。具体要调查哪些问题事先应考虑清楚，只有这样，才可能做到有的放矢，提高工作效率。

（二）确定市场调查的对象

网络市场调查的对象，主要有旅游产品的消费者、旅游企业的竞争者、旅游企业合作者和旅游行业内的中立者 3 大类：

1. 旅游产品的消费者

旅游消费者在网上购买旅游产品必然要访问旅游企业的站点，利用旅游企业网站首页所提供的分类、目录或搜索引擎工具，浏览旅游产品的说明、价格、付款方式、退货条件、售后服务等方面的信息。旅游企业市场营销调研人员可通过互联网跟踪消费者，了解他们对产品的意见和建议。

2. 旅游企业的竞争者

当前旅游行业是一个竞争异常激烈的时期，现有旅游企业之间的竞争、新竞争者的加入与替代产品的出现形成了主要的行业竞争力。它们之间相互影响，相互制约。通过对旅游行业竞争力的分析可以了解本企业在旅游行业中所处的地位、所具有的竞争优势与不足，以便旅游企业制定战胜各种竞争力量的对策。

3. 旅游企业合作者和行业内的中立者

市场营销人员还应时常关注旅游企业合作者和行业内中立者的网站，有时这些企业可能会提供一些极有价值的信息和评估分析报告。

市场营销人员在市场调研过程中，应兼顾上述 3 类对象，但也必须有所侧重。特别在旅游市场竞争激烈的今天，对竞争者的调研显得格外重要，竞争者的一举一动都应引起营销人员的高度重视。

（三）制订调查计划

网络旅游市场调查的第三步是制订有效的调查计划，包括资料来源、调查方法、调查手段、抽样方案和联系方法等内容。

1. 资料来源

旅游市场网络调查首先需要确定是收集一手资料（原始资料）还是二手资料，或者两者都要。在互联网上，利用搜索引擎、网上营销和网上市场调查，网站可以方便地收集到各种一手和二手资料。

2. 调查方法

网络旅游市场调查可以使用的方法有专题讨论法、问卷调查法和实验法。专题讨论法可以借助目前盛行的微博、博客、论坛，也可以通过网络问答的形式进行；问卷调查法可以使用 E-mail 发送、网站上刊登等多种形式；实验法是选择多个可比的主题作为不同的实验方案，通过控制外部变量，检查所观察到的差异是否具有统计上的显著性。

3. 调查手段

网络市场调查可以采取在线问卷和软件系统两种方式进行。在线问卷制作简单，分发迅速，回收也方便，但须遵循一定的原则。网络调研软件系统是专门为网络调研设计的问卷链接及传输软件，包括整体问卷设计、网络服务器、数据库和数据传输程序。较典型的用法是：问卷由简易的可视问卷编辑器产生，自动传送到互联网服务器上，通过网站，使用者可随时在屏幕上对答并进行整体统计或图表统计。

4. 抽样方案

即要确定抽样单位、样本规模。抽样单位是确定抽样的目标总体；样本规模的大小涉及调查结果的可靠性，样本需足够多，必须包括目标总体范围内所发现的各种类型样本。

5. 联系方法

即以何种方式接触调查的主体，网络市场调查采取网上交流的形式，如 E-mail 传输问卷、博客、BBS、微信、QQ 等。

（四）收集信息

利用互联网做旅游市场调查，不管是收集一手资料还是二手资料，可同时在全国或全球进行，收集的方法也很简单，直接在网上递交或下载即可，这与受区域制约的传统调研方式有很大的不同。

（五）分析信息

信息收集结束后，接下来的工作是分析信息。分析信息的能力相当重要，因为很多竞争者都可从一些知名的旅游网站看到同样的信息，或从顾客和潜在顾客那里获得类似的信息。调查人员如何从收集的数据中提炼出与调查目标相关的信息，并在此基础上对有价值的信息迅速做出反应，这是把握商机战胜竞争对手，取得经营成果的一个制胜法宝。利用互联网，旅游企业在获取商情、处理信息的速度方面是传统手段无法比拟的。

（六）提交报告

调研报告的撰写是整个调研活动的最后一个阶段。报告不是数据和资料的简单堆砌，调研员不能把大量的数字和复杂的统计技术扔到管理人员面前，而应把与市场营销关键决策有关的主要调查结果写出来，并以调查报告正规格式书写。作为对问卷回答者的一种激励或奖赏，旅游企业应尽可能把调查报告的全部或部分内容反馈给填表者或广大读者。如果限定为填表者，只需给填表者分配一个进入密码。对一些“举手之劳”式的简单调查（如仅 2~3 道是非题），以实时互动的形式公布统计结果，效果更佳。

二、网上调研的常用方法

旅游企业常用的网上市场调研方法，包括网上搜索法、网站及邮件跟踪法，网站用户抽样调查法、网站投票法、固定样本调查法、在线调查问卷。其中在线调查问卷是应用最广，也是专业程度最高的网上调研方法之一。

（一）开放性旅游市场资料收集：网上搜索法

利用搜索引擎，可以获得大量有用的市场资料，可用于市场调查数据收集、行业竞争分析等目的。网上搜索是最简单、最有用的网上调研方法之一。

网上搜索所利用的主要工具是搜索引擎，网上检索通常作为收集第二手资料的手段，但是利用搜索引擎强大的搜索功能也可以获得大量第一手资料。比如，在旅游市场调研中，很多第一手资料可以通过网上搜索来完成。只要旅游企业有网站并在搜索引擎进行登记，就可以找出该旅游企业的网址，然后通过直接访问目标旅游企业的网站查询相关信息，而有关该旅游企业的新闻报道等通常也可以直接从网上查到。利用网上搜索可以收集到旅游市场调研所需要的大部分第二手资料，如大型调查咨询公司的公开性旅游市场调查报告，大型旅游企业、商业组织、学术团体、著名报刊等发布的调查资料，政府机构发布的调查统计信息等。

（二）旅游行业网站资料收集：网站及邮件跟踪法

由于互联网数据的开放性和动态性，利用搜索引擎收集旅游市场资料通常适合于临时性的调研，对于需要长期跟踪收集的旅游行业网站资料，则可以利用网站及邮件跟踪的调研方法。根据旅游企业市场策略的需要，选定一批有价值的旅游网站进行定期跟踪收集资料是很有必要的，无论是旅游企业的市场调研部门自行开展市场调研，还是委托专业代理机构进行，都有必要对企业相关的旅游市场信息资料有所了解。根据调研的性质和目的不同，需要的资料也有很大差别，一般来说，可以提供大量第一手市场信息和第二手资料的网站有：网上旅游博览会、文化和旅游部以及各地文旅厅网站、旅游企业电子商务网站、大型调研咨询公司网站、政府统计机构网站等。如果觉得每天跟踪访问大量的网站占用太多时间的话，也可以利用一些网站提供的邮件列表服务来收集资料，这种方式实际上也是网站跟踪法的一种形式。很多网站为了维持与用户的关系，常常将一些有价值的信息以新闻邮件、电子刊物等形式免费向用户发送，通常只要进行简单的登记即可加入邮件列表。比较有价值的邮件列表如各大电子商务网站初步整理的市场供求信息，各种调查报告等，将收到的邮件列表信息定期处理也是一种行之有效的资料收集方法。此外，关注相关网站的社交网络信息（如旅游官方微博等）也是收集最新资料的有效方式。

（三）网站用户满意度调查：网站用户抽样调查法

网站用户抽样调查法，常用于对旅游网站易用性、用户满意度等方面的调查，即将事先设计好的调查问卷，通过技术方式随机发放给网站的浏览者，浏览者填写问卷并提交即完成了一个样本的调查过程。这是一种综合性的网上市场调研方法，集问卷调查、投放、回收于一体的网站用户抽样调查的基本原理是，利用设定好的规则对网站访问者进行跟踪分析，对于符合要求的用户在访问网站时弹出一个调查说明及问卷，这种方式与传统市场调查的拦截调查方式是类似的。例如，在某一天或几天中某个时段访问旅游网站的用户，或者对来自某些地区、某些 IP 地址段等条件的访问者，当进入旅游网站打开一个网页后，弹出调查问卷，等待用户填写并提交。

（四）简易网络小调查：网站投票法

微博除了发布图片和文字等基本信息之外，设有投票功能，其中的基本元素包括投票标题（最多 25 字）和自定义的若干投票选项（2~20 项），此外还有一些高级设置，如单选 / 多选、投票结束时间、用户参与投票成功后的文字说明等。这就是一个典型的网站小调查，也称为网站投票。这种调查方式也属于在线问卷的一种，只是通常比较简单，只有几个可选项目，用户选择后点击提交即完成了一次在线调查，不会占用太多时间，很多用户也就乐意随手参与一下调查。这种简易网络调查，可以用于多种目的，尤其是了解用户对某事件的看法，当参与用户数量较多时，调查结果是相当有说服力的。

（五）长期调研：固定样本调查法

为获得长期调研结果的可靠性并使得调查结果具有可比性，一种专业的市场调研方法是固定样本调查。同传统调查中的固定样本连续调查法道理一样，根据调查目的的要求，用合理的抽样技术选定固定样本用户，当然，这些用户必须是可以经常上网的用户，对固定样本用户给予必要的培训，说明调查目的，提出一定的要求，由各样本用户按照要求将所要调查的内容记录下来，定期提交给市场调研项目的负责人，资料提交形式既可以通过网站提交在线表单，也可以通过电子邮件等方式发送。固定样本调查可以保证样本数量和回收调查表的质量，但是长期维持数量众多的固定样本用户需要较大的费用，对于临时性或一次性市场调查项目难度较高，但对于专业的旅游市场调研部门或者调查公司，则显得很有价值。

（六）专业在线调查问卷：在线调查表

利用在线调查表获取信息是最常用的在线调研方法，也是在线调研的重点内容。在线调查表广泛地应用于各种专业的调研活动。最简单的调查表可能只有几个问题需要回答，或者几个答案供选择，一个复杂的在线调查可能有几十个甚至更多的问题。开展在线调查问卷工作除了需要专业的调查问卷设计之外，网站还需要相应的技术功能支持。开发一个完善的在线调查系统其实并不简单，尤其当被调查用户较多、调查数据量较大时，对在线调查系统的要求还是比较高的，相应的开发和维护成本也很大。因此很多专业的旅游调查往往委托第三方专业在线调查机构来操作。不过随着一些大型网站服务内容的扩展，陆续出现了一些在线调查平台，其中有些可以免费使用。例如，腾讯问卷免费在线调查系统，在提供常规在线问卷设计及投放服务的同时，还提供了一些常用的问卷模板，使得问卷设计更简单。类似的服务还有百度开放云提供的问卷调研服务、问卷星提供的网上问卷调查服务等。

第三节　网络调查问卷的设计

一、网络调查问卷设计的基础知识

（一）网络调查问卷的构成

一份正式的在线调查问卷通常包括标题、卷首语、问题指导语、在线调查问卷的主体及结束语五个部分。

1. 标题

标题是调查内容高度的概括，既要与调查研究内容一致，又要注意对被调查者的影响。

2. 卷首语

用以说明由谁执行此项调查，调查的目的、意义是什么。卷首语的主要功能是使被调查者感到正在进行的调查项目是合理、合法的，值得他们花些时间和精力认真填写。卷首语虽然不是问卷的主体部分，但其作用不容忽视，它可以消除被调查者的顾虑，取得被调查者的信任，所以一定要注明单位名称、地址、联系电话和网址。

3. 问题指导语

问题指导语即填表说明，主要向被调查者说明如何正确地填写问卷。

4. 在线调查问卷的主体

在线调查问卷的主体包括问题和备选答案，是问卷的核心部分。问题的类型可以分为开放型和封闭型两种。网络市场调研中电子邮件问卷多采用封闭型问卷，即在提出问题的同时，给出备选答案。封闭型问卷的优势非常明显，省时间、回收率高、资料便于统计处理和进行定量的分析。

5. 结束语

在这部分可以使用文字、介绍或附加的信息，向被访问者所付出的工作和时间表达感谢，所以措辞要诚恳、亲切。

（二）网络调查问卷的功能

1. 能正确反映调查目的

问题具体，重点突出，能使被调查者乐意合作，协助达到调查目的。

2. 能反映事实

正确记录和反映被调查者回答的事实，提供正确的情报。

3. 统一的问卷便于资料的统计和整理

问卷的设计是网络市场调研的重要一环。要得到有效的信息，需要提出确切的问题。最好通过提问来确定一个问题的价值，即“你将如何使用调查结果”，这样做可使你避免把时间浪费在无用或不恰当的问题上。要设计一份完美的问卷，应事先做一些访问，拟订一个初稿，经过事前实验性调查，再修改成正式问卷。

（三）网络调查问卷设计的原则

为了确保网络调查问卷的设计质量，问卷设计时应遵循一定的原则。这些原则主要包括以下几个。

1. 目的性原则

问卷调查是通过向被调查者询问问题来进行调查的，所以，必须询问与调查主题有密切关联的问题。这就要求在问卷设计时，重点突出，避免可有可无的问题，并把主题分解为更详细的条目供被调查者回答。

2. 可接受性原则

调查表的设计要比较容易让被调查者接受。由于被调查者对是否参加调查有着绝对的自由，他们既可以采取合作的态度，接受调查，也可以采取对抗行为，拒绝调查。因此，请求合作就成为问卷设计中一个十分重要的问题。应在问卷说明词中，将调查目的明确告诉被调查者，让对方明白该项调查的意义和自身回答对整个调查结果的重要性。问卷说明要亲切、温和，提问部分要自然，有礼貌和有趣味，必要时可采用一些物质鼓励，并代被调查者保密，以消除其某种心理压力，使被调查者自愿参与，认真填好问卷。除此之外，还应使用适合被调查者身份、水平的用语，尽量避免列入一些会令被调查者难堪或反感的问题。

3. 逻辑性原则

问卷的设计要有整体感，这种整体感是指问题与问题之间要具有逻辑性，独立的问题本身也不能出现逻辑上的谬误，从而使问卷成为一个相对完善的小系统。

4. 简明性原则

简明性原则主要体现在三个方面，即调查内容要简明、调查时间要简短、问卷设计的形式要简明易懂。

5. 匹配性原则

匹配性原则是指要使被调查者的回答便于检查、数据处理和分析。所提问题都应先考虑到能对问题结果做适当分类和解释，使所得资料便于分析。

（四）网络调查问卷提问的方式

1. 封闭式提问

也就是在每个问题后面给出若干个备选答案，被调查者只能在这些备选答案中选择自己的答案。

2. 开放式提问

就是允许被调查者用自己的话来回答问题。由于采取这种方式提问会得到各种不同的答案，不利于资料统计分析，因此在调查问卷中不宜过多使用。

（五）网络调查问卷的设计要求

（1）问卷不宜过长，问题不能过多，一般控制在15分钟以内回答完毕即可。

（2）能够得到被调查者的密切合作，充分考虑被调查者的身份背景，不要提出对方不感兴趣的问题。

（3）所提问题要有利于使被调查者做出真实的选择，答案不能模棱两可，使被调查者难以选择。

（4）不要使用专业术语，也不要将两个问题合并为一个，以避免不明确的答案。

（5）问题的排列顺序要合理，一般先提出概括性的问题，逐步启发被调查者，做到循序渐进。

（6）将比较难回答的问题和涉及被调查者个人隐私的问题放在最后。

（7）提问不能有任何暗示，措辞运用要恰当。

二、网络调查问卷问题设计

网络调查问卷设计的过程一般包括确定所需信息、确定问卷的类型、确定问题的内容、确定问题的类型、确定问题的措辞、确定问题的顺序、确定问卷的排版和布局、确定问卷的测试、确定问卷的定稿使用、对问卷进行评价十大步骤。

（一）确定所需信息

确定所需信息是问卷设计的前提工作。调查者必须在问卷设计之前就把握所有达到研究目的和验证研究假设所需要的信息，并决定所有用于分析使用这些信息的方法，如频率分布、统计检验等，然后按这些分析方法所要求的形式来收集资料，把握信息。

（二）确定问卷的类型

制约问卷选择的因素很多，而且研究课题不同，调查项目不同，主导制约因素也不一样。在确定问卷类型时，先必须综合考虑调研费用、时效性要求、被调查对象、调查内容等制约因素。

（三）确定问题的内容

确定问题的内容似乎是一个比较简单的问题。然而事实并非如此，这其中还涉及个体的差异性问题，也许设计者认为容易的问题对被调查者来说却是困难的问题。因此，确定问题的内容，最好与被调查对象联系起来。分析一下被调查者群体，有时比盲目分析问题的内容效果要好。

（四）确定问题的类型

问题的类型可大致概括为四种：自由问答题、两项选择题、多项选择题和顺位式问答题。其中，后三类均可以称为封闭式问题。在现实的调查问卷中，往往是几种类型的问题同时存在，单纯采用一种类型问题的问卷并不多见。

1. 自由问答题

自由问答题也称开放型问答题，只提问题，不给具体答案，要求被调查者根据自身实际情况自由作答，自由问答题主要限于探索性调查。自由问答题的主要优点是被调查者的观点不受限制，便于深入了解被调查者的建设性意见、态度、需求问题等；主要缺点是难于编码和统计。

2. 两项选择题

两项选择题是多项选择的一个特例，一般只设两个选项，如“是”与“否”、“有”与“没有”等。两项选择题的优点是简单明了；缺点是所获信息量太小，两种极端的回答类型有时难以了解和分析被调查者群体中客观存在的不同态度层次。

3. 多项选择题

多项选择题是从多个备选答案中选择两个或多个，这是各种调查问卷中采用最多的一种问题类型。需要在设计的时候要求被调查者给出 2 个或 2 个以上答案。多项选择题的优点是便于回答，便于编码和统计，缺点主要是问题提供答案的排列次序可能引起偏见。

4. 顺位式问答题

顺位式问答题，又称序列式问答题，是在多项选择的基础上，要求被调查者对询问的问题答案，按自己认为的重要程度和喜欢程度顺位排列。

（五）确定问题的措辞

很多人不太重视问题的措辞，而把主要精力集中在问卷设计的其他方面，这样做的结果有可能降低问卷的质量。在确定措辞时应注意做到以下几点：问题的陈述尽量简洁；避免提带有双重或多重含义的问题；不用反义疑问句，避免否定句；避免问题的从众效应和权威效应。

（六）确定问题的顺序

问卷中的问题应遵循一定的排列次序，问题的排列次序会影响被调查者的兴趣、情绪，进而影响其合作积极性。所以一份好的问卷应对问题的排列做出精心的设计。一般而言，问卷的开头部分应安排比较容易的问题，这样可以给被调查者一种轻松、愉快的感觉，以便于他们继续答下去。中间部分最好安排一些核心问题，即调查者需要掌握的资料，这一部分是问卷的核心部分，应该妥善安排。结尾部分可以安排一些背景资料，如职业、年龄、收入等。个人背景资料虽然也属事实性问题，也十分容易回答，但有些问题，诸如收入、年龄等同样属于敏感性问题，因此一般安排在末尾部分。当然在不涉及敏感性问题的情况下也可将背景资料安排在开头部分。

还有一点就是注意问题的逻辑顺序，有逻辑顺序的问题一定要按逻辑顺序排列，哪怕这样会打破上述规则。这实际上就是一个灵活机动的原则。

（七）问卷的排版和布局

问卷的设计工作基本完成之后，便要着手问卷的排版和布局。问卷排版的布局总的要求是整齐、美观，便于阅读、作答和统计。需要注意的是问卷在台式电脑、笔记本电脑、上网本、手机上的显示问题，不要因为屏幕尺寸不同不能显示问卷的全部内容，还要注意问卷的滚动条是否能够显示和拖动，以及在被调查者做完当前页后是否能顺利跳转到下一页。

（八）问卷的测试

问卷的初稿设计工作完毕之后，不要急于投入使用，测试通常选择 20~100 人，如果第一次测试后有很大的改动，要考虑是否组织第二次测试。

（九）问卷的定稿使用

当问卷的测试工作完成，确定没有必要再进一步修改后，可以考虑定稿，正式发放。

（十）问卷的评价

问卷的评价实际上是对问卷的设计质量进行一次总体性评估。对问卷进行评价的方法很多，包括专家评价、上级评价、被调查者评价和自我评价。专家评价一般侧重于技术性方面，比如对问卷设计的整体结构、问题的表述、问卷的版式风格等方面进行评价。上级评价则侧重于内容和政治方面，比如说，在政治方向方面、在舆论导向方面，可能对群众造成的影响等方面进行评价。被调查者评价可以采取两种方式：一种是在调查工作完成以后再组织一些被调查者进行事后性评价；另一种则是调查工作与评价工作同步进行，即在调查问卷的结束语部分安排几个反馈性题目，比如“你觉得这份调查表设计得如何？”自我评价则是设计者对自我成果的一种肯定或反思。

三、网络调查问卷设计注意事项

如何通过网络调查活动获取准确、全面而又有价值和符合要求的资料，关键在于能否设计出一份高质量的网络调查问卷。然而，网络调查问卷设计需要很高的技巧，是一门科学，也是一种艺术。缺乏理论和经验往往不能设计出完美的网络调查问卷，从而使网络调查无法搜集到准确而全面的资料，不能正确地分析和说明市场的变化情况。一般来说，设计网络调查问卷时需注意如下事项。

（一）明确问题

一个问题对于每个被调查者而言，应该代表同一主题，只有一种解释。定义不清的问题通常会产生很多歧义，使被调查者无所适从。例如，“您乘坐哪个航空公司的飞机？”这个问题表面上有一个清楚的主题，但仔细分析会发现很多地方含糊不清，假如被调查者乘坐过一个以上的航空公司的飞机，则他对此可能会有下列 4 种不同的理解或回答：回答最喜欢乘坐的航空公司品牌、回答最常乘坐的航空公司品牌、回答最近在乘坐的航空公司品牌、回答此刻最先想到的航空公司品牌。另外，在使用时间上也不明确，是上一次、上一周、上一个月、上一年甚至更长时间，都可由被调查者随意理解，这样的问题显然无法收集到准确的资料。因此，明确定义问题极其重要，具体可采取以下几点策略。

1. 采取六要素明确法

即在问题中尽量明确什么人、什么时间、什么地点、做什么、为什么做、如何做六要素。问题的含糊往往是对某个容易产生歧义的要素，缺乏限定或限定不清引起的。因此在设计问题或在检查问题时，可以参照这六要素进行。如上的问题在明确几个要素后可改为："在过去的三个月中，你乘坐过哪些航空公司的飞机？如果超过一个，请列出其他的航空公司名称。"很显然，这样定义的问题明确多了。

2. 避免用词含糊

避免使用含糊的形容词、副词，特别是在描述时间、数量、频率、价格等情况的时候。像有时、经常、偶尔、很少、很多、相当多，对于这样的词，几乎不同的人有不同的理解，因此这些词应用定量描述代替，以做到统一标准。下面这个例子中，（2）显然比（1）精确得多：

在普通的一个月中，你到旅游网站浏览信息情况如何？

（1）A. 从不　　B. 偶尔　　C. 经常　　D. 定期

（2）A. 少于一次　　B. 1~2 次　　C. 3~4 次　　D. 超过 4 次

3. 避免问题中含有隐藏的选择和选择后果

提问时应使隐藏的选择和后果明晰化，无论是是非式问题还是选择式问题，都是在几个备选选项中做出选择，因此必须使被调查者清楚所有的备选选项及其后果，否则将不能全面地搜集信息。如下面这个例子中，（2）显然比（1）好得多。

一家航空公司想分析旅客对短途飞机旅行的需求量：（1）"在做 200 公里以内的短途旅行时，您喜欢乘飞机进行吗？"（2）"在做 200 公里以内的短途旅行时，你喜欢乘飞机呢，还是喜欢坐汽车或者其他交通工具？"同样，问题选项中有特殊的好处也应该尽量明晰以便被调查者进行合理的选择。

（二）合适的问题形式

问题的形式多种多样，大的可分为开放式、是非式、选择式、排序式、评分式、联想式等，小的则涉及一些语言技巧的运用和处理。问题形式的选择具有相当的艺术性，合理的形式选择与处理应使被调查者愿意并且以最小的努力就能提供客观真实的答案，不恰当的形式选择会导致被调查者不愿意或不能够提供问题所要求的信息。

例如，“请问你家每人平均每年的外出旅行支出费用是多少？”“请问你个人每月的工资收入是多少？”“人们都说A品牌酒店比B品牌酒店好，您是否也这样认为？”这三种提问方式都存在形式运用不当的问题。第一个问题要求被调查者付出额外的努力，进行复杂的计算：首先把每月的外出旅行支出估算出来，然后乘以12，最后再除以家庭成员数才能得出结果，这样烦琐的计算可能使被调查者单方面结束访问。第二个问题涉及敏感的个人隐私，直接提问容易遭拒绝。第三个问题则带有引导性倾向，通常会影响被调查者的选择。

（三）确定问题的顺序

问卷中的问题应遵循一定的排列次序。问题的排列次序会影响被调查者的兴趣、情绪，进而影响其合作积极性，所以一份好的问卷应对问题的排列做出精心设计。一般来说，要把同类或相近的问题归并到一起，按照一定的逻辑顺序排列。这样做有利于被调查者的回答，而不至于造成思维的跳跃和阻隔。

1. 熟悉的问题在前

把熟悉的问题放在前面，能够使被调查者较快地进入角色，熟悉的问题放在前面，生疏的问题放在后面，可以使被调查者由浅入深，由易入难，不会一开始就产生畏惧感进而产生排斥心理。由于有时被调查者的数量很多，对一些被调查者来说是熟悉的问题，但对另一些被调查者而言就未必如此，因此此时应以多数人熟悉的问题放在前面为原则。

2. 简单的问题在前

一份问卷中的问题总有难易之分，简单的容易回答的问题放在前面，一般不需要被调查者费许多时间的思考，就会沿着研究者的设计和思路，比较顺利地完成填答任务。

3. 感兴趣的问题在前

网络调查问卷是用来测量被调查者的反应，所以被调查者对于问卷本身的态度，喜欢或不喜欢，感兴趣与否，对调动被调查者的填答积极性都有很大的影响。如果把可能引起被调查者兴趣的问题放在前面，就会引导被调查者积极投入问卷的回答，这样就保证了问卷的质量。

4. 开放式答案在最后

开放式的答案一般是综合性较强的问题，往往需要被调查者一定时间的考虑，所以，开放式的答案放在最后比较妥当，这样做不会使被调查者一上来就遇到难题，而产生厌恶、畏难情绪，从而影响后面问题的回答。而且对于一些不愿意回答此类问题的被调查者，也不会影响他对前面其他问题的填答。一般来说，要求被调查者做开放式的问题答案的，题目一般不应该超过四个。

5. 态度问题在前

从总体来说，问卷调查通常可以分为三类：一类是个人基本资料，如年龄、性别、职业、学历等；二类是行为问题，如每月旅游次数、使用旅游网站次数等；三类是态度问题，如旅游项目偏好、旅游消费预算及旅游动机等。问卷的排列顺序，经常按照一、二、三的顺序排列。但如果考虑到态度和观点决定一个人的行为，弄清楚自己的态度以后，行为问题也就自然而然地解决了，那么也可以将态度问题放在行为问题的前面。一般来说，如果一份问卷要求填写的个人资料相对简单，建议放在前面，反之，可以放到最后。

（四）问题取舍要合理

问题的数量必须合理，应该既能保证收集到全面的资料，又能尽量保持问卷的简短，同时也尽力使问卷整体连贯、和谐、生动，能调动被调查者的积极性。现在有的问卷过于冗长，其中充斥着一些与调查主题毫无相关的问题；有的虽然短小，却不能全面收集所需资料，而且过于严肃、死板，全文贯穿一问一答的形式，压抑被调查者的主动性。通常情况下，问题的取舍应注意以下几点。

1. 按调查主题组织问题，每个问题都应有益于调查信息的取得

首先要明确调查的主题是什么，这是整个调查的基础，也是问卷设计的灵魂和核心所在。应绝对避免为节省费用而附加调查主题之外的问题。问题如果东拉西扯，会使被调查者产生调查组织不严密的印象，影响他们的答卷态度。

2. 设计有益于调查的过渡性问题

为了融洽调查气氛，不至于过于严肃、呆板，可以设置一些表面上与调查

主题无关，但实质上有益于调查的问题。当问卷的调查主题较为敏感时，这点尤其有效。如在问卷开始可以设置一些轻松的开放式问题，请被调查者畅述自己的看法，这样有利于调动被调查者的积极性；在各类信息的连接处也可以设置一些过渡性问题，以引导被调查者的思维。

3. 设置“过滤性”问题

为节省调查时间，保证被调查者符合调查对象的标准，可以在问卷开始设置一个“过滤性”问题，检查被调查者的合格性。例如，想调查现有景区导览器的不足之处，则必然要调查景区导览器的使用者。可以在问卷开始提问“您使用过景区导览器吗？”这样就可检查被调查者是否合格，以便及时“过滤”掉不合格者。

（五）网络调查问卷答案的类型

网络调查问卷中开放式答案为个别，半封闭式答案为少数，封闭式答案一般为多数。

1. 开放式

开放式答案指在问卷中只提出问题，不提供答案，由被调查者自由回答。如向旅游者提问“你希望旅游景区提供哪些体验性服务项目？你认为现在景区的哪些服务需要改善？”等。开放式答案制作十分容易，问题简单、直接，易于做定性分析。但是数据处理较困难。开放式答案常用于描述性的研究或较为复杂问题的研究，被调查者通常能按自己的理解来回答问题，可以比较真实地反映他们的态度、观点。另外，当研究者无法把握问题答案时，也常采用开放式答案。

2. 半封闭式

半封闭式答案指的是在问题提出并提供若干备选答案后，考虑到个别被调查者的情况可能没有完全包括，因此在最后增加“其他”选项，让被调查者自拟合适的答案。“其他”之前的答案是预先提供的，而“其他”是开放的。

3. 封闭式

封闭式答案指在问卷中除了提出问题，还提供可选择的答案，供被调查者选择。封闭式答案选择是强迫性的，即在两个或多个选项中必须选择其中一个答案。例如，调查旅游纪念品购买问卷中，“你购买旅游纪念品的主要用途？”选择答案有：A. 自用，B. 送人，C. 收藏。让被调查者必须从中选择一个答案。

4. 选择式

选择式是从列举的多种答案中挑选最适合个人实际情况的答案，有的可要求选择答案多于1个。要求选择多于1个的答案须在题后注明。例如，“您获取旅游信息的途径有哪些？”（可多选）A. 网络，B. 电视，C. 微信，D. 微博，E. 旅行社广告。

5. 是非式

是非式提供的答案只有两个，从中选择一个，所以又称两项式。例如，“您是否使用过游船上的无线网？”A. 使用过，B. 没有。

6. 等级式

等级式是对两个以上分成等级的答案的选择方式。等级式回答方式，只能从中选择一个答案。多用来测定人们的态度和情感。所供选择的答案具有等级关系，其等级有二等、三等、五等、七等。二等式是赞成和不赞成；三等式则是赞成、无所谓、反对；五等式则可以是：非常赞成、赞成、无所谓、不太赞成、坚决反对。例如，“你对本次旅行的导游服务质量的满意程度如何？”A. 很满意，B. 比较满意，C. 一般，D. 不太满意，E. 非常不满意。

7. 排序式

排序式是按照先后顺序对答案进行排列。例如，“你比较喜欢哪些旅游地？请按喜欢程度从大到小加以排列。”排序式一般有两种方式，一种是将所有答案排序，另一种是把选出的答案排序。前者称全排序，后者称选择排序。在整理数据时，可将选择的顺序变换成数值，最后的选择为1，第一选择则为最高数值。数值大表示喜欢的程度高。

8. 表格式

有一些问题要求针对不同情况分别作答，而问题的答案都在共同的范围，为了表达的简明，可以采用表格的形式。被调查对象在相应的表格上选择就可以了。

9. 矩阵式

一般矩阵式填答，主项为横栏，在左边；次项为纵栏，在右边。

10. 后续式

后续式是对于选择某一种答案的人们再次提供备选答案的填答方式。

以上问题设计方式需要市场调查者根据问卷调查需求综合运用，才能取得较好的调查效果。

【本章作业】

1. 请为携程网设计一个网站使用情况网络调查表。

2. 请为驴妈妈旅游网设计一个用户购买景区门票意向的调查表。

3. 请登录问卷星网，为某旅行社设计一份旅游线路产品市场调查问卷，收集100份问卷，撰写市场调查报告。

4. 案例分析

针对捆绑销售给消费者造成的困扰，人民网旅游频道2017年5月18日发布了调查问卷。

"互联网+旅游"消费情况调查问卷

购买打折机票，发现被捆绑销售；临时改变出行计划，却被告知酒店不能退订……"互联网+旅游"给消费者带来了便利，也滋生了新的消费困扰。您在使用线上旅游产品时遇到过什么问题，您认为"互联网+旅游"还有哪些改进之处，欢迎各位网友参与网络问卷调查。

1. 您使用线上旅游产品的频率？

A 经常　　B 偶尔　　C 从不使用

2. 您在旅游出行时最关注哪方面的问题？

A 住宿条件　　B 交通工具　　C 景区门票　　D 安全问题

E 其他

3. 您经常使用哪些旅游App？（可多选）

A 携程旅游　　B 同程旅游　　C 途牛旅游　　D 去哪儿旅游

E 阿里旅游　　F 艺龙旅游　　G 其他________

4. 您在使用线上旅游产品过程中遭遇过哪些问题？（可多选）

A 机票捆绑销售　　B 强制购买景区套票

C 酒店退订困难　　D 其他________

5. 在旅行中遭遇侵权问题，您通常使用哪种方式维权？

A 向旅游产品负责人投诉　　B 向有关部门投诉

C 向消费者协会投诉　　　　　　　D 向媒体曝光

E 不予理睬

6. 您在进行维权后，问题是否得到解决？

A 基本得到解决　　　　　　　　B 部分解决

C 没有任何效果

7. 您认为机票捆绑销售、酒店不可退订等措施是否有存在的必要？

A 拉动消费，很有必要　　　　　B 商业行为，可以理解

C 侵害权益，没有必要

8. 您认为“互联网 + 旅游”出现消费问题的原因是什么？（可多选）

A 商家存心牟利侵害消费者权益　B 相关部门监管不力

C 消费者不够警惕　　　　　　　D 其他

9. 您对线上旅游服务产品的满意度如何？

A 非常满意　　　B 基本满意　　　C 不太满意　　　D 非常不满意

10. 对于解决线上旅游产品中的消费困扰，您有哪些建议？

请根据本章所学内容，分析此网络调查问卷的设计。

扫码观看视频：公子小白联合麗枫开启智慧酒店新时代

第五章　旅游网站营销

【开篇案例】

中国旅游网创立于2003年7月，总部位于中国北京，是目前中国最大的旅游门户网站之一，在业内拥有很高的知名度和巨大的行业影响力。中国旅游网积极传递“智旅者·心无疆”的旅行观，秉持让游客“自由选择·快乐体验·精彩分享”的服务宗旨，致力于构建“旅游媒体+目的地营销+产品预订+旅行分享”的高端旅游服务综合体。网站不仅发布海量的国内外权威旅游资讯和丰富的游记攻略，还提供“国内游、出境游、周边游、主题游、机票、酒店、团购、门票、美食、目的地、商城、摄影、会议、签证、租车、导游”等全方位在线旅游服务项目，并努力打造成国内外最具关注度、最具影响力、最具品牌价值的大型旅游门户。

中国旅游网坚持以满足旅游者需求为导向，依托人性化的服务理念和先进的网络技术，向旅游者提供集成化的旅游配套信息和全新的感官体验，搭建便捷的消费服务链和精准的产品营销体系，让旅游者准确感知旅游产品，真正实现旅游品牌深度营销传播一体化。作为中国旅游互联网行业的早期实践者，中国旅游网一直致力于面向全球华人提供最专业、最丰富、最翔实的旅游资讯和户外资讯，力求将中国旅游网打造成一个汇集旅游与户外爱好者的分享互动乐园。

（资料来源：作者根据中国旅游网 www.cntour.cn 官方简介整理。）

【本章学习任务】

· 掌握旅游网站的类型及定位。

· 掌握旅游网站的策划布局及其营销功能。
· 掌握旅游网站更新与维护的要求。
· 掌握旅游网站推广的方法。

第一节　网站的类型、分类及盈利模式

网站是一种沟通工具，企业或组织可以通过网站来发布自己想要公开的资讯，或者利用网站来提供相关的网络服务；网民可以通过网页浏览器来访问网站，获取自己需要的资讯或者享受网络服务。随着互联网技术的不断发展，网站成为企业展现自身实力、树立企业形象、宣传企业产品的重要媒介。

一、网站类型

网站架构、内容和风格等需要围绕网站预期向目标群传达的核心概念以及网站所发挥的作用进行展开。网站拟呈现的内容、网站结构及功能等不同，便表现出来不同的网站类型。一般情况下，网站类型按照其功能可分为企业营销型网站、电子商务网站、资讯类网站、社区类网站、娱乐型网站、工具类网站和政府机构网站七大类。

（一）企业营销型网站

网络时代，人们想要进一步了解某品牌或企业，往往会采用网络搜索的方式进行，企业网站便成为展示企业形象、介绍企业产品、宣传企业品牌必不可少的途径。企业营销型网站便是为实现某种特定的营销目标，能将营销的思想、方法和技巧融入网站思想、设计与制作中的网站。人们在网站留下的浏览痕迹、搜索数据便为企业提供销售线索，有些企业还通过网站直接获得订单。

优质的营销型网站就像优秀的业务员，能够通过用户的浏览痕迹分析用户特征、洞察用户的需求，以富有吸引力的展现内容与展示形式有效传达自身品牌级产品优势，迅速抓住用户的注意力，同时解除用户在决策时的心理障碍，并顺利促使目标客户留下销售线索或直接下订单。营销型网站整合了各种网络营销理念和网站运营管理方法，既注重网站建设的专业性，同时更加注重网站

运营管理的全过程，可以说，营销型网站是企业进行网络营销的基础。

（二）电子商务网站

所谓电子商务，是在互联网开放的网络环境下，以信息技术为手段，买卖双方不谋面地进行各种商贸活动，实现消费者的网上购物、商户之间的网上交易、在线电子支付以及各种商务活动、交易活动、金融活动和相关综合服务活动的一种新型商业网络运营模式。

电子商务网站是以信息网络技术为手段，以商品交换为中心的网站。电子商务网站让消费者通过网络在网上购物、网上支付，节省了客户与企业的时间和空间，大大提高了交易效率，在消费者信息多元化的21世纪，可以足不出户地通过网络渠道，了解本地商场的商品信息，享受购物的乐趣。

（三）资讯类网站

资讯类网站是指以文章为主的网站，这是网站的最基本组成形态之一。资讯网站可以细分为门户网站与行业门户网站两大类。门户网站是指通过向某类综合性互联网信息资源提供有关信息服务的应用系统。在中国，最著名的门户网站有新浪、网易、搜狐、腾讯等，该类网站以新闻信息、娱乐资讯为主。行业门户网站是指针对某一个行业而构建的大型网站，包括这个行业的产、供、销等供应链以及周边相关行业的企业、产品、商机、咨询类信息的聚合平台等。

（四）社区类网站

社区类网站是指包括BBS/论坛、贴吧、公告栏、群组讨论、在线聊天、交友、个人空间无线增值服务等形式在内的网上交流空间，同一主题的网络社区集中了具有共同兴趣的访问者。社区类网站是立足于广大社区居民信息和需求的网站，不仅带动了居民社区的生活，而且带动了整个商圈、信息圈、娱乐圈等的发展。社区居民的需求信息、上架的广告宣传都经过社区网站进行传递，让信息及时、全面地发布，让居民和商家都能找到自己需求的信息。

（五）其他类型网站

除了以上几大类主要网站外，互联网上还有大量其他类型的网站，如提供休闲娱乐的娱乐性网站、工具类网站、政府机构网站等。

课堂任务

分别列举三个国内有代表性的营销型网站、电子商务类网站、资讯类网站和社区类网站，并对这些网站进行介绍。

二、国内旅游网站分类

随着互联网在旅游行业中的应用，旅游网站类型也逐渐丰富起来，不同类型的旅游企业都在选择适合自身发展的旅游网站类型以达到树立企业形象、传播企业信息以及获得订单等作用。按照旅游网站功能的不同，可以将旅游网站分为以下不同类型。

（一）电子商务类旅游网站

旅游电子商务类网站大多承担起线上旅行社的职能，在线旅行社如携程网、飞猪、驴妈妈等，在其网站上展示旅游线路、机票、酒店等产品信息，推出促销活动，同时为订购旅游产品的用户提供交易的平台。互联网时代，通过网络预订旅游产品的游客比重不断上升，而电子商务类旅游网站在这一趋势的驱动下逐渐发展成熟，电子商务类旅游网站新模式不断涌出，如以携程为代表的 B2C 模式以及以飞猪为代表的 C2C 模式等。

（二）旅游社交类网站

旅游社交网站是社区类网站的延伸，换言之，旅游社交网站是社区类网站的一种类型。旅游社交的基础是旅游，SNS、游记、攻略、点评等都是凝聚用户的方式。通过这些吸引并留住用户，试图将旅游这种低频需求转化成相对频度稍高的需求，给用户提供消费决策支持，是旅游和社交的结合点。旅游社交网站同时具备旅游出行与旅游社区交往的特征，既有基于旅游活动的异地性，也有基于人际交往关系的聚合性，很容易达成目的地与出发地之间的文化交流。

在线旅游运营商紧跟 Web2.0 技术应用浪潮，旅游社交网站相继成立，希望通过“社交 + 旅游”来吸引用户。当前国内旅游社交类网站蓬勃发展，穷游网、马蜂窝等以旅游攻略为主的旅游类论坛，以及专注于旅游机票、酒店预订的携程和艺龙也纷纷推出旅游社交的板块，使旅游网站类型不断丰富。

（三）旅游资讯类网站

旅游资讯类网站以传播旅游资讯、旅游攻略、目的地旅游信息等资讯信息为主，国内著名的乐趣、新浪旅游、搜狐旅游、网易旅游以及其他一些门户网站的旅游频道，是旅游相关资讯的汇总，可以看到旅游业界的一些动态。开篇案例中所提到的中国旅游网便是典型的旅游资讯类网站。

（四）旅游机构类网站

旅游机构类网站是旅游相关机构，如酒店、航空公司等用以及时传播机构信息、展示机构相关产品、传递品牌价值以及与消费者保持联系的网站。此类网站除了具有上述功能之外，也兼有营销功能。

三、网站盈利模式的选择

盈利模式始终是关乎网站乃至企业存亡的关键问题，网站盈利化是网站必须要经历的道路，抛开电子商务类具有直接营利目的网站不谈，无论是社交类网站还是资讯类网站，盈利都是其长远发展的根本目的。不同类型的网站适合的盈利模式不同，需结合网站的营销目标选择恰当的盈利模式。

（一）网站盈利的原则

企业在建立网站之初便应该清楚，要想通过网站盈利，必须将营销的思想方法和技巧融入网站策划、设计与制作中。与产品一样，网站盈利建立在营销的基础上，这也就意味着，无论企业网站属于第一节介绍的何种类型的网站，想要达到盈利目标，就需要以现代网络营销理念为核心，以搜索引擎良好表现、用户良好体验为标准，具备理解力、信任力和行动力，通过对企业自身分析、同行竞争对手分析、市场分析、用户搜索行为分析后，以营销的理念为核心，以结构、引用、布局为网站建设开发依据去搭建一个值得长期运营的营销型网站。简言之，必须树立营销思想，认同营销型网站的目标，最常见的营销型网站的目标是获得销售线索或直接获得订单。网站盈利需要遵循以下原则：

（1）以网络营销为导向，营销为主，技术为辅。企业网站要想具备网络营销的作用，就要站在营销的角度设计，以此来建设营销型网站。

（2）以用户为中心，发现潜在客户访问企业网站，要把客户留住，并使客户产生信赖感，进一步刺激客户产生购买欲望，还要建立客户忠诚度等。要做到这些，关键因素在于网站带给客户的体验，也就是说网站要以客户为中心，只有以客户为中心的网站，才能最终赢得客户的青睐，网站的每一个细节都要反复推敲、精雕细琢，真正起到营销的作用，最终提高客户转化率，达成企业网站的营销目标。

（3）面向搜索引擎优化的页面设计，营销型网站的最基本的特征就是能非常容易地让用户找到，否则企业网站营销的目的无法达成。

（4）关注网络品牌建设与推广，建设的网站要能够融入企业的品牌文化和风格。

（二）旅游网站盈利模式

网站盈利模式的选择应与企业营销目标相辅相成。企业的营销目标大致分为两种：品牌推广和销售产品。为了规划网站功能及用户体验，需要把这两种营销目标细分：销售型网络营销目标，主要是为企业拓宽销售网络，利用互联网进行销售产品。服务型网络营销目标，主要是为客户提供网上在线服务，客户通过网上服务人员可以远程进行咨询和享受售后服务。品牌型网络营销目标，主要是在网上建立自己的品牌形象，加强与客户的联系和沟通，建立客户的品牌忠诚度，为企业的后续发展打下基础。混合型网络营销目标，即想同时达到上面几种目标，既是销售型，又是品牌型。

同其他企业一样，旅游网站想要获得长足的发展，盈利是根本。不同类型的旅游网站具有不同的营销目的。电子商务类旅游网站以销售产品为主要目的，保证盈利是其直接目的；社交类旅游网站不以销售产品为主要目的，其营销目标主要为获取用户，产生优质内容。但是支撑其目标必须有资金支持，这些社交类旅游网站不得不面临着很现实的生存问题，在不断摸索中，旅游社交类网站尝试了各种盈利模式。总结国内旅游网站的盈利模式，有以下几种成熟的方式逐渐被各类网站所采用：

1. 销售产品

随着电子商务技术的发展和大众对互联网的深入了解和普及，网上购物日渐融入人们的生活中。与此同时，越来越多的人选择网上预订机票、酒店、景区门票等各类旅游产品。旅游电子商务的兴盛产生了多种销售旅游产品的方式，包括自己建设网络商城网站销售产品、在第三方平台上建立店铺销售产品以及做单页面销售。由于销售产品这种模式较为简单，无论是以销售产品为主要目的的旅游电子商务类网站，还是以内容产出为主要目的的旅游社交类网站，抑或是以传播企业形象为目的的旅游机构类网站，都引入了这种盈利模式。

2. 增值服务

增值服务的核心内容是指根据客户需要，为客户提供的超出常规服务范围的服务，或者采用超出常规的服务方法提供的服务。通过增值服务盈利的方法就是对超出常规服务产生需求的用户进行收费。增值服务费是互联网盈利模式中最理想的一种，一来保证免费用户可以正常使用，二来保证自己网站的营利性。目前很多旅游网站都推出了增值服务的功能，如付费成为携程的超级会员，便可享受机票礼遇、酒店特惠、高速抢票、景点门票优惠等众多增值服务。

推出增值服务需要注意两点，一是付费用户的基础是免费用户，网站首先要提升免费用户的体验；二是增值服务物有所值，提升付费用户的体验。

3. 广告收入

互联网有其普惠、免费的一面，在面向 C 端用户付费还很艰难的情况下，互联网公司要摆脱毛利低、靠融资输血的弊端，走广告模式向 B 端（大客户）收费不失为明智的选择，国内外很多巨头都是以广告为主要盈利模式。浏览各类旅游网站不难发现，供硬广告展出的广告位和温和的软广告占据了网站的重要位置。

【阅读材料】

马蜂窝盈利模式

马蜂窝每天产生的游记数量超过 3000 篇，平均每篇游记的写作时间超过 10 小时。尽管马蜂窝打造的旅行分享社区建设时段较长，但一旦建成就成了一种竞争对手短时间内无法复制的资源。这就如同淘宝上的商品评论一样，只要用户仍需要参照评论来进行购买决策，那么卖家在长期交易中所积累的评论量就可以助力市场地位的保持。

但是，在用户对游记分享和阅读上建立的优势并不一定意味着盈利。这也是马蜂窝 2014 年以来努力的方向——将内容的价值变现。马蜂窝将游记中涉及的酒店等信息提取出来并和相应的经营主体进行链接。2015 年以后，马蜂窝又盯上了大数据的用户画像性能，借用大数据来促成交易转化。

这种路径看似简单，却反映出了马蜂窝之所以能领先于三巨头而实现盈利，原因在于相比于三巨头而言，马蜂窝更具有互联网思维，领先进入了“互联网＋旅游”的 2.0 版：1.0 版中的三巨头更多地局限于将已有的业务网络化，因此无法避免原有行业中的价格竞争模式；也没有很好地抓住共享经济这一互联网的核心，建立起竞争壁垒。而马蜂窝则更善于利用网络的非结构化数据资源来发掘用户的个性化需求，从而规避过度烧钱和竞争。

（资料来源：前瞻网，原标题：“OTA 三巨头全亏损？而马蜂窝却这样盈利了”。）

第二节　营销型旅游网站的建立

长期网络营销实践经验表明在所有网络营销方式中，网站营销是最基本、最重要的综合性网络营销方式。尽管如此，企业在建立网站之初应认真思考，切不可盲目进行。根据中国互联网协会发布的《企业网站建设指导规范》，企业网站建设应包括制订网站规划方案、网站程序开发和网页设计、网站测试、网站内容发布及网站运营维护五个环节。根据互联网协会的指导规范，结合旅游网络营销涉及的关键问题，将对企业网站建立的准备工作、网站内容布局与规划以及网站内容的维护与更新展开详细叙述。其中网站内容维护与更新是一个持续的、对企业网络营销起到关键作用的环节，因此将其作为单独一节进行介绍。

一、企业网站建立准备

利用网站开展营销活动，并不是所有企业都普遍适用，且网站建设本身就需要相当数目的投资，因此网站营销为企业带来的不全是利益。在企业网站规划阶段就应该综合分析企业自身的情况、用户需求以及竞争对手的情况，并对企业网站进行合理定位，以降低盲目而行所带来的损失。

（一）了解企业自身情况

企业建立网站首先要了解自身情况，包括：企业战略目标、企业文化、企业产品特点等。在公司层面上，定义公司的整体目标和使命并把这个目标分解为具体支持性目标来引导公司的发展是公司战略规划的第一步。建立企业网站需要在公司战略目标的指引下进行，不能与公司的整体目标背道而驰。企业文化是建立企业网站的基调，明确企业文化并在建立企业网站的过程中想方设法展现企业文化，会增强网站的宣传效果，强化用户对本企业的印象。企业经营产品的特色、属性，产品的优势、款式、外观、性能等，决定了产品在企业网站的展现方式，在网站建立的准备阶段，深刻认知公司的产品或服务，确定展示产品的最好方式，有利于增强消费者通过网站了解产品的效果，达到宣传和销售的目的。

（二）了解用户需求

顾客常常都是在令人眼花缭乱的众多产品和服务中做出选择的，做出选择的前提便是产品或服务能够有效满足顾客的需求。企业建立网站最忌讳想当然，患上“营销近视症”，从企业的角度出发建立的网站只会成为企业单向传递信息的通道，用户对于信息的接收效果不得而知。要想了解客户对网站的功能需求，首先就需要对客户进行需求调研，以便客户提供完整的需求说明。在进行需求调研时，可参考第二章所提出的调研方式，对客户进行引导，仔细帮助分析，挖掘出客户潜在的、真正的需求才能够使网站取之于用户，用之于用户。

（三）了解竞争对手

营销观念认为：要取得成功，公司必须比竞争对手提供更高的顾客价值和满意度。因此网站建立也需及时把握竞争对手的动态，在竞争中掌握主动。从需求的角度划分，网络营销活动的竞争者包括愿望竞争者、普通竞争者、产品形式竞争者和品牌竞争者。提供不同产品满足不同愿望的是愿望竞争者，如旅游电商平台和家电电商平台；通过提供不同产品满足同一种愿望的是普通竞争者，如消费者既可以通过在线旅游代理商购买旅游产品，也可以到传统旅行社店内购买旅游产品；生产同种产品，但规格、型号、样式不同的企业之间是产品形式竞争者，如携程和驴妈妈上同一目的地的旅游线路；生产不同品牌，但品种、规格、喜好相似的企业是品牌竞争者。飞猪平台上提供相似旅游产品的不同线上旅行社之间便是品牌竞争者。企业应有效识别不同类型的竞争者，对不同类型的竞争者采用不同的应对策略，以提高核心竞争力。

除了识别不同类型的竞争者，企业还需要分析竞争对手的市场占有率、财务状况分析、创新能力分析、领导者特点等，同时网上竞争还要分析竞争对手网站界面设计的吸引力、产品信息查询的方便性、网上支付的安全性和服务水平等。做到知己知彼，才有可能百战不殆。

（四）网站定位

正确选择目标市场并进行市场定位是一切产品营销的起点，企业网站建设也不例外。无论何种类型的网站，在提供用户所需的信息之前，都需要对网站进行定位，这是决定产品能否被市场接受的根源，企业网站没有明确定位就无法有效吸引潜在客户和推动企业网络营销。

1. 网站受众定位

网站目标受众并不是越广泛越好，要保证在目标人群有持续购买力、有能支撑网站发展的购买量的基础上，对人群尽量地细化分析，才能保证未来的推广有精准的方向。至于是否有固定的目标访客，需企业认真审视自身所在行业的市场占有率及企业的品牌影响力。用户对互联网的个性化服务需求决定了网站的服务对象必须是特定的人群而不是全体网民，即使是受众范围较广的综合性门户网站也必须要有自己明确的受众定位。

网站的受众定位要根据网站受众的心理和上网的动机寻找用户对不同信息的需求，主要考虑两方面内容，分别为网站受众的心理因素（包括受众的情感、价值观、阅读习惯等）和网站受众的上网目的。同时要根据产品功能、服务的特色锁定目标受众，按照性别、年龄、区域等属性进行划分，以便确定网站内容核心以及产品的价格范围。

2. 网站产品定位

产品是市场营销的核心，也是网站定位的依据。从市场营销学的角度出发，产品是一个整体概念。它由三个层次组成，分别为核心产品、形式产品和延伸产品（见图 5–1）。

（1）核心产品也叫实质产品，是指向顾客提供的产品的基本效用或利益，是构成产品最本质的核心部分。从根本上说，每一种产品实质上都是为客户解决问题而提供的。作为服务行业的旅游业，所提供的产品核心在于通过体验为游客提供值得回味的、超功利性为主的独特体验，以满足游客观光、猎奇、休闲娱乐等需求。

（2）形式产品是指核心产品借以实现的形式或目标市场对某一需求的特定满足形式。形式产品由五个特征所构成，即品质、样式、特征、商标及包装。

旅游产品具有无形性的特征，与实体产品有所不同，旅游产品是由多种资源、设施与服务构成的，是不以物理形态表现出来的一个个具体的劳动产品。因此旅游产品的形式产品表现为构成旅游产品整体的交通、住宿、景点门票、导游服务、景区服务等的总和。市场营销人员应努力寻求更加完善的外在形式以满足顾客的需要。

（3）延伸产品也叫附加产品。是指顾客购买产品时所能得到的附加服务和附加利益的总和，包括产品说明书、保证、安装、维修、送货、技术培训等。如旅游产品所附加的接送机服务、售前售后服务等都属于附加产品的范畴。由于技术的发展，企业之间竞争激烈，不同企业提供的同类产品在核心利益上越来越接近，因此正确发展延伸产品便成为企业获得竞争优势的有效手段。

产品整体概念的三个层次，体现了以需求为中心的现代营销观念。企业用什么样的产品来满足目标消费者或目标消费市场的需求，企业网站也应该有所体现。企业网站是消费者了解企业产品的重要途径，网站产品描述是否有吸引力、定位是否明确，直接影响了消费者对产品的感知价值。因此在网站建立的准备阶段，必须全面了解企业产品，明确产品在网站上的呈现方式以达到良好的网站营销效果。

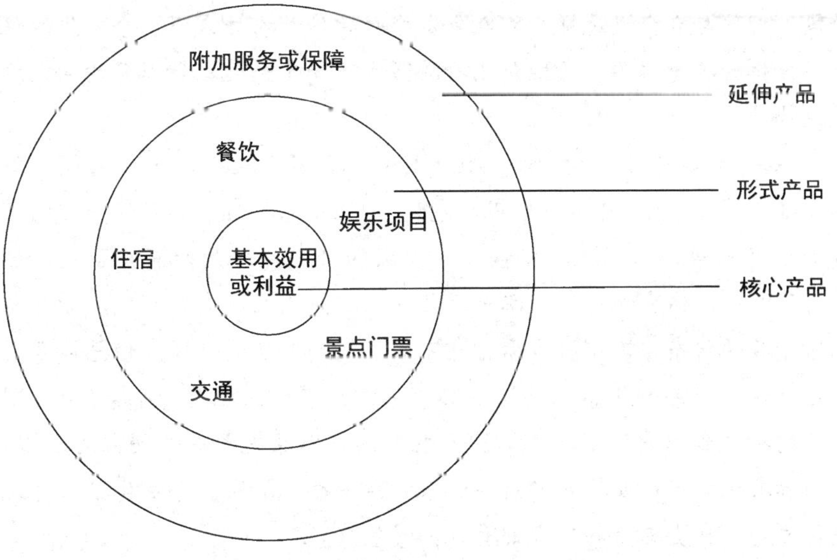

图 5-1　整体旅游产品概念的三个层次

【阅读材料】

新蓝海：OTA抢滩创业者涌现 防“伪定制游”

2016年被业界定义为“定制旅游元年”，各种定制旅游产品层出不穷，不少定制旅游公司都在这两年创业起步，受到资本和消费者的关注。而OTA（在线旅行社）也开始加速布局这片新蓝海。

原国家旅游局发布的《2016中国旅游上市企业发展报告》显示，定制旅游产品进入大众视野，我国旅游开始迈入私人定制时代。目前定制游目的地覆盖100多个国家，近1000个城市，去年同比增长超过400%，58%的定制游订单是1~3人出游。

“从以往的操作经验和市场走向来看，旅游业的市场需求越来越广阔，然而千人一面、千篇一律成为跟团游市场的一大特点，强制购物、导游态度不好、自费价格不透明等原因也成为传统跟团游居高不下的投诉点和用户痛点。基于以上因素，我们在2015年就已经开始搭建定制游业务框架。”业内人士表示：“这两年来，伴随着消费升级，定制旅行的概念被更多的游客所接受和喜爱，使得众多的旅行社盯上了定制旅游这个领域。目前定制旅游还处于一个蓝海阶段，但参与者会迅速增加。在更加个性化的旅游方式下，个性化的住宿方式和个性化的旅行体验，无疑是携程接下来打造定制化旅行产品的两大方向和发展趋势。”

“从整个旅游行业来看，个性化的定制旅游已经起步了一段时间，但前面的路还很长。”穷游网首席战略官如是说，“很多同行都看到了这一方向，主题游方面，有些同行已经从一些偏大众需求的特定主题开始探索了，比如亲子游、海外游学、体育旅行等，都是近几年比较热门的方向，市场规模每年都处于高速增长的状态。定制游方面，也不断有新创业公司涌现。但总体来说，目前个性化旅行产品的丰富程度还不够，毕竟旅游行业还是一个挺传统的行业，从产品的搭建到用户沟通，都需要一些时间，以及更多业界同人的通力合作。传统的标准化旅行行业格局目前已进入到行业整合阶段，个性化旅行作为未来的旅行方向，在资本市场一直都有很高的热度。”

据不完全统计，近两年，有近14家定制旅游服务商获得投资。目前定制旅游业中主流模式为B2C，即上接资源供应商，下接旅游消费者。另外也有诸如主打“达人定制”的一种C2C模式等。携程、飞猪、途牛、同程等具有大量客户基础的大型旅游公司，正陆续开发定制旅游业务，抢滩定制旅游市场。

而依托平台大数据的优势，几家大平台都能够更好地通过提高匹配、提升效率的做法，实现定制旅游流量的转化和订单数量的规模化。比如携程采取为商家导流的做法，即需求抢单和客户双向选择机制。

（资料来源：作者根据《经济参考报》整理。）

3. 网站功能定位

网站的功能主要是根据建设目的及企业性质确定网站类型，可以是展示型、营销型、电子商务型。展示型网站只是发布一些企业新闻、企业产品或服务、人员招聘等信息，适合拥有固定目标访客的网站；营销型则是在展示型的基础上增加网上咨询，并进行网站推广，没有固定的目标访客；电子商务型则是在营销型的基础上增加网上支付的功能。无论是哪种网站类型，都需要充分展示企业本身的经营理念、产品或服务特色。

经过上述准备工作，企业便可以着手建立网站。企业可根据自身情况，有自主搭建网站条件的可以自己建立，不具备自己搭建网站能力的可以外包给第三方。

课堂任务

1. 选择一家旅游类企业的网站，通过其网站展示的内容、网站设计风格等列举该企业的主要产品，描述企业文化并分析该企业定位。

2. 你认为你选择这家企业的网站是否达到了网络营销的效果，为什么？

二、营销型旅游网站内容与布局

网站呈现的信息量巨大，用户在浏览网站时网站建设包括美术设计、信息栏目规划、页面制作、程序开发、用户体验、市场推广等多方面知识，融合在一起才能建出成型网站，而将这些融合在一起的就是网站策划，策划的主要任务是根据企业网站的营销目标结合产品市场，通过与各部门人员沟通制订出合理的建设方案。网站策划的好坏直接影响到网站建设的效果，优良的网站策划是网站建设成功的前提。

营销型旅游网站的终极目标是营利，而盈利建立在满足用户需求的基础之上。营销型旅游网站必须清楚地表达企业的产品信息和服务，可根据企业经营业务的性质、类型或表现形式等对网站进行策划与布局。营销型网站布局一般崇尚不规则设计，页面布局要以最简洁的方式通过网站把企业产品信息体现出来，有效地传达给浏览者和潜在客户，并提供良好的客户体验，从而达到最优的营销效果。

（一）网站首页

网站首页是一个网站的入口网页，即网站的第一页。首页是否能够展现企业形象、突出产品特征、是否具有足够的吸引力留住浏览者对整个网站具有至关重要的作用。一个完整的网站首页应该包括体现企业实力与优势的 banner 广告图片、简明扼要的公司简介、企业主要产品的分类导航信息、体现企业专业程度的文章浏览入口、企业主打产品图片和成功案例，以及第三方平台对企业的认可证明等。

1. 导航栏

导航栏是网站用户的引路人，指引用户在网站内找到需要的信息。导航栏在传统布局中一般位于页面顶部或页面两侧区域，由于用户使用习惯，在有需要时，一般关注这些位置是否有导航栏，然后找到所需要的资源区域，寻找资料。也有一些创意网站页面会把导航栏置于页面底部或其他地方，但是会从视觉上突出强调其存在感，便于用户操作。总之，醒目显眼、便于用户一眼找到是导航栏的位置放置准则。

导航栏是各个页面的入口，没有导航栏，各个页面的存在就没有意义。所以在网站建设导航栏时，要兼顾实用性、易用性，为用户带来舒适体验。在网站建设时，导航栏要根据网站的风格、整体布局、架构层次等确定、找准导航栏的位置，将其融入网站的整体设计。

另外，导航栏一定要始终出现在网站的每一个页面。因为，用户进入子页面浏览后，若想切换页面，导航栏可以为用户提供更多的选择，用户可能继续浏览网站页面，有效降低网站跳出率，提高网站转化率。

2. 网站首页 banner

网站首页中 banner 是体现网站中心意旨、形象鲜明并表达最主要情感思想或宣传中心的横幅广告。首页 banner 很重要，因为 banner 通常占据首页最明显的篇幅，用以准确传达网站想要传递给浏览者的消息，即 banner 向用户传递的信息对用户来说一定是有价值的，或是用户需要的，这就需要网站团队在制作网站之前首先要做好用户分析，清楚了解用户需求。

除了传达用户所需要的信息，还需要注意 banner 与其他网页内容的排版次序，根据用户浏览的视觉习惯排版布局，内容展示方向尽量只有一个，根据用户的视觉路径从左到右，或是从上到下，依照内容的重要程度依序排版。网页制作的整体效果展现要注意内容的添加、调整。要注意网站 banner 设计添加的元素应具有画龙点睛的作用，banner 主要以图片为主，配合以简洁文字表达主旨。banner 图片大小适中、清晰度良好，切不可杂乱无章、喧宾夺主。网站 banner 的注意事项将在本章第三节 banner 更新部分进行讲述。

（二）网站首页布局

首页设计要主题突出，切勿内容琐碎，或画面过于复杂；首页能够迅速载入；首页要有醒目、新颖的画面和美观的字体；首页设计不要显得零碎，要有明显的模块化；首页设计要留有发展的空间，要为企业的业务发展留有余地。首页主题、banner 条、首页导航、首页内容等网站首页所必须呈现的部分应根据企业希望通过网站实现的目标、信息内容所占据的空间以及企业现有的素材来决定。网站首页常见的 6 种布局方式：

1. 大框套小框的布局

所谓大框套小框是在进行 html 语言编写时用到的说辞，体现在可视化的网页布局页面便是最上部分放置网站标志和导航栏，导航栏下面展示醒目 banner，导航栏下方为网站主要内容，最下部分一般放置网站的版权信息和联系方式等。大框套小框的布局是网站设计中最常见的布局，层次分明，结构清晰，但是缺乏特色，且视线会受到方框的限制。随着企业网站营销作用的日益凸显，企业对网站个性化的设计效果越来越重视，传统的布局已无法满足个性化的需求，网站布局形式不断丰富。

2. 通栏布局

通栏布局与大框套小框的布局结构相似，但是企业标志、导航栏和 banner

合并为一个模块，摆脱了方块对视线的限制，比大框套小框布局多了几分大气、开阔的视觉体验。另外，主视觉部分还可以灵活处理，既可以向上拓展到Logo和导航的顶部位置，也可以向下拓展到内容区域，这种布局方式也是目前较为常见的企业网站首页布局形式。

3. 导航在主视觉下方的布局

顾名思义，这种布局方式导航栏在banner的下方，突出横幅广告图片的展示效果。这种布局的方式不及上述两种常见，但也被很多企业网站所采用，导航放在banner下面的好处是可以弥补banner中设计素材截断的缺点，让设计看上去完整、自然。

4. 左右布局

左右布局将banner和网页内容横向放置，这种布局方式不常见到，却是非常富有新鲜感的布局方式。在大多数企业采用上下框架型网站布局的今天，左右框形式的布局别具一格，使人眼前一亮。

5. 环绕式布局

环绕式布局方式将网页内容围绕banner放置，看上去更加灵活，banner区域相对较小，就可以在页面放置更多的信息内容。

6. 穿插式布局

穿插式布局在目前的网站首页设计中较为少见，其banner区域相对较大，可根据企业网站展示效果的需要作为一种布局的选择。

课堂任务

自行浏览相关旅游类网站，观察网站首页布局及其展示的内容，分析该网站首页运用了哪种布局方法，你认为该网站首页是否具有吸引力？

三、营销型旅游网站的营销活动

网站是企业进行网络营销的主要阵地，因此营销型企业网站对于发布信息的内容、方式都应反复斟酌，同时重视用户对企业发布内容的反馈，使网站成为连接企业与用户的有效桥梁。

（一）网站信息展示

网站一个主要的功能就是向用户展示企业或组织的产品、服务及品牌信息。有学者将一些网站作为案例研究发现，同一个企业在不同时期的内容、服务和功能是不断变化的，这反映出企业对网络营销的认知和实际需求在不断地变化。同样的，即使在同一时期，不同类型的企业对于网站信息发布的内容与需求也有差异。本章第一节提到旅游网站类型多样，不同旅游类营销型网站信息展示也会有所侧重，但是若分类对不同类型网站展示的信息进行列举，体系繁杂，因此本节仅对多数营销类旅游网站展示的主要信息进行列举，不做分类阐述。

1. 企业信息展示

无论是营销型网站还是非营销型网站，网站本身对于企业和不熟悉企业的用户来说都是一张名片。企业信息是网站最重要也是最基本的内容。对于非营销型网站来说，介绍企业是首要任务，因此该类网站关于企业信息的内容都放在主页的关键位置和导航栏目的第一条。但是营销型网站围绕以顾客需求为导向的理念，通常将企业自身的简介放在导航的最后。一般来讲，企业信息主要包括公司概况、发展历程、企业文化、企业荣誉、关于企业的媒体报道、企业主要领导者的介绍、公司组织结构、企业联系方式、招聘信息等。

2. 景区景点、酒店等产品展示

景区景点、酒店等产品信息多被景区、酒店官方网站首页或作为线上旅行社主推项目进行展示。按照景区的划分或推荐的旅游线路详细展示景区内各景点的风景特色、历史渊源以及文学典故等，支持文本、图片、动画、视频等多种表现形式。景区、景点展示不是一味地平铺直叙，还可以与景区公告、相关游记、风景图片、经典视频甚至门票预订、特产购买实现同步互动，为游客提供最便捷的浏览操作和最具体的景点印象。在进行景区景点信息展示时，多数网站采用视频风光、风景图片、诗词游记等形式，可独立成章或穿插在相关景点的展示之中，避免枯燥、单调的长篇大论，呈现给游客一个有深度、有广度的景区印象。

3. 附加信息

旅游活动由食、住、行、游、购、娱六大要素构成，因此对于旅游消费者来说，无论是预订酒店、机票还是旅游线路，都希望获得关于旅游六要素的完整信息。因此旅游类营销网站除了展示其主要产品信息之外，还要展示与主要产品相关的交通、住宿、餐饮、购物、娱乐等方面的信息。对于出境游的相关产品，还应在网站中展示关于签证、货币兑换、文化习俗等信息。

（二）在线销售

企业网站在用户对自身的企业有一定的了解并产生信任之后，部分用户便会产生购买动机，因此网站应该为促成交易提供充足的信息。对于旅游电子商务网站而言，清晰的产品展示、安全便捷的付款方式以及真实的用户评价是促成交易的良好手段。对于其他类型的旅游类网站，需在网站上尽可能详尽地提供信息告诉用户在什么地方、什么时间、联系什么人买到其所需要的产品。

1. 门票预订方式

具有任意景区、景点划分及票价设置，网站指定频道页面发布，各类门票预订开放的时间设置，每天预订数量限制设定，每人最大预订数量限制设定，预订数据统计分析等后台功能。游客在填写身份信息后，可选择某种或多种门票，出票日期、数量、取票日期等，最后进行费用的在线实时支付环节。收到预订信息后，门票管理机构将及时通过必要的方式与客户进行反馈或确认。

基于网站在线交易系统，门票预订系统完成整个的预订、支付流程，为普通游客提供轻松的旅行服务。为了能够同步实现预订与支付的实时性，对于支付方式而言，我们一般推荐专业金融机构所推出的支付接口，如网银、首信及各大银行。系统所获得的预订数据，也将作为游客流量预测系统用于预测分析的重要依据之一。

2. 导游服务预订

提供导游预订的网站为游客提供专业、可靠的导游预订服务。导游个人信息一般后台批量添加或自行注册后进行认证，并合理分配管理。

每位导游都有独立的频道页面，体现个人详细资料、导游风采、从业资质及等级、个人签名、语言技能、翻译费用、接待人数、组团价格、预订时间、集合地点及时间等。游客在专门的预订频道检索查询并选合适的、尚有人数名额的导游，在填写身份信息后，选择同行人数、接待日期、语言种类等，最后进行费用的在线实时支付环节。收到预订信息后，导游管理机构将及时通过必要的联系方式与游客进行反馈或确认。

3. 酒店预订

以公司库的形式分类管理规模不等的酒店经营机构，每个商户都有专门的网站频道体现商家的简介、资质、经营特色、相关荣誉、企业文化，甚至酒店内设或房间的全景式动画展示，并能够在指定频道发布可预订的套房规格、床位数量、价位、折扣方式、预订开放时间、每天预订的数量等信息。游客在填写身份信息后，可选择订房日期及时间、房间规格、订房数量、预计退房日期及时间等，最后进行费用的在线实时支付环节。收到预订信息后，商家将及时通过必要的联系方式与游客进行反馈或确认。

经营酒店的商家一般除了可以提供住宿预订，还可以提供餐饮预订、会议预订、停车位预订等服务。

（三）客户服务

客户服务对于营销型网站来说是一个至关重要的环节，网站顾客服务是企业顾客关系管理的重要组成部分，也是保留好顾客的关键之所在。随着用户对网络的依赖，越来越多客户通过网络客服的方式了解产品、解决购买过程以及售后所产生的问题。企业通过网站提供的客户服务应涵盖消费者整个购买过程并且应有良好的服务质量保障。营销型网站提供的客户服务以文字客服的形式为主，通过打字聊天的形式对包括机票、酒店、旅游线路等旅游产品问题的解答，购买过程答疑解惑，支付帮助，会员权限，售后问题等。由于不同企业业务等不同，客户服务提供的项目也不尽相同。目前旅游类企业网站提供的客户服务方式主要包括：

1. 常见问题列举

互联网的普及强化了人们通过网络寻求问题解决方式的思维，很多用户遇到问题会选择登录企业网站的方式寻求帮助。企业网站成为解决用户问题、满足用户需求的重要途径。随着用户问题积累的增加，企业会将用户经常提出的问题进行汇总展示于企业网站相应位置，多数网站会设置客户服务或帮助中心栏目，将常见的用户问题罗列并展示解决方式，用户若能在常见问题中找到自己的问题及答案，需求便得以解决（见图 5–2）。这种客户服务方式对于用户来说方便快捷，对于企业来说则节约了人工解答问题的成本。但是这类问题通常适用于一些具有标准答案的问题，对于用户的特殊问题，还需要进一步通过其他网站客户服务方式进行解决。

图 5-2　携程网客服中心界面截图

（图片来源：携程网客服中心）

2. 人工客服

对于不包含在常见问题列举或用户通过常见问题回答无法解决的问题，就需要人工客服来解决。以往绝大多数形成规模的公司都有客服电话，用户有任何售前、售中及售后问题都可以通过拨打客服电话的方式进行解决。但是电话客服耗时长，往往一名客服人员只能同时服务一名用户，常出现客服座席繁忙等状况导致问题无法及时解决。随着电子商务的发展，网站客服在一些电子商务类网站普及，网站提供的人工客户服务与传统的电话客服类似，只是方式和媒介有所不同。客户对企业产品或服务存在疑问，可以进入企业网站的客户服务界面，通过文字的形式与客服人员进行沟通。网站提供的人工客户服务具有众多优势，同一客服人员可以同时服务于多位用户，同时通过文字进行问题沟通可以留有记录，更加清晰地说明问题，便于用户对问题的理解，提升用户满意度。网站人工客服和电话客服互相配合，各自发挥优势，提升企业的客户服务质量。

3. 智能客服

智能客服建立在人工智能基础上，人工智能是计算机科学的一个分支，它企图了解智能的实质，并生产出一种新的能以人类智能相似的方式做出反应的智能机器，该领域的研究包括机器人、语言识别、图像识别、自然语言处理和专家系统等。目前很多成熟的旅游企业网站都引入了智能客服的功能，大多数智能客服都能够准确、快速地帮助用户解决相关问题。随着人工智能技术的发展，智能客服功能也越来越完善，为人工客服分担了大量工作，节约了企业的人力资源成本。

第三节 旅游网站的更新、维护与推广

企业网站营销是一个持续工作，建立网站仅是网站营销的第一步。很多企业建立了网站之后便不管不顾，企业网站长时间不进行更新维护，致使网站烂尾，造成资源浪费。网站建立之后企业需要采取多种措施保持网站的生命力，这些工作包括网站更新、维护与推广，上述工作没有做好不仅无法发挥网站的作用，反而对企业的形象造成不良影响。

一、旅游网站更新

随着企业的发展，一定有一些产品、新服务问世，网站原有产品信息就需要随之更新，同时，不同产品信息的更迭需要伴随着网站风格的更新，让用户感到网站在不断地更新，不断有新内容可以浏览，这样才能吸引用户再次访问。

（一）网站内容更新

1. 旅游网站产品信息的更新

网站产品的介绍及促销信息等会随着时间的流逝而失去效用，那么就要及时更新网站的内容，产品信息更新时应注意以下几点：

（1）对企业新闻、促销信息等经常变更的信息，尽量用建立数据库、规范存放路径等结构化的方式进行管理，以免数据杂乱无章。不但要保证信息浏览的方便性，还要保证信息维护的方便性。

（2）注意更新信息的格式，标题不能偏离主题，也不能重复，正文不能有汉字的错别字和英文的错误拼写，无汉字标点符号错误，文字之间不要存在多余的空格，行与行之间不要存在多余的空行，页面的整体版式必须统一。

（3）内容中嵌入网站内链有效且不能重复，而且意义要明确，在内容中不要将两个不同的关键词链接到同一个目标页面，目标页面必须是围绕当前关键词展开描述的。

2. 旅游网站 banner 的更新

打开网站时首先出现的就是网站的头部与网站的定位语，向下就是网站的主要广告图片（banner），banner 是整个网站最引人瞩目的部分，不仅影响到网站的风格，其展示的内容是否具有吸引力也会对用户去留起到不可忽视的作用。

Banner 分为两部分，一为文字，二为辅助图。辅助图虽然占据较大面积，若不加文字的说明，很难让用户知道这个 banner 要说明什么。文字是整个 banner 的主角，banner 最主要是标题，但辅助视觉图起着烘托标题文字的作用。旅游网站在更新 banner 时，需要考虑以下几点。

（1）突出产品主题。旅游网站的 banner 一定要突出产品主题，让用户一眼就能识别广告含义，明确广告所要表达的内容。Banner 在设计和更新时都要注意减少过多的干扰元素，可通过加大不同元素的视觉差异，增加 banner 的活泼感，突出视觉重点，方便用户一眼浏览到重要的信息。做到简洁大方、一目了然。

（2）不要过多堆积元素。Banner 的显示尺寸有限，在设计和更新 banner 时要注意不要将展示内容排得太紧密，要留出一定的空间，这样既减少了 banner 的压迫感，又可以引导读者的视线，突出重点内容。过多颜色、过多字体、繁复的图形，都是分散读者注意力的“噪声”，在设计时应避免，降低用户浏览时的“噪声”。

（3）快速抓住客户心理。Banner 是用户进入网站首先注意的内容，在浏览网页时，用户集中注意力一般只有几秒钟，所以需第一时间通过 banner 展示产品，命中主题，并配以鼓动人心的措辞口号引导用户。图 5-3 所示的携程网首页 banner 便通过“抢￥1000 神券”“买 1 送 1”等口号迅速抓住了用户的求廉心理，吸引用户点击完成用户转化。

图 5-3　携程 banner 截图

（图片来源：截取于携程官网）

3. 旅游网站内部图片的更新

网页是由图片、文字、链接、多媒体组成，在这些元素中，图片起到了至关重要的作用。图片不仅能够增加网页的吸引力，同时也提升了用户体验，清晰整洁的图像比模糊不清的图像更能显示产品质量并激发用户的兴趣。对于旅游网站而言，景区景点图片的展示对浏览用户的意义不言而喻，清晰美观的图片能够进一步激发用户浏览产品的欲望，提高转化率。

图片更新的作用表现在以下几方面：

（1）强化表现。选择的图形图像能更好地突出主题，对内容起到一定的说明作用。利用视觉的形象让浏览者产生联想，从而进一步烘托和深化主题。

（2）增强趣味。在形式上增强阅读性。当有大量文字信息的情况下通过加入图形图像，可以提升浏览者阅读的兴趣，吸引浏览者的目光，使其愿意阅读下去，从而达到传播信息的目的。

（3）传达信息。图形图像的应用是传达信息的重要手段之一。图形图像较之文字内容更容易引起浏览者的关注，且比文字更直观、通俗地将相关理念、意境等信息直接、形象、高效地传达给受众，从而达到营销的目的。

（二）旅游网站风格的更新

网站风格是指网站页面设计上的视觉元素组合在一起的整体形象带给访客的直观感受。这个整体形象包括网站的配色、字体、页面布局、页面内容、交互性、海报、宣传语等因素。网站作为客户了解企业最直接的一个门户，能够传达一个网站或企业的形象，因此不要频繁变动，但这并不意味着永远不变，变换网站风格可以半年一变或者一年一变，最好是随着特别的节日或公司的产品项目变化。

网站风格改版是为用户需求和商业需求服务，改版建议如下：

（1）导航要清晰合理，提升用户体验。

（2）对企业所在行业深度分析，包括行业特征、用户特征、客户需求。

（3）对原有网站整体诊断、分析，并总结存在的问题，确定改版的具体细节。

（4）针对改版后的网站进行用户满意度调查，或根据统计工具的数据进行评估。

二、网站维护

网站维护包括对网站系统的维护、网站链接的维护以及网站安全维护三部分。

（一）网站系统维护

网站系统维护，要能够确保网站正常、安全地运行。网站系统维护包括：

1. 网站服务器维护

服务器维护是维护服务器每天的正常运作，保障网站能正常访问。建议对服务器进行每周两次的病毒扫描，每周一次的系统漏洞扫描，以保障网站的正常访问和浏览速度。

2. 网站域名维护

域名相当于一个家庭的门牌号码，使别人通过这个号码可以很容易地找到对应的地址。域名资源具有唯一性，不仅代表了企业在网络上的独有标识，也是企业的产品、服务、形象、商誉等的综合体现，是企业无形资产的一部分。域名的价值也会随着它的影响力而不断提高，所以域名对企业网站来说非常重要。

3. 企业邮箱维护

企业邮箱是以企业自己的域名为后缀的信箱，例如，name@ 企业域名。企业邮箱已经成为企业日常运营的工具，不仅能够提高工作效率，而且还能增进企业内部沟通和协同办公的能力。

（二）网站链接维护

网站链接分别为内链和外链。内链是指本站内部的链接，外链是指外部网站指向本站的链接，包括交换链接和单向链接。

1. 内部链接维护

网站在运行过程中，由于对网页的删除、路径的更改等会导致链接错误，网站内部链接的维护工作主要是及时发现并清理这些失效的链接，提升用户体验满意度和搜索引擎的友好度。

2. 外部链接维护

企业的网站在运营过程中，需要更多高质量的外部链接，便于提升企业网站的自然排名，因此在外部链接的维护工作中需要及时发现失效、不相关的链接或链接陷阱，确保外部链接建设是有效的。

3. 友情链接维护

对于已有的友情链接，要经常检查友情链接是否能正常访问，查看内容是否合法等；对于新友情链接的请求，要评估此链接是否正常，内容与本网站的相关性、网站权重等，然后再决定是否可以作为友情链接。

（三）网站安全维护

网站安全是指出于防止网站受到外来电脑入侵者对其网站进行挂马、篡改网页等行为而做出一系列的防御工作。由于一个网站设计者更多地考虑满足用户应用、如何实现业务，却很少考虑网站应用开发过程中所存在的漏洞，这些漏洞在不关注安全代码设计的人员眼里几乎不可见，大多数网站设计开发者、网站维护人员对网站攻防技术的了解甚少；在正常使用过程中，即便存在安全漏洞，正常的使用者并不会察觉。

网站安全维护包括数据库维护、网站紧急恢复、网站杀毒、垃圾文件清理等。

三、旅游网站推广

网站推广就是以互联网为基础，借助平台和网络媒体的交互性来辅助营销目标实现的一种新型市场营销方式。从营销角度来讲，网站不仅是一个企业的网上门面，更是一个重要的营销工具。营销型网站可帮助企业将产品销售出去，既有实现产品形象的展示窗口，又有完善的体验互动功能，同时具备完善的销售及用户管理功能。更重要的是营销型网站还具备适合网络推广、最佳的搜索引擎表现、网站监控与管理等功能，但是设计精美、功能齐全、投资巨大的企业网站如果运营不好、推广不好，也会变成一个没有存在意义的僵尸网站。因此应把网站营销看成网络营销整体的一个组成部分，积极将网站营销与其他网络营销方式甚至线下营销结合起来，才能实现更好的营销价值。

网站推广的方法有很多，包括搜索引擎推广、网盟推广、社交网站推广、电子邮件推广等。但是概括起来无非两个方面：一是网站内部优化，二是开辟外部渠道扩大影响。

1. 网站内部优化

（1）做好网站的内容优化。内容是网站推广的基础，没有优质的内容，再多的推广也毫无意义，甚至有可能会引起网民的反感，为企业招来骂名。

（2）做好网站的结构优化。网站的结构对用户起到引导作用，网站结构合理便于用户浏览整个网站。因此在设计网站时要从用户的浏览习惯出发，分析用户的心理和企业产品的核心优势，通过合理的结构优化引导客户操作从而实现预期目标。

（3）做好网站的技术优化。网站的技术优化一方面通过技术手段确保网站顺畅、正常运行，同时，在错综复杂的网络环境中，为了防止网站受到入侵者对其网站进行攻击，还需要做出一系列的防御工作。

2. 选择合适的网页更新工具

收集信息后，采用不同的方法，效率会大不同。例如，用 Notepad 直接编辑 HTML 文档与 Dreamweaver 等可视化工具相比，后者的效率会高很多。互联网时代技术是核心。

3. 外部渠道推广方法

网站只是企业进行信息展示、与客户沟通的渠道，它是网络营销的基础。网站营销需要借助其他的网络推广方式扩大知名度。常见的网站推广渠道包括搜索引擎推广法、网络联盟推广法、电子邮件推广法、社交平台推广法等。

【本章作业】

1. 选择一个旅游网站，说明其网站类型及网站定位。
2. 选择一个旅游网站，分析其布局的优势及不足。
3. 旅游网站适合的推广方式有哪些，为什么？
4. 案例讨论

多年来，青城山—都江堰景区致力发展智慧旅游，将互联网技术运用到景区营销、景区管理、景区服务中，加快实施智慧景区建设，充分利用云计算、物联网、大数据、移动互联等技术对旅游的相关要素进行整合，为广大游客提供智慧化的旅游服务，为管理部门提供智慧化的管理手段，为都江堰市旅游提供智能化的营销平台和广阔的客源市场，最终实现都江堰市旅游产业转型升级。

（1）优化智慧旅游产品，服务体系日臻完善。立足游客需求，将信息技术贯穿于旅游信息获取、计划决策、产品预订、过程体验、消费支付和回顾评价等全过程，全面提升旅游产品的体验性和参与性。以“两心一库两平台”（数据管理中心、指挥调度中心、景区运行数据库、大数据平台、应急指挥平台）为核心，覆盖管理、服务、营销三大领域，构建30多个业务子系统，形成数据高度共享、业务全面覆盖、管理与服务融合的信息化体系；建成投运了都江堰旅游门户网站、电子商务网站和旅游呼叫中心，全天候在线受理旅游投诉、预订、求助；在都江堰景区启用了智能化语音自助导游系统、智能手机App自动讲解系统；同时还建成了景区游客中心、宾馆酒店、高铁站、客运站等游客集散地的游客自助购票系统。截至目前，都江堰市旅游呼叫中心共受理业务8.6万余件（次），网络在线咨询3万余人次，电子商务在线交易额超过4亿元。

（2）健全智慧旅游机制，管理体系更加成熟。青城山—都江堰智慧景区建立起了统一指挥、功能齐全、反应灵敏、便捷高效的管理和指挥平台，实现从监测、预警、分析、决策、指挥、评估和善后处理的全过程、流程化管理。实时掌握景区态势及重要数据，及时调度旅游、公安、交通、卫生等部门开展应急处置，实现应急管理由各自为战、事后管理向协调联动、实时管理转变；设立了专业管理机构—数字化信息网络中心，负责统筹全景区信息化建设工作，通过业务数据采集、储存、管理、共享和利用，更科学地对遗产资源保护、交通预警分流、游客流量调控等方面进行安排部署，实现决策依据由主观经验向客观数据转变。

（3）搭建智慧旅游平台，营销体系不断拓展。将景区经营管理和外部宏观经济环境信息有机结合，切实加强旅游营销网络平台建设，全面推进旅游现代化、精确化、高效化营销。不断优化营销渠道，全面强化了网络分销平台以及网络门户站点和旅游社区的深度合作。不断创新营销模式，积极研究利用新媒体传播特性，开通景区认证微博、微信、微视等自媒体账号，建设百度都江堰旅游官方贴吧，拍摄多部微电影，开发青城山、都江堰主题元素的手机游戏等。不断提升营销服务，与移动、电信等通信运营商紧密合作，开通落地欢迎短信服务，开发手机客源地监测平台，实时掌握客源信息；打造英、日、韩等多语种版本的国际旅游门户网站，利用微信平台，打造成景区的“微网站”，实现景区门票、酒店预订等服务一键解决，为游客带来更多方便。

（资料来源：搜狐网，四川青城山—都江堰景区致力发展智慧旅游 荣获“旅游＋互联网”创新营销合作伙伴奖。）

阅读上述材料，浏览青城山—都江堰网站，从网站设计、布局、内容、功能等方面分析该网站的成功之处。

第六章　旅游微博营销

【开篇案例】

2014 年 4 月 24 日，丹麦驻华大使馆发布了一篇题为“生蚝长满海岸，丹麦人却一点也高兴不起来”的长微博，微博称作为入侵物种的生蚝入侵到丹麦这片乐土之后，简直无法无天，对海岸的生态环境造成了极大的破坏。丹麦的科学家和渔民已经向丹麦自然保护局投诉很多次了，但是依旧没有办法处理这些棘手的入侵者。“我们鼓励大家去海岸边采集这些生蚝带回家煎、炒、烹、炸，但实际上这只是一个象征性的活动，并没有多少人去这样做，所以根本就没有效果。”作为“吃货”的中国网友看到这篇微博纷纷按捺不住，表示希望组团去丹麦吃生蚝。

据悉，这是丹麦驻华大使馆与新浪微博合作的一次营销，因为此次的“生蚝事件”，未来“生蚝游猎”可能会在中国游客中引起巨大反响。据丹麦驻华大使馆方面向第一财经记者出示的数据，截至 2016 年 12 月，中国赴丹麦旅游游客在酒店每晚住宿的数量增长了 42%。

（资料来源：根据腾讯财经整理。）

【本章任务】

· 了解微博与微博运营。

· 掌握微博基础入门操作。

· 掌握微博营销工具的使用方法。

· 掌握旅游微博营销的策略。

第一节　微博及微博营销

微博，即微型博客（Microblog）的简称，也是博客的一种，是一个给予用户关注链接关系的信息分享、传播以及获取平台，具有关注、发布、转发、评论、私信、实时搜索等功能。最早也是最著名的微博是美国 Twitter。新浪微博、腾讯微博、网易微博、搜狐微博等都曾是国内风靡一时的微博平台。2014 年 3 月 27 日晚间，在中国微博领域一枝独秀的新浪微博宣布改名为“微博”，并推出了新的 Logo 标识，新浪色彩逐步淡化。

发展到现在，新浪微博的内容生态越来越好，也越来越有开放性，成为国内重要的社交媒体平台，不断产出优质内容并且获得最大范围的传播，而用户也可以从中接受自己感兴趣的内容，并且愿意为之付费，实现了用户数增长、活跃度增长、用户花费时长增长、盈利不断增加的状态。本章所讲旅游微博营销特指基于新浪微博平台所实现的功能进行的营销。

【阅读材料】

微博发展历程

2006 年 3 月，博客技术先驱 blogger 创始人埃文·威廉姆斯（Evan Williams）创建的新兴公司 Obvious 推出了大微博服务。在最初阶段，这项服务只是用于向好友的手机发送文本信息。在 2007 年 5 月，经统计，国际上总共有 111 个类似 Twitter 的网站。然而，最值得注意的仍是 Twitter。

从校内网起家的王兴在 2006 年把企业卖给千橡互动后，于 2007 年 5 月创建了中国第一家带有微博色彩的社交网络饭否网，而腾讯作为一个拥有 4.1 亿 QQ 用户的企业，看着用户对随时随地发布自己状态的强烈需求后，也忍不住尝试了一把，2007 年 8 月 13 日腾讯滔滔上线。

2009 年 7 月中旬开始，国内大批老牌微博产品（饭否、腾讯滔滔等）

停止运营，一些新产品开始进入人们的视野，像开放的叽歪，6月开放的Follow5，7月开放的9911，8月开放的新浪微博，其中Follow5在2009年7月19日孙楠大连演唱会上的亮相，是国内第一次将微博引入大型演艺活动，与Twitter当年的发展颇有几分神似。

2009年8月，中国门户网站新浪推出“新浪微博”内测版，成为门户网站中第一家提供微博服务的门户网站，微博正式进入中文上网主流人群视野。随着微博在网民中的日益火热，在微博中诞生的各种网络热词也迅速走红网络，微博效应正在逐渐形成。

2010年国内微博迎来春天，微博像雨后春笋般崛起。四大门户网站均开设微博。根据相关公开数据，截至2010年1月，该产品在全球已经拥有7500万注册用户。

2011年7月19日，中国互联网络信息中心（CNNIC）发布《第28次中国互联网络发展状况统计报告》，报告显示，2011年上半年，中国微博用户从6331万增至1.95亿，增长约2倍。微博在网民中的普及率从13.8%增至40.2%。从2010年年底至今，手机微博在网民中的使用率从15.5%上升到34%。

（资料来源：百度百科微博词条，有改动。）

一、走进微博

微博是一个基于用户关系信息分享、传播以及获取的平台。用户可以通过WEB、WAP等各种客户端组建个人社区，以140字（包括标点符号）的文字更新信息，并实现即时分享。微博的关注机制分为可单向、可双向两种。

微博营销是指通过微博平台为商家、个人等创造价值而执行的一种营销方式，也是指商家或个人通过微博平台发现并满足用户的各类需求的商业行为方式。微博营销以微博作为营销平台，每一个粉丝都是潜在的营销对象，企业利用更新自己的微型博客向网友传播企业信息、产品信息，树立良好的企业形象和产品形象。每天更新内容就可以跟大家交流互动，或者发布大家感兴趣的话题，这样来达到营销的目的，这样的方式就是互联网新推出的微博营销。

该营销方式注重价值的传递、内容的互动、系统的布局、准确的定位，微博的火热发展也使得其营销效果尤为显著。微博营销涉及的范围包括认证、有效粉丝、朋友、话题、名博、开放平台、整体运营等。自 2012 年 12 月后，新浪微博推出企业服务商平台，为企业在微博上进行营销提供一定帮助。

【阅读材料】

博客英文名为 Blogger，为 Web Log 的混成词。它的正式名称为网络日记；又音译为部落格或部落阁等，一般情况下，博客是使用特定的软件，在网络上出版、发表和张贴个人文章的人，或者是一种通常由个人管理、不定期张贴新的文章的网站。多数是个人的感想，对事物的评价或是对生活、工作、学习中的一些事情的感想。它没有字数的限制，一篇完整的文章才能成为一篇博客，比如作者自己的观点、对某些事件的看法等。

博客上的文章通常以网页形式出现，并根据张贴时间，以倒序排列。许多博客专注在特定的课题上提供评论或新闻，其他则被作为个人性的日记。一个典型的博客结合了文字、图像、其他博客或网站的链接及其他与主题相关的媒体，能够让读者以互动的方式留下意见，是许多博客的重要因素。大部分的博客内容以文字为主，但仍有一些博客专注在艺术、摄影、视频、音乐、播客等各种主题。

二、微博的传播特征

微博营销有赖于微博强大的传播能力，这种能力将有效提升企业和自媒体作者的影响力，塑造品牌或个人形象，微博的传播方式既不是传统媒体的线性传播（见图 6–1），也不是其他网络媒体的网状传播（见图 6–2），而是一种裂变式传播。与社交型网站强调双向互动的紧密人际关系不同，微博可以是单向的关注模式。微博的关注与被关注从社交网络的角度来看是一种不对称的人际关系，这种不对称形成了微博广播式的信息流动模式。如图 6–3 微博传播模式所示，某用户发布信息后，关注该用户的网友即该用户的粉丝可以及时收到其发布的消息，若粉丝觉得该用户发布的信息有价值，则可以转发并对其发布的信息进行评论，这时候该用户粉丝的关注者可以即时得到其转发的信息，这样实现了受传者的即时反馈，扩大了信息传播的广度和速度，整个传播过程呈现出图示的裂变状态。

微博用户可以任意关注他人，而不需要形成双向的好友确认关系。微博在用户参与方面有较大的灵活性和及时性，在热门类社会节奏越来越快的今天，信息的传播公开化、多元化，使微博在讯息传递和与人沟通上有着得天独厚的优势。

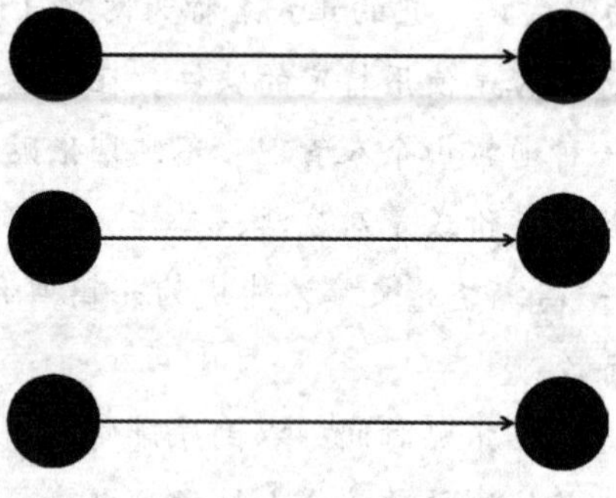

图 6-1　线性传播示意图

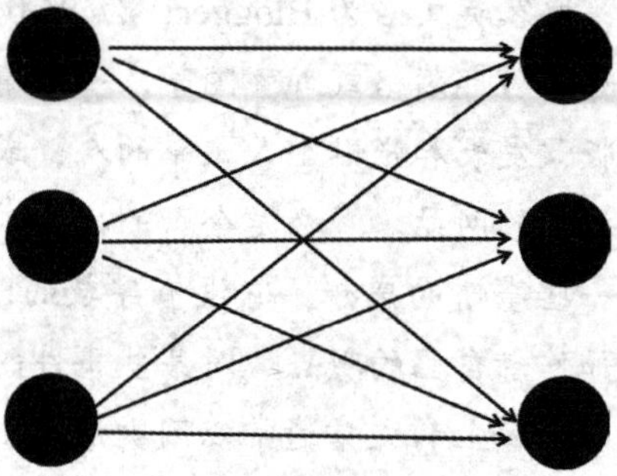

图 6-2　网状传播示意图

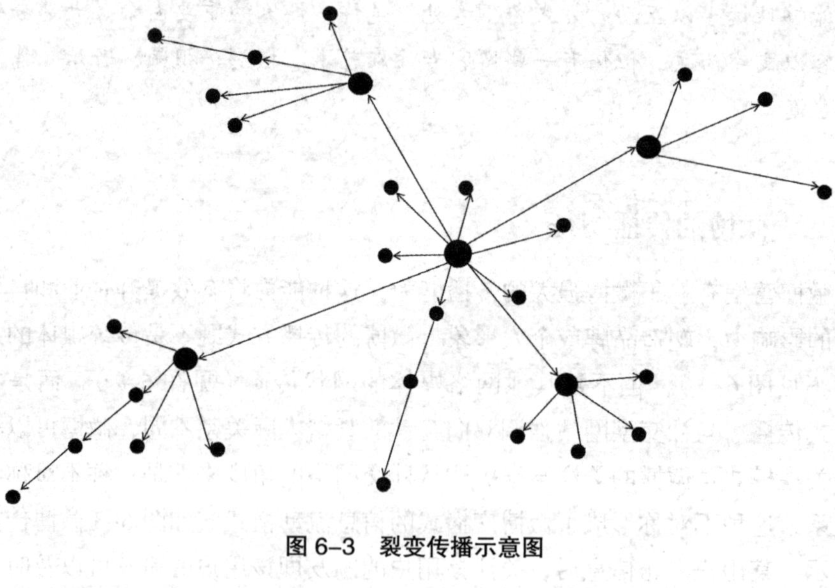

图 6-3　裂变传播示意图

除上述特征，微博传播还存在以下特点：

1. 传播内容丰富

微博是媒体融合的一个典型代表。随着微博用户数量的飞快增长，微博发布的途径越来越多，它打通了传播渠道的融合之路——手机、计算机都成了微博信息传递的工具，电信和互联网在微博业务上实现了互通。同时，微博融合了文字、图片、语音、视频等传播符号，产生在微博平台上的内容不断丰富直观，更加诱发人们的兴趣，使微博的关注度也更高。

2. 受众广泛

Twitter 创始人之一伊万·威廉姆斯认为，Twitter 为世界带来了一个“人人都能发声，人人都可能被关注的时代”，微博的写作方式门槛较低，不仅字数简短，文字表达随意，而且注册简单，只要会发短信，就可以通过个人微博“随时随地分享身边的新鲜事”。另外，微博设计界面友好，实现了多种传播终端和发布方式的创新整合。微博用户可以通过互联网、客户端、手机短信彩信、WAP 等多种手段发布信息和接收信息。微博信息真正切合了“4A”发布，即 Anytime、Anywhere、Anyway、Anyone 的便捷特性。微博上述两个特征使普通大众的每个个体都可能成为信息的制造者和传播者。微博实现了草根阶层拥有自己的媒体和像专业媒体人员一样发言的愿望，标志着全民互联网传播时代的到来。

3. 及时性

裂变式传播方式使通过微博传播的信息具有及时性。特别是在各种突发性事件中，微博的及时性表现都出类拔萃。微博不仅在第一时间向网友发布了很多第一手信息，甚至成了一些专业记者发现新闻报道素材的信息源。

4. 互动性强，方式独特

微博提供了关注（收听）、转发、评论、回复、私信、对话、邮件分享等互动功能，用户可以用文字，也可以通过“表情”，还可以通过不着一字的“@”的提醒和转发来实现各种形式的互动。有人将微博的互动方式总结为“背对脸”的“创新交互方式”，这种互动方式总体上带有很强的灵活性和非强制性，同时也因为粉丝或听众的逐级转发而具有很强的扩散性和多样性。

5. 传播内容碎片化

微博字数限制以及用户随意化、情绪化的表达使微博内容呈现出很强的碎片性。用户通过微博发布的大量信息没有实际价值，随意性较强。微博的“一键转发 + 评论”功能使它的关注者看到信息后也可以同时成为发布者，即一条信息需要传播者的多次发布甚至需要多位传播者共同来完成一条信息的传播。

碎片化的特性更加容易诱发人们的兴趣，促进信息的传播。

6. 黏合性

微博交流方式不仅局限于信息交流，更多是情绪和情感交流。尽管这种情绪和情感交流带有很强的虚拟性，但是，同样给习惯于或热衷于、沉溺于虚拟世界的人带来某种心理上的满足。这种对虚拟情感交流的热衷程度，也可以从一些影视明星人物的粉丝数量庞大上看出。这种多层面的情绪、情感和信息交流，使得微博具有很强的黏合性。

微博的黏合性不仅表现在软件和内容上，还表现在硬件和技术层面。微博使用终端的多样化、移动化、贴身化，设计界面的人性化、友好化，使用方式的低门槛和便利性，都导致微博用户使用时间的增加，增强了微博对用户的黏合性，由此也导致了“微博控”的出现。微博用户的快速增长也从侧面证明了微博的黏合性。

【案例分析】

2015 年 7 月堪称国产电影的狂欢月，《大圣归来》《捉妖记》《煎饼侠》悉数成为票房赢家。上月 10 号《大圣归来》上映后，有关大圣归来的话题突然在微信、微博上疯狂传播。随后两天，今日头条前 10 篇推荐文章几乎全部跟《大圣归来》有关，各媒体也几乎都报道了跟这部影片有关的内容。似乎是眨眼的工夫，不光票房大涨，“大圣”也成了社交媒体上一个现象级的热词。不管《大圣归来》本身如何，这部凭借“全民公关”获得成功大反转的影片所承载的东西，已经远超越技术制作、剧情内容等范畴。

《大圣归来》的舆论传播活动之所以成功，除了蕴含着有情怀、有态度、有诚意、有格调的传播内容之外，还有一个重要因素便是传播途径。微博上主要以“舆论领袖主导+自来水军助力+官V巧妙借势+多级传播”的方式进行。

下图是本文作者制作的一张微博上的话题传播图，从这张简单的路径图中至少可以看出该话题在微博上的传播方式和路径。

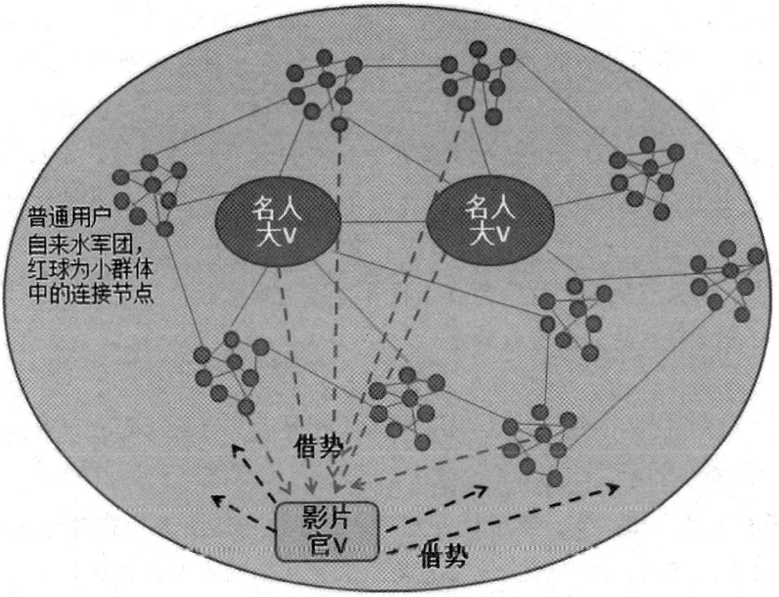

首先，《大圣归来》成为微博热门话题很大程度要归功于那些大V舆论领袖，这些大V中有很多都是明星大腕，他们在观影后发布与影片有关的正面评价，这使得大量的普通草根迅速被号召起来加入传播队伍，因此，在舆论领袖的传播影响下，大量草根成为该片的公关部队。

其次，在普通草根观影后，他们在微博上生产了大量口碑评价，不过这些草根的评论只能影响小部分人，传播范围有限。所以，在微博上会形成许多分散的自来水军部队，他们的影响力相对也较为均衡。

然而，对《大圣归来》的微博官方账号在影片上映前后发布的微博内容进行连续观察后，就会发现一个有意思的现象：7月10日影片上映之前，该账号发布的内容多为原创，内容主要是该影片前期的预告，且转发量、评论量相对来说不大。然而，从7月10日影片上映后，该账号在随后的几天内，几乎全部是大量转发来自其他账号关于《大圣归来》的评价，并且这期间，其转发的每条内容被再次转发和评论的量平均有万次以上。这些被官V转发的账号包括名人大V，但很多都是普通用户。也就是说，只要你发了跟大圣有关的微博并@了大圣官方账号，那么你的微博就很有可能被官方账号转发，并且迅速引来更大量转发和被关注。

这说明，影片方在此次微博营销传播上是花了一些心思的，并且做得十分巧妙。官V对草根用户微博内容的转发，其实是一种肯定性的鼓励行为，让草根在心理上感觉到自己发布的内容有价值，传播的积极性更高涨，同时也引发更多普通用户参与讨论，鼓励更多用户发布内容和传播内容。比如，如果你看到官V转发了一个普通账号的评论，并且迅速引来围观和更多转发，那么你也很有可能想写一条评论并@官V。官V在此期间，既满足了草根用户的心理需求，又借“他人之口”为自己提升口碑、形象和情感优势，这要比“老王卖瓜自卖自夸”的方式有效的多。

从这个角度上看，其实影片官V通过这种方式，一定程度上在分散的草根和自来水军团之间搭建了传播桥梁，形成了更加广泛的多级交叉传播和舆论声势。

（资料来源：钛媒体，解密《大圣归来》营销传播图谱，有删减与改动。）

通过上述案例，思考并交流《大圣归来》这部电影在微博的传播是如何体现微博传播特征的？

三、微博的营销价值

随着微博的广泛使用，微博营销出现。2012年被称为中国的微博营销元年，中国企业正式进入微博营销时代。微博营销是指企业以微博作为营销平台开展的包括企业宣传、品牌推广、活动策划及产品介绍等一系列的市场营销活动。企业利用更新自己微博、联合其他微博设计跟网友的互动，或者发布大家感兴趣的话题、让网友主动关注等传播企业的产品信息，从而达到树立良好企业形象的目的。微博营销对于营销主体具有传统营销渠道无法替代的价值。

（一）与传统营销方式相比，微博营销成本低廉，收益大

目前微博平台为用户提供免费的微博服务，且微博平台用户群体庞大，为企业开展微博营销提供了坚实的基础。即使前期开设微博需要投入也是一次性的行为，后期维护成本低廉，且微博营销针对性强，利于后期维护及反馈。微博营销是投资少、见效快的一种新型的网络营销模式，其营销方式和模式可以在短期内获得最大的收益。

（二）微博发布传播具有针对性，速度快，营销效果显著

关注企业微博的大多是对企业及其产品服务产生兴趣的人，企业发布微博后信息即被关注者接收，信息传播具有很强的针对性；并且一条微博在触发微博引爆点后短时间内互动性转发就可以抵达微博世界的每一个角落，达到短时间内最多的目击人数。利用名人效应能够使事件的传播量呈几何级放大。微博信息支持各种平台，包括手机、电脑与其他传统媒体；同时传播的方式有多样性，转发非常方便。

（三）微博营销在手段使用上更加灵活，营销人性化

微博营销可以同时方便地利用文字、图片、视频等灵活多样的展现形式，使微博营销具有更强的表现力。企业微博也可以自由选择读者感兴趣的热点话题引导读者阅读和参与，有效提高关注者的参与度。同时，从人性化角度来看，企业品牌的微博本身也可以将自己拟人化，更具亲和力。

（四）微博营销能够拉近与用户的距离，互动性强

在微博平台上，企业可以抛开固有的官方格调以拟人化的形象与顾客进行交流与互动，通过企业微博和个人能与微博关注者实现实时沟通，加强与顾客及用户之间的情感联系，更加深入地了解用户需求，提高用户满意度。

课堂任务

收集企业官方微博，列举企业微博发布的微博或与用户的互动话题，查看所列举微博下的用户转发、点赞及评论情况，分析企业通过微博与用户互动的效果。

第一节 微博操作介绍

微博账号注册从技术性上看简单便捷且零成本，只需要填写完整、准确的信息并通过审核即可。但是想要做好后续的营销工作，必须要从昵称选取、微博简介、头像等微博装修细节上做周全的考虑。同时要善于利用微博所提供的众多营销工具增强营销效果。本节将从微博账号的注册、微博装修、微博认证及微博进阶营销工具入手全面介绍微博操作方法。

一、微博账号注册

虽然不注册微博账号也可以浏览微博内容，但是要达到与其他用户互动和营销的目的，就需要注册微博账号。微博账号分为两种类型，分别为个人微博账号和官方微博账号。其中官方认证类型包括：政府、企业、媒体、网站、应用、机构、公益、校园组织，非官方类用户需注册个人账号。注册微博账号既可通过电脑进行，也可以通过移动手机进行。

（一）通过电脑进行账号注册步骤

（1）微博登录页面点击“立即注册”进入注册页面。

（2）邮箱注册。输入常用邮箱地址，设置密码、昵称，填写相应个人资料即可。注册微博后需要激活操作：用户可以点击顶部“立即激活”进入注册邮箱，点击邮箱中的激活链接即可，如果未收到激活链接或链接已过期，可点击“重新发送确认邮件”获取链接进行激活，超过 30 天未激活邮箱的用户无法正常使用微博。

（3）手机注册。输入手机号码，设置密码、昵称及个人资料后，填写的手机号码会接收到验证码，输入验证码后即注册成功。

（二）通过手机进行账号注册

通过手机进行账号注册时，可以使用手机号注册，也可以使用邮箱注册，选择手机号注册，需要输入手机号码，根据页面提示完成注册；或者也可以使用邮箱注册，点击“邮箱注册”即可切换邮箱注册。

（三）企业用户注册

企业用户申请注册时需注意以下几点：

（1）持有营业执照及企业公章（财务章、合同章等无效）；

（2）能通过全国组织机构代码管理中心认证；

（3）企业官方微博名与营业执照上企业名不一致时需提供相关补充证明材料。

二、微博装修

注册好账号之后需要对微博信息进行完善，同时想要吸引粉丝，优质的内容是基础，但同时也离不开与微博内容相符的装修风格。微博装修需完成以下工作：

（一）昵称选取

昵称是和微博定位关系密切的基本信息，一个好的昵称能让粉丝迅速记住你，在选择昵称时，应遵循以下四大原则。

（1）简短有个性，便于记忆。昵称不能超过 7 个字，最好压缩到 4 个字。

（2）避免重复，便于搜索。

（3）与品牌一致，让消费者知道从你这里能买到什么。

（4）对于企业官方微博，要能够使消费者看到昵称就能知道公司主营业务是什么。

对于企业微博而言，还需注意以下两点技巧。

（1）微博的昵称一定要突出所在行业的关键词，同时兼顾目标群体的搜索习惯，并尽量增加关键词的密度，以便获取更多被检索的机会。

（2）昵称可设置为“姓名 + 行业 + 产品”。

总之，设置微博昵称首先要考虑搜索的需要，注意用户的搜索习惯，因为用户一般是搜索行业或者产品，不会直接搜索昵称，这样才能保证被其他消费者尽早地发现。

（二）头像的选择

微博头像给粉丝留下最直观的第一印象，一般情况下，粉丝关注一个人除了看他的昵称外，再看必定是看头像，一个清晰有特色的头像照片是必需的，要么真实，要么有个性。如果是个人微博，可以设置自己的真人照片为头像，也可以考虑用卡通形象来替代；如果是品牌的微博，可以用品牌标识作头像，如果是店面的微博，可以用店面或者商品照片做微博头像，如果是连锁品牌，就可以用连锁品牌名称或标识作为头像。

（三）微博简介

简介是吸引别人了解你个性的关键信息，需要简明扼要，要有个性化色彩。简介需要在几句话里显示自己的特长、个性等信息。简介的内容还要考虑搜索概论。简介后面可加电话号码或者微信、QQ 号都可以。

（四）标签设置

微博个人标签能让用户搜索时快速找到你，还能增加在搜索过程中排名靠前的概率，个人标签可以设置为 10 个词。如旅游类微博的标签，站在消费者搜索习惯的角度，可设为“旅游”“旅行”“自由行”“攻略”“旅拍”“游记”等（见图 6–4）。

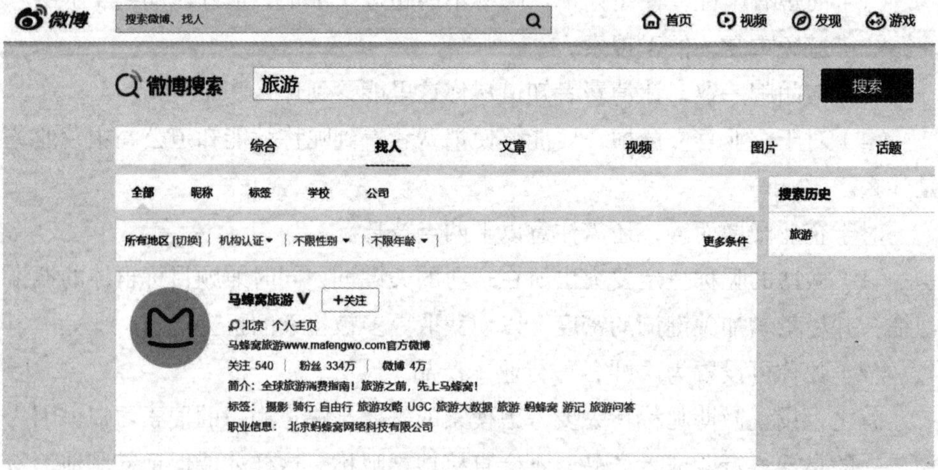

图 6–4　微博搜索用户界面

（图片来源：微博搜索截图）

设置微博个人标签有一定的规则，不能盲目设置，同时标签并不是一成不变的，在设置及调整微博个人标签时可以遵循以下原则：

（1）定期调整标签词汇：企业需要提前准备若干组标签备用，定期调研分析用户的搜索习惯，根据搜索最多的词汇来调整自己的标签。

（2）根据节假日更换标签：如果遇到节假日，就更换与之相关的标签，如“国庆节”，就把“国庆节”写进标签里，当人们搜索关于国庆节的词汇时，就容易搜到相关微博了。

（3）为标签合理排序：选好的标签词，要合理排序，按照标签词与微博的相关性进行优化。

（4）重视 4 字词语的作用：在产品较多时，标签尽量用 4 个字的词语，如旅游攻略微博就可以用“旅游攻略”“旅行游记”“旅行问答”等词语，这样的好处是可以写更多的词，在用户搜索时会自动匹配到该微博的关键词。

（五）背景图和封面图

微博的背景图片和头像后的封面图是粉丝进入微博主页的主视觉部分，微博背景图和封面图对于一个品牌企业、政府机构和高校来说，是充分展示个人微博风格及企业品牌形象的一种方式，好的背景图和封面图往往可以给点击进入主页的人眼前一亮的感觉。当有人 @ 相关微博博主的时候，如果用鼠标点在该博主的名字上，就会出现整个封面图，所以做好背景图是十分重要的事情。因此二者不可随意设置，应根据微博的特征和内容定位进行设置，背景图和封面图也可以作为广告位来使用。

课堂任务

1. 有微博账号的同学完善自己的微博账号，没有微博账号的同学注册并完善微博账号。

2. 请同学们互相评价微博账号的基本设置，为对方的微博设置提出合理意见。

三、申请微博认证

微博本身的用户数量庞大，在这其中，不管是明星还是个人甚至是企业，为了有效地明确自己的身份，让更多的人能够认同和了解自己的真假，进行微博认证就成为一个重要的环节。在绝大部分的企业微博和明星微博的名字后面都可以发现认证的标签。特别是对于一些大明星和全国性的企业。都会在开通微博的第一时间进行自身的认证。这样不仅能够有效提升相关微博的知名度，也可以增加微博的可信度。同时，微博认证可获得粉丝数增加的潜在福利。特别是在经过认证之后，微博名字后面将会有一个 V 字形的标志。拥有这些标志能够更好地吸引粉丝的关注和认可。在这样的情况下，我们所发布的微博信息才会拥有更多的人进行回复。才能够更好地在微博这个大平台当中进行推广和传播。

微博认证的方式众多，大致可分为个人认证（黄 V）和机构认证（蓝 V）

两种，如图 6–5 所示。二者的认证对象不同。黄 V 是个人认证，认证范围支持娱乐、体育、传媒、财经、科技、文学出版、政府官员、人文艺术、游戏、军事航空、动漫、旅游、时尚等领域知名人士的认证申请。蓝 V 是机构认证（政府、媒体、校园、企业、网站、应用等官方账号均可申请机构认证）。

需要注意的是，微博认证是有条件的。比如申请个人认证的微博账号需要绑定手机、有头像、粉丝数不低于 50、关注数不低于 50，至少 2 个黄 V 互粉好友，有发微博内容且能体现活跃的真实个人。因此，在申请个人认证之前需要经营好个人微博，保证粉丝量和优质的内容产出。

图 6–5　微博认证体系

（图片来源：微博官方）

四、微博签约自媒体

微博自媒体是站方管理和激励自媒体作者的机制，帮助更多有品牌、有影响力的作者成长。微博自媒体和微博签约自媒体共同构成自媒体成长体系，微博签约自媒体是微博自媒体的升级。相较于微博签约自媒体，微博自媒体的准入门槛降低了很多，目的是帮助持续贡献优质内容的中小博主在微博更好地成长。

微博签约自媒体有两种类型，分别为文章作者和视频作者。文章作者即为在微博上有文章产出能力，并且以头条文章为主要内容形式的自媒体作者；视频作者即为在微博上有视频产出能力，并且以视频微博为主要内容形式的自媒体作者。

【阅读材料】

6月12日（2014年），微博自媒体计划正式启动，用户申请管理系统同期上线，公开招募自媒体用户，根据页面，该计划面向微博上有一定原创能力和影响力的认证用户，具体标准为单月阅读数在300万以上，并且能够提供优质内容链接证明，另外，500万粉丝以上的“大V”暂时不能申请。

据悉，目前已有1000位优质原创内容作者受邀加入微博自媒体计划，覆盖23个垂直领域。微博用户运营总监刘新征表示，该计划将着力进一步提升微博优质内容创造用户的影响力，并以此为基础为自媒体作者提供灵活的商业变现方式，鼓励其生产原创优质内容的积极性，进而全面提升平台的内容生态。

刘新征说，微博不只是“微”博，在微博平台上，每日除了大规模140字内短微博的生产与消费，包括图片、短视频、长文章在内的富媒体微博同样构成了平台内容生产与消费主体。以长文章为例，从4月初微博提供了官方长微博工具后，目前微博上每天生产的长文章已达到20万篇，它们共同促成了微博这个中文互联网最大内容生产和分发平台。为了方便用户尤其是自媒体用户更好地生产原创内容，微博已经对长微博工具进行优化，用户可以直接发布图文结合的长微博，长微博在自媒体用户主页也将得到统一呈现，微博还将支持文章的开放化，站外内容也可以直接同步到微博的长文体系内，方便内容管理、检索与传播。

微博强大的传播能力将有效提升自媒体作者的个人影响力，塑造个人品牌，微博特有的单向弱关系能确保优质内容通过自媒体作者及其粉丝的社交关系链实现裂变式传播，与其他阅读平台相比，内容更开放，更容易触达更多潜在目标用户，并更容易获取粉丝。而优质粉丝的不断积累将持续扩大自媒体用户的影响力，帮助他们塑造个人品牌。微博也将对优质自媒体作者给予更大力度的推荐资源，帮助其更快地获取粉丝，提升关注度。除了作者通过自己的影响力在微博站内传播，微博还将与若干互联网流量入口级的合作伙伴联合打造自媒体传播网络，多途径多入口，给自媒体作者带来比其他阅读平台更多的流量与粉丝。

个人品牌的确立是自媒体用户实现商业化的基石，但并非每一个自媒体作者都擅长商业变现，因此，微博为自媒体作者提供了灵活多样的收入变现方式，帮助拥有“社交资产”的自媒体用户提升变现能力。

微博将在有品牌营销需求的商家与拥有个人影响力的自媒体用户之间搭建一座桥梁，帮助想通过微博推广品牌的商家，找到合适的自媒体作者人群，通过话题合作等方式，让自媒体作者以自身内容生产的方式参与品牌传播。

同时，微博还提供广告分成的商业化方式，广告将在用户原创微博正文页、文章正文页内获得曝光，阅读数越高，作者分到的收入越高，自媒体作者可在自媒体用户系统中实时查看和管理原创内容的数据，微博按月依据阅读数进行结算。为鼓励自媒体作者进行长文内容原创，基于长微博获得的商业收入将更高。

自媒体联盟 SocailAuto 创始人马麟表示，微博是移动互联网时代重要的资讯入口，优质内容能够通过用户的社交关系迅速扩散，平台方的扶持也有利于营造宽松的发展环境，这对自媒体作者树立个人品牌和实现商业价值都具有重要作用。

（资料来源：微博自媒体官方账号文章：微博宣布启动自媒体计划“粉丝＋收入”双激励模式是亮点）

（一）微博签约自媒体的申请条件

微博自媒体申请需满足以下条件：

（1）在有了一定的粉丝基础后，微博用户粉丝数在 500 万以下。

（2）原创月均阅读数在 300 万以上。

（3）黄 V 用户。满足上述条件的用户，可在 //me.weibo.com 提交申请，申请时需要提交擅长领域与相关证明，申请者是否在某个特定行业或者领域具备内容生产能力，是能否获批的重要依据之一，内容繁杂、内容主题分散的用户有可能在满足上述条件的情况下被驳回。

（二）微博签约自媒体的变现方式

运用自身平台的影响力实现自媒体的变现。微博自媒体变现方式如下：

1. 付费阅读

微博给内容作者提供的前向收费工具。用户启用该功能后，粉丝可通过预付费获取该用户的文章内容。用户可按月、季度、半年、全年四个周期给内容定价，粉丝任选其一订阅。完成付费后，粉丝在对应的订阅周期内可阅读该作者的全部付费内容，订阅期满后，该作者所有付费内容不再可见。微博将按月向作者结算付费订阅收入，同时按订阅金额15%收取通道服务费，并按国家个人所得税征缴规定代缴相应税款。

2. 话题合作

建立品牌推广需求的分发平台，即用户通过参与话题、转发品牌微博，来与广告主合作。使用户的影响力与广告主的推广需求相结合，使用户能有更多的与广告主双向选择的途径与机会。

3. 广告收入分成

微博为自媒体用户引入品牌硬广合作，用户原创微博正文页、文章页内，将以“推荐阅读”形式露出合作品牌，广告与微博内容互相独立，并非写软文。品牌通过微博定期向自媒体用户支付广告费用，计费依据是原创微博的阅读数，及作者在其所处行业的地位。

4. 微博打赏

用户通过站内长微博、粉丝服务平台发布文章时，可以在页面设置打赏按钮，鼓励粉丝阅读文章后向作者支付任意额度的费用。微博打赏已向全部微博用户开放，可进入个人主页—管理中心设置启用。用户可随时申请提取打赏收入，并将在一个工作日内收到。

五、微博营销工具介绍

（一）粉丝服务平台

粉丝服务平台是微博认证用户、应用为主动订阅他的粉丝提供精彩内容和互动服务的平台。目前开发模式接口主要分为“自定义回复接口”“私信提醒接口”“订阅发送接口”“应用消息服务”四个主要接口功能。

粉丝服务平台的重要功能如下：

（1）数据中心帮助使用者统计数据信息。

（2）自动回复包括四种设置：被关注自动回复、订阅或退订自动回复、私信自动回复、关键词自动回复。

（3）店铺服务可以对微博橱窗进行管理。

（4）群发功能。

（5）自定义菜单：所谓自定义菜单，就是私信对话框底部的导航菜单。自定义菜单需要在粉丝服务平台开启，按照提示进行。

（6）订户 / 素材：提前编辑要推送的内容，包括图片、语音、图文消息等都可以提前上传保存在素材库里，也可以对订户进行分组管理。

（7）开发者中心：使用者可以根据自己的情况选择编辑模式或开发模式。

（二）粉丝头条

粉丝头条是新浪微博官方推出的轻量级推广产品，当某条微博使用粉丝头条后，在 24 小时内，它将出现在微博主所有粉丝微博首页的第一位。当博主有重要信息发布，又不希望自己的粉丝错过时，就可以用“粉丝头条”这款广告工具解决这个问题。

粉丝头条可增加微博的阅读量，扩大微博的影响力。粉丝头条需要购买，投放价格和粉丝量、粉丝活跃度、投放频率有关。如果粉丝多，粉丝活跃度高，投放频率高，那么粉丝头条的价格会动态上涨。

（三）抽奖中心

抽奖中心是微博自带的营销功能，可以通过这个功能进行抽奖，由系统随机抽取中奖者。微博抽奖采取随机抽取的方式，有时候抽到奖的粉丝，可能本身没有过互动，甚至还可能是“抽奖专业户”，所以这个功能可以看情况使用。

第三节　旅游微博营销

一、旅游微博类型

旅游微博大致分为三类，分别为个人旅游微博、旅游企业微博以及旅游资讯微博三类。个人旅游微博多为旅游达人开设的微博号，用以分享自己的旅行经历及攻略，这类微博内容丰富，形式多样，通常以唯美的照片视频、实用的旅行内容获取粉丝的喜爱。旅游企业微博是一些旅游相关的机构开设的微博，用以传播良好的企业形象、为产品促销宣传预热、维持与粉丝之间良好的互动关系。旅游资讯微博以发布旅游相关资讯为主要内容，形式不如前面两者丰富，但是内容真实可信。上述三种不同类型的旅游微博营销方式也有所不同。

（一）个人旅游微博营销

最初个人通过微博记录生活、抒发感情，以分享为首要目的，这类个人微博功利性并不是很明显。但是随着粉丝经济的到来，流量变现成为众多自媒体的盈利方式。很多个人的微博营销是通过其本身的知名度来得到别人的关注和了解，旅游类个人微博通过分享旅行过程中拍摄的视频和照片、游记以及旅行攻略等优质的内容获取粉丝，通过直播、抽奖等方式进行社群营销维系粉丝，扩大自己的知名度，从而将流量变现。

尽管个人微博的关注者数量有限，但微博的裂变式传播意味着每个关注者同时也是信息源，个人旅游微博的有效营销方式便是利用微博用户社会关系传播模式进行，不论是发起有奖转发微博活动、利用活动及奖品吸引用户参与，还是策划有价值的信息内容，让用户自愿转发，都极大地扩展了个人微博的影响范围，是众多个人微博账号常见的营销方式。

（二）旅游企业微博营销

与旅游类个人微博最初的非功利性不同，企业开设微博往往是想通过微博来增强企业产品及品牌的知名度与影响力，借助微博平台加强与市场之间的联系等，其根本目的是营利。旅游企业利用官方微博、分支机构微博、高管及员工微博等发布信息，通过微博平台直接传递给相应账户的关注者，这是最基本的微博营销模式。在这种模式下，企业可自主决定发布微博的内容、发布时间及频率等，旅游企业的目标用户明确，成本低，但营销效果依赖于企业微博账户本身的关注者数量及关注程度。

尽管微博对于企业而言是一个不可错失的营销平台，但是做好微博营销需要耗费大量的精力。微博有字数限制，短短的文字很难给消费者带来直观的产品体验，而且微博更新速度快，信息量大，因此企业微博营销时，应利用微博的传播特性，建立起自己固定的消费群体，利用微博这个媒介与粉丝多交流，多互动，多做企业宣传工作。

（三）旅游资讯微博营销

以发布行业资讯为主要内容的微博，往往可以吸引众多用户关注，类似于通过电子邮件订阅的电子刊物或者 rss 订阅等，微博内容成为营销的载体，订阅用户数量决定了行业资讯微博的网络营销价值。因此，运营行业资讯微博与运营一个行业资讯网站在很多方面是很类似的，需要在内容策划及传播方面下很大功夫。

较为适合旅游资讯微博的营销方式为微媒体传播模式，这种传播方式把微博作为媒体进行运营，当微博发布相关资讯之后，通过第三方媒体来传递该信息，以扩大信息的传播范围，提升微博账号的影响力。

二、旅游微博营销的特点

微博营销是以传播学理论为基础，营销学经典理论与案例为指导，集成以往网络媒介营销手段的一种营销途径。无论是旅游自媒体还是旅游企业，借助微博进行营销都有以下特点：

（一）注册简单，操作便捷，运营成本较低，方便实现“自营销”

微博具有媒体属性，是将信息广而告之的媒介，但是与其他媒体相比，微博注册免费、操作界面简洁、操作方法简易（所有操作基于信息发布、转发、评论）、又有多媒体技术使信息呈现形式多样，而运营一个微博账号，不必花大价钱架构一个网站，不必有专业的计算机网络技术，也不需要专门拍一个广告，或向报纸、电视等媒体支付高额的时段广告费用等，充分利用微博的“自媒体”属性，做好“内容营销”即是微博营销的王道。

（二）微博营销的“品牌拟人化”特征更易受到用户的关注

社交媒体时代，传播强调人性化与个性化，“官方话”和“新闻稿”除了在严肃事件中扮演信用角色，在这样一个社交与娱乐至上的场所就显得格格不入。企业用一个很人性化的方式去塑造一个自身的形象，不仅可以拉近和受众的距离，达到良好的营销效果，而且品牌的美誉度和忠诚度会大大提高。

品牌拟人化，是指通过饱含个性、风趣、人情的语言，使品牌账号富有“人”的态度、性格与情感，真正与消费者互动，从而获得消费者的认可，这种认可不是传统的、单纯的买卖关系，也不是粉丝的追捧，而更像是建立并维系一种“友情”关系。这样品牌的忠诚度和美誉度就很强，用户就会支持这个企业的产品，而且还会主动地参与到这个品牌的塑造过程，也是实现口碑营销的绝佳途径。在 SICAS 的消费行为模式时代，品牌拟人化更能够在每一项消费环节中发挥作用。

（三）多账号组成的微博矩阵，在保持整体协作的企业文化同时，便于针对不同的产品受众进行精准营销

微博矩阵是指在一个大的企业品牌之下，开设多个不同功能定位的微博，与各个层次的网友进行沟通，达到 360° 塑造企业品牌的目的。换句话说，矩阵营销是内部资源在微博上的最优化排布以达到最大效果。

（四）微博造星，可以借助知名微博主的影响力进行营销

微博的传播机制建立在六度分格、二级传播等人际传播理论的基础之上，换句话说，微博中的社交关系是现实社交关系链的扩张性虚拟迁徙。微博的影响力同时也代表了一种关系的信用值，按照新浪微博的计算方法，微博影响力由活跃度（原创微博、转发次数、评论次数、私信数）、传播力（原创被转发与被评论数）和覆盖度（即粉丝数）共同决定。借助拥有大量粉丝人气和较高影响力的微博主的平台，一则可以和更多的潜在用户接触，“发生关系”，达到广而告之的效果；二则扮演意见领袖的人往往也具有消费引导的功能。或是具有某些专业领域的特征，或是一些生活趣味的汇集，或是提供娱乐讯息，或是对社会热点有明晰的评论与态度，或是仅仅靠语言个性魅力打动人……微博是无可争议的自媒体，借具有大量粉丝受众的微博账号做推广，也是一种打广告的方法。值得一提的是，这种方法和渠道多为营销公关公司利用，开展专业的微博营销有偿服务业务，且根据粉丝量的多少不同，微博账户有收价等级。

三、旅游微博营销的功能

微博营销作为一个系统的工程，其营销价值也同样是微博各部分功能的综合体现。借助微博进行营销可以广泛地应用到企业营销活动的方方面面。

（一）传递产品及服务信息

微博是一个具有广告推广功能的平台型媒体，可以通过文字、视频、图片等多种形式展示企业的产品和服务或者发布促销等信息，在微博上，传统的价值链条被大幅缩短或替代。公司发出的内容有时候同时就是广告，甚至信息本身可以直接引导消费。

（二）开展互动营销活动

互动是互联网的精髓。通过微博平台与粉丝进行互动是微博营销的核心，企业通过与消费者的互动，传递产品信息，了解消费者的想法，解决消费者的问题，通过具有人情味、趣味性、利益性、个性化的互动方式取得消费者的信任。在广告和传播学中，人情味分数 =3.365× 每百字中的人称词数目 +0.314× 每百句中的人称词数目，人情味分数越高，广告或者新闻传播就越广泛、迅速。所以，在微博上，公司一定要像个人，公司或者机构与用户进行“朋友式的交流”最重要。

（三）网上调研的有力工具

微博的出现给企业产品销售带来了一种全新的渠道。通过微博，企业可以获取消费者的兴趣和偏好、深入了解市场环境发掘潜在机会，甚至可以通过竞争对手的微博动态发现其存在的弱势，并将获得的信息作为为用户创造价值的依据。微博的互动性特征使企业可以通过粉丝在微博平台的评论和留言进行数据分析，获取粉丝的消费行为特征和对公司及产品的满意程度。微博还为企业提供了投票功能，企业通过该功能发起投票和调查，了解用户的真实想法并且及时通过用户的反馈做出回应。如驴妈妈在 2019 年情人节当天发布互动微博“还记得你们第一次旅行去了哪里么？”引发了粉丝的积极参与，由此获得的信息可以作为情人节产品制定的有效依据。

（四）在线客户服务与客户关系管理

微博具备全天候 24 小时、面对面、即时性、一对多等服务特性。所以，微博为企业客服打开了一个新的窗口，服务型企业在进入微博的第一时间就需要建立一个“客服账号”。这个层面的服务是企业存在的一个证明。利用“客服账号”企业微博客服人员在消费者整个购买过程中提供咨询、售卖、跟踪服务。通过微博开展在线客户服务具有成本低、服务方式灵活、传播效应强等优点，非常符合现代消费者尤其是年轻消费群体的喜好。

微博相比于传统 SNS、BBS 和博客，它的传播速度、范围和影响力都要大得多。通过微博可收集用户信息、和客户建立联系、加强沟通、提高关注度、服务客户、提升用户体验等。有些企业的微博客服人员也可以开设自己的微博，每天分享自己的心情，与客户进行互动，客户可以与自己喜爱的客服交流，这种情感上的联系使企业不再是一个冷冰冰的标签，而是活生生的、有情感、有温度的人，从而与客户保持了更亲密的关系。这种利用微博开展的客户关系管理，将客户资源、产品销售、客户服务等融为一体，既可以了解新老客户的需求，提升客户资源的整体价值，也可以避免销售隔阂，建立良好的客户关系，提升客户忠诚度。

（五）搜索引擎优化

现在百度已经把新浪微博的内容放到了搜索结果页，说明微博的影响力正在扩大。对于日访问量 10000 以下的小型网站来说，吸引相同数量陌生访客的成本，微博营销比搜索引擎优化和搜索引擎广告投放都要低很多。利用微博进行搜索引擎优化的方法是：把客户行业的某篇值得关注的新闻，转载到客户需要营销的网站，提炼新闻点，做成微博。在微博里附带上该篇新闻在目标营销网站上的链接，使用热门微博 ID 发出。在有经验的流量优化人员操作下，一篇这样的微博可以为客户网站带去之后一周内每天两三千，累计过万的陌生访客访问量，对一个日访问量通常 10000 以内的小型站点来说，这是一个很可观的数字。如何营销微博？在短短 140 个字内要有重点地突出微博站内搜索、文章阅读性、站外搜索引擎搜索各项因素。企业微博在外搜索引擎优化方面，名称一定要取企业名称或是拳头产品的名称，这样微博链接、微博标题都会对排名有加分，内容优化方面基本上和普通网页优化方法一样。

（六）舆情监测与危机公关平台

社会化媒体的到来，使得传播由“教堂式”演变为了“集市式”，每位用户都拥有在法律和道德允许范围内的发言权，微博则成为“品牌舆情”的重要阵地。微博相当于一个小小的自有媒体，可以拥有自己的听众和话语权。粉丝数量不同，言论影响程度也不同，无论体量大小，微博已经成为一个重要的公关渠道，它就像是一把双刃剑，用得好可以为企业趋利避害，减轻负面舆论的压力，强化正向品牌立形象，用得不当对企业来说甚至产生灾难性的后果。

当前，微博成为国内社会网民关注公共事件、表达利益观点的主要渠道，甚至成为很多舆情引发的信息源，为报道提供全新的及时互动模式；微博提供了官方和民众沟通的又一渠道，是政府舆情监测的重要平台；微博在企业的口碑监测和危机公关方面都具备极大的利用价值。2010 年以来，全国各地公安相继开通公安微博，微博成为政府上网一个全新的重要途径。同样，企业需要实时监测受众对于品牌或产品的评论及疑问，如遇到企业危机事件，可通过微博对负面口碑进行及时的正面引导，使搜索引擎中有关负面的消息尽快淹没，使企业的损失降至最低。

课堂任务

阅读下列六则企业微博营销实例，讨论下列案例是如何体现微博营销功能的。

第一则：进入星巴克的新浪微博，我们看到博主是一个非常有创意的咖啡人，博文都是和咖啡生活相关的图文形式的温情慰问"#星巴克迎来金秋咖啡季#早上好，星巴克早餐综合咖啡开启清新一天。你的清晨从什么开始？"就像是自己身边朋友的慰问一样。大家的评论、转发热情也是非常的高。

第二则：2010 年 9 月 28 日，国内知名装饰公司元洲装饰在新浪微博上发表了一篇名为"元洲找国庆，网友抢沙发，盖微博第一高楼"的微博。元洲装饰在设计微博内容时，将微博拟化为人的口吻，不刻板严肃，只求个性化的沟通，"我喜欢在你身上爬来爬去，喜欢抚摩你的每寸肌肤，喜欢躺在你的怀抱，我一刻也离不开你，我爱你——SOFA，沙发！呵呵，#元洲寻找国庆#专职抢沙发的机不可失啦！"诸如此类的语言风格让网友们如沐春风。截至 10 月 7 日，该微博已经被转发 10119 次，共有 10211 人对此发表了评论，从而创造了中国家装微博史上第一高楼的神话。

第三则：2009 年 12 月 30 日，中国电信客服微博在新浪微博上开通，提供电话、宽带、小灵通、e6、e8 套餐、增值业务、综合信息应用等业务的咨询、受理、费用查询、障碍申告、投诉及建议服务。微博客服是一个有血有肉的人，他会根据用户需求寻找一些相关的信息。中国电信的客服会组织一些中国电信的活动，反馈客户意见，征求大家对新品、积分换购的礼品以及活动的看法等。比如"想要什么样的春节礼物？""送礼物迎春节"等活动都引发了不少网友参与互动。

第四则：肯德基秒杀门中途戛然而止就是一个典型案例，遭到很多网友的质疑，“肯德基玩不起就别玩”“不再去 KFC”“肯德基还我全家桶”等说法充斥在论坛和微博。对于大部分企业来说，“秒杀门”足以引以为戒，这样的事件既考验一个企业对信誉危机的承受能力，也告诫企业对于任何促销、优惠活动都要严谨负责，否则伤害的不只是消费者，更多的是企业本身。

第五则：霸王针对洗发水致癌风波全面启动危机公关程序，12 小时内在新浪开通公司微博，连续发出三份声明强调产品安全，并通过官方微博发布 29 条信息做出相关说明。回应比较迅速和高效，显示了霸王对这一新兴社交媒体的重视。霸王凭借微博公布信息，将媒体集中到微博上，减少了相关猜测，提高了危机公关的效率，对业内有借鉴意义。

第六则：每当夕阳西下，洛杉矶的 Kogi 粉丝们就疯狂了，他们拼命地刷新自己的 Twitter，追踪 Kogi 的下落。甚至晚上 9 点，还有近 200 名难敌煎玉米卷诱惑的洛杉矶人组成所谓的“快闪党”，耐心地守候在“金地鼠”外面，等待 Kogi 的到来。Kogi 是一辆韩国烧烤餐饮卡车——如同美食版的旧式英国热狗车或加州塔科车。它在晚上巡回洛杉矶，出售一种由四种韩国烧烤组合而成的迷你墨西哥塔科卷，这种搭配不太常见，却堪称完美，售价十分便宜。Kogi 通过 Twitter 实时通报 Kogi 方位，当警察将 Kogi 从街角轰走时，罗伊就会用 Twitter 向用户报告下一站的位置；当卡车迟到时，他又会发出这样的信息：“再等我们 10 分钟好吗？永远的煎玉米卷。”——让开始动摇的食客们继续排好长队，等待美食。一份经过改良后的洋快餐 Kogi，借助 Twitter 等网络的力量和病毒式口碑营销，短短三个月，就迅速征服无数洛杉矶人的胃，成为美国知名度最高的流动饭馆之一，甚至连 BBC、《纽约时报》和《新闻周刊》都把它作为报道对象。创办人罗伊说：“我一晚上能够为 100 人准备食物，但 Twitter 每秒钟就能将 5000 人召集在一起，让口头推荐的宣传效应提高了 100 万倍。”Kogi 的迅速崛起俨然成为一种文化现象，人们形象地将其产生的社会影响称之为“Kogi 文化”。

［资料来源：南都周刊（广州），Kogi，餐馆 2.0］

四、旅游微博营销的原则

微博营销虽门槛低，成本低，但是在进行微博营销的过程中，切不可随意发布内容与言论，因为微博会放大言论的负面影响，带来无法挽回的损失。在进行微博营销时，需要遵循以下原则：

（一）真诚原则

真诚不仅是微博营销的基本原则，其实也是做任何事、做任何互动交流的基本原则。微博营销绝对是一个以年计算的长期行为。微博上的交朋友和现实中交朋友一样，好的声誉就是财富。而积累良好的声誉需要时间，没有真诚的互动就不可能有良好的声誉。

（二）乐观开朗原则

在现实中，我们可以发现，人们更愿意和乐观开朗的人交朋友。微博上的互动交往也不例外。除了“嫉妒”你的乐观开朗外，没有人会讨厌你的幽默感，没有人会讨厌你与他分享快乐。

（三）宽容原则

宽容意味着大气和绅士风度，而苛刻意味着小气和“独裁”，没有多少人会喜欢苛刻性格的人。当然，宽容不意味着没有价值观，不意味着凡事做“和事佬”“和稀泥”，相反的，你应该有鲜明的价值观，并且坚持这种价值观，不随波逐流，左右摇摆。一个好的例子是：谷歌在“不作恶”价值观上的坚持为其赢得了巨大的声誉。摇摆、随波逐流与真诚原则相抵触，势必对品牌形象带来严重的损害。

（四）利益原则

能满足粉丝内心需求的事物都是需要去创造的。比如戴尔经常通过微博发布一些打折信息和秒杀信息。

（五）趣味原则

调查发现，在国内的新浪微博、腾讯微博上，幽默的段子、恶搞的图片、滑稽的视频总是获得大众的青睐——男女老少皆宜。适度地分享这些好玩的东西有百利而无一害。一般情况下，包含有广告内容的营销消息，更需要以有趣的方法引起围观，号召大家参与。

（六）创新原则

微博这一新生事物在全球范围内都是刚刚商业化应用不久，加之自身非常高的扩展性，使得微博营销的模式具有很大的探索空间。抓住机会，有效创新，就可以从中轻松获益。

第四节　旅游微博运营策略

企业开设微博的最终目的是要营销到自己的客户，或者品牌传播，或者销量增长，或者开发新客户，或者增加老客户的黏性，然而这一切都需有一定的策略。

一、建立账号矩阵和链式传播系统

微博营销是要建立一个让自己发出影响力的平台，并建立链式传播反应系统，这个系统就需要一个账号矩阵，一些成熟的微博运营企业都建立了完善的微博矩阵。例如，凡客建立了以@vancl粉丝团为主要阵地的微矩阵，vancl粉丝团是专注于粉丝互动的交流平台，发布促销、互动活动，所以它的页面装修、内容建设、活动策划是与年轻、时尚、流行话题相关，竭力诠释凡客快时尚的互联网品牌内涵。“@凡客诚品”用于发布凡客内部新闻重大事件等信息，其他子微博也明确定位，各司其职。

当然，建立矩阵前，要清楚自己微博的定位和功能分类，是生产销售、品牌传播、客户管理，还是公共关系，没有明确的功能定位，不仅无法形成有力的微矩阵，连主微博的运营都会成问题，因为微博的内容更新、活动策划、粉丝互动都要根据微博本身定位来运作。

新浪微博事业部总结了三种微博格式，第一个是阿迪达斯的蒲公英式，适合于拥有多个子品牌的集团；第二个是放射式，由一个核心账号统领各分属账号，分属账号之间是平等的关系，信息由核心账号放射向分属账号，分属账号之间信息并不进行交互，这种适合地方分公司比较多并且为当地服务的业务模式；第三个是双子星模式，老板一个账号很有影响力，公司官方一个账号也有影响力，形成互动。

上述都是比较初级的模式，企业真正要建立的体系，除了官方账号、子账号，还需要一个小号，所谓的小号，就是建一个跟自己企业相关的匿名账号，比如调味品企业可以建立一个账号：@巧媳妇，或者厨房达人，或者私房菜等，跟粉丝分享做饭美味的方法。总之，小号就是脱离于企业的产品，但是又是自己企业的理念升华，你要上升到一个高度才能让消费者觉得你很中立，从而润物无声地影响消费者。

微博营销三大门派之一的扬州派掌门酒红冰蓝，现在开发了100多个行业的小号，他要让自己的运营团队了解每一个行业的特征，才能为这个行业的企业做服务。其实微博是一个破碎的世界，但是之所以能够发挥影响力，是因为有一些内在的东西将碎片重新组合，而这种重新组合就是对人群的重新划分，而且是精准划分——因兴趣而组合。

所以，微博营销的职责之一便是重新划分人群并对他们施加影响力。这便是小号的职责所在。

而后，内部系统建立完毕后，再通过外部合作——或者交换或者付费给微博营销服务公司——增加粉丝，到这一步之后就是要摸索高效链式传播系统了，谁的转发能带来大流量？什么样的话题适合在什么样的账号转发？微博营销专家杜子建曾说，微博像极了核物理的链式反应，一个中子被撞击会继续裂变成2~3个。但是传播并非布朗运动，总归是可以摸索一些规律的。

二、病毒式传播创意策划

病毒营销的核心在于借助互联网和受众的口碑相传。微博的裂变式传播模式使得微博在传播过程中呈现出病毒式的特点。转发是微博的重要功能之一，也是实现病毒营销的最好途径。而如何制造发布激发人们转发欲望的微博便成为关键。微博作为社会化自媒体，基于社会化的认同才建立彼此关注的网络，用户关注某一微博账号的前提是其认为该微博可以创造价值，这种价值可能是对企业品牌的认可，也可能是对产品服务的喜欢，当然也有可能单纯是对微博内容的欣赏。这便是著名的“养鱼理论”，就是在微博这个开放的大水池中，只有给出有营养的鱼饵，才能吸引、留住鱼儿，否则它们都游到其他鱼塘了。

微博的内容就是首先要找到目标客户群体，发掘目标客户的真实需求，这里强调的是一种沟通、信任方式，它不是机械的、程式性地满足人的表面需求，而是直入人心，在认可人性的基础上成为社会成员之间的情感和心理纽带。利用病毒营销策划的微博内容通常符合以下特征。

（一）社交货币

如果产品和思想能使人看起来更优秀、又潇洒、更爽朗，那这些产品和思想便会变成社交货币，被人们大肆谈论。换句话说，凡是能得到别人关注、评论、点赞的内容都可以叫作社交货币。社交货币源自社交媒体中经济学（Social Economy）的概念，它是用来衡量用户分享品牌相关内容的倾向性问题。“互联网 +”突破了社交的区域性障碍，基于社交网络而产生的商业模式也日益多元化，借助社交货币理念制造病毒式传播，策划者应清楚，用户在微信和微博上讨论的东西就是代表着并定义了他们自己，所以用户会比较倾向于分享那些可以使他们的形象看起来高大上或者与众不同的内容。

这就如同能够周游世界的旅行博主之所以受欢迎，因为他们完成了很多人梦想去做但是又没有条件去完成的心愿。他们发拍摄的视频、发布的攻略等都成为粉丝在茶余饭后的谈资，由此被广泛传播。在利用社交货币进行营销策划时，首先要清楚自己所面对的目标客户群体，深入了解该人群的需求，从而制定能够满足其内心需求的营销策略。

（二）有实用价值

有实用价值，顾名思义就是要让用户觉得他传播这条微博内容对他有效用，无论是个人微博，还是企业微博，都可以利用为粉丝创造使用价值的理念进行传播。如图 6–6 所示，驴妈妈旅游官方微博发布的这条消息，关注并转发该条微博，便可有机会领取福袋、旅行箱等奖品，这便是典型的通过为粉丝创造实用价值来引发的传播机会。如果上文提到的社交货币利用了人们获取精神价值的天性，那么创造实用价值则利用了大多数人希望获取物质利益的心理。一个能够决定顾客是否愿意共享促销信息的最大因素即是促销信息本身的吸引力。

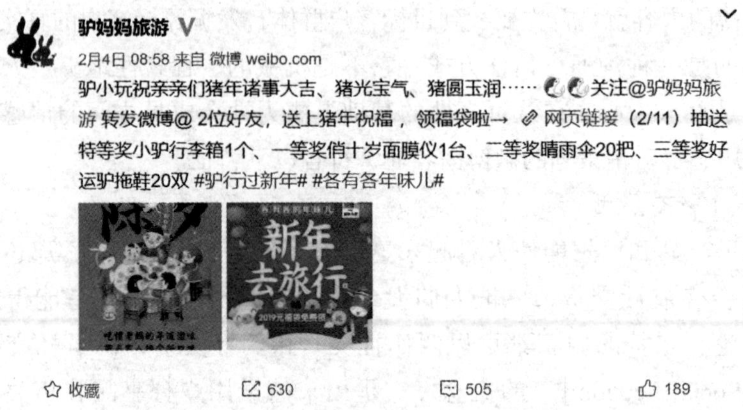

图 6-6　驴妈妈微博截图

（图片来源：驴妈妈官方微博）

（三）情感共鸣

人是有社会性的，需要与他人进行共享与交流，无论是正面观点还是负面观点，都会形成与他人的关联。互联网的设计从技术上更加促进了人们共享的本能。无论是微博还是其他社交类媒体，都会提供一键分享的按钮，人们每天浏览这些媒体时都会接收到海量的信息，在这些信息中，有的被争相转载，有的却石沉大海。除上面提到的社交货币和实用性，情感共鸣也是引发人们传播信息的重要因素。

2015 年 4 月 14 日早晨，一封辞职信引发热评，辞职的理由仅有 10 个字：“世界那么大，我想去看看。”网友评这是“史上最具情怀的辞职信，没有之一”。一时间，这句话被网友争相传播，成为名噪一时的网络用语，同时也引发了人们的思考。有人渴望这样一场洒脱的说走就走的旅行，也有人提出质疑，有网友评论道：“每当有人环游世界，或是出去个半年一年，还能幸运地红极一时的，便觉得自己也该拥有那样的生活。这些似乎在告诉大家这样一个道理：人活着就是要看看这个大世界，不去旅行你会觉得世界就是你眼前的这个样子等。这些话都没有错，但是到了还没有经历过历练，没有一点点事业和成就的小年轻人身上，便滋生了蛊惑的味道。”

（四）带有故事性

带有故事性的文章或信息往往比晦涩的学术性文章更容易被传播。这也解释了为什么明星八卦比学术成果更容易上“热搜”。另外，通过故事描写来展现企业产品的信息会比劝说性的广告更加容易被人接受。一个很好的故事甚至不需要做任何的商品促销就可以吸引众多的注意和顾客们年复一年的持续消费。开篇案例关于“丹麦生蚝泛滥”的微博，若换成丹麦旅游局的一则硬广，相信不会引起网友的如此关注。但是一条救助微博一经发布，便引发了网友的转载热议，甚至纷纷参与评论、出点子，热心帮丹麦解决困境。

在这个广告横飞的网络时代，人们对传统的广告形式已经厌倦，更不用说主动分享。网络为企业创意策划提供了用武之地，同时也对企业营销提出了更高的要求。故事有魔力，企业在进行策划活动时，如果能够借助故事，让信息在看似闲聊的场景中被传播，相信效果一定令人惊喜。

三、策划活动做催化剂和黏合剂

微博活动是微博营销必不可少的，初期为了增长粉丝微博要做活动，后期粉丝稳定了可以通过做活动引爆品牌传播或者回馈粉丝，增强黏性。所以在微博营销中活动是贯穿始末的，如何开展活动聚集人气提升品牌尤为关键。

目前微博活动可分为新浪平台活动和企业自建活动两种。新浪平台活动上活动形式多样化，大转盘、砸金蛋、晒照片等很有趣味；活动的数据分析更加详尽，有转发、邀请、收藏，每日参与人数等详细数据；抽奖更加公正公平，管理更加规范方便，粉丝增长迅速。只是现在越来越多的“抽奖控”混入其中，影响了粉丝质量活动效果。

自建活动的形式不多，抽奖、数据统计比较烦琐，而且对主题活动要求较高。由于是基于内部粉丝相互传递发起，所以活动的黏性和品牌传播度比较高，能够有效调动内部粉丝的积极性，增加微博的活跃度。但是如果没有足够的粉丝数量，传播效果一般不会太大，除非奖品很给力或者有大号推荐转发。

活动策划有以下几点需要注意：

（一）活动频率

话题类大活动可每月 1 次，有奖转发等日常互动每月 2~3 场，同时可配合节假日。每周可有 1 次非正式的活动，如推荐有礼、提问有奖等。凡客就有很多形式值得借鉴，如凡客随手拍、29 元最给力、QA 十日谈等。

（二）活动奖品

具体情况具体分析，实物奖品可以更好地增加用户对产品的认识，起到更好的品牌传播。同时实物奖品更容易引起用户的参与欲望，但是需要选好奖品。奖券容易操作，可以让用户自由使用，所以具体活动具体分析。

（三）活动规则

活动的规则尽量简单易懂，参与门槛尽量放低，一般粉丝不愿参与太复杂的活动，除非特别有吸引力。规则尽量考虑周全，不要引起粉丝的质疑。

（四）活动要有"理"

发起一个活动最好能够选择一个好的话题，话题的好坏直接影响粉丝参与的积极性，话题要能够调动他们的兴趣，吸引他们的关注。所以活动配合节日、特殊日子是比较好的。

四、微博营销技巧

（一）强化微博互动

互动性是企业微博可持续发展的关键。例如，有奖转发活动一直都是微博互动的主要方式，但实质上，更多的人是在关注奖品，对企业的实际宣传内容并不关心。相较赠送奖品，微博经营者认真回复留言，用心感受粉丝的思想，更能唤起粉丝的情感认同。这就像是朋友之间的交流一样，时间久了会产生一种微妙的情感联结，而非利益联结，这种联系持久而坚固。当然，适时结合一些利益作为回馈，粉丝会更加忠诚。

（二）坚持更新，保持热度

在确保微博质量的前提下，要定时、定量、定向地发布内容，让用户不断获得该产品品牌的最新资讯，不要让自己的微博被快速淹没。为了让微博信息保持一定的热度，可以有意设置一些问题让别人来答疑，甚至可以掀起一些辩论、争吵，让你的消息及回复不断地引起波澜，产生震动。

（三）打造个性化微博

在微博推广上做推广的企业和个人很多，微博营销因此也竞争激烈，千篇一律的营销手段将使得受众产生审美疲劳，只有那些具有个性魅力的微博账号（其实是账号后面的微博营销者）才能脱颖而出。如同现实生活中一样，个人

“品牌”最有价值的核心部分是个性魅力。企业要打造有情感、有思考、有回应、有自己特点的微博，从各个层面塑造微博的差异化，这样的微博才能具有高黏性，达到持续积累粉丝、加强营销的传播效果。

【案例分析】

阅读下文，思考并回答《极限挑战》是如何通过微博营销在众多同类真人秀中脱颖而出的。

近年来，电视真人秀节目如雨后春笋，在短时间内抢占了国内大多数电视广播节目，如浙江卫视《奔跑吧！兄弟》、湖南卫视《爸爸去哪儿》、东方卫视《极限挑战》等。《极限挑战》节目嘉宾成员包括几位固定成员，每位成员都有自己的角色定位，节目每一季会有十二期，每一期都会邀请不同的明星嘉宾。每一期都会有不同的故事框架，任务剧情悬念迭起，有很强的代入感与吸引力；但同时每个故事情节又会与时下较为热点的事件或话题相结合，具有很强的延展性与阅读性。节目组将成员定位为“男人帮”，过程会呈现出男人帮的睿智，并且过程与结果以开放式为主，尽量避免其他综艺节目模式化的观感效果。在节目宣传推广方面，《极限挑战》节目组选择国内比较著名的平台进行同步播放，如腾讯、搜狐、优酷等。《极限挑战》并不是开创国内户外竞技类真人秀节目的第一家，其多源于“跟风似”发展，却取得了巨大的成功。相较于其他综艺类节目，《极限挑战》在第一期就取得了收视率的佳绩，这主要归功于节目内容的精心制作与良好的宣传营销，其中节目的微博营销为节目的推广发挥了巨大的作用。

与其他真人秀节目有所不同，《极限挑战》在探索节目与微博结合形式方面有其独特的一面。《极限挑战》微博于2015年5月初开通，自成立之后，其微博粉丝量快速增长，至今已经拥有了接近150万的粉丝。《极限挑战》节目组在每一季中都发布超过1800条的微博，其中与本节目内容相关的微博在所发布的微博中比重超过了一半，官方微博影响力与日俱增。与此同时，东方卫视《极限挑战》节目还是第一档与微博雷达深度合作的真人秀节目，节目自开播之后收视率直线上升，第二期收视率就达到了1.729，比第一期足足增长了45%。节目在微博雷达与微博热议的帮助下，遁隐的粉丝能够通过对话互动的方式参与到节目中去，使他们显现在媒体面前，这也达到了向更多潜在的观众营销自己的目的。

（资料来源：新媒体背景下电视真人秀节目的微博营销——以《极限挑战》为例）

【课后作业】

1. 选择一个旅游微博，分析其营销的模式及其优缺点。

2. 开通微博账号并对微博进行装修，利用微博营销工具实现增粉、增强微博活跃度等任务。

3. 案例讨论

2011 年 7 月 13 日，故事从博主 @ 上海美食攻略转发了另一位博主 @ 栗栗栗栗子 Eko 的微博并附带评论“人类已经无法阻止海底捞!”开始。@ 栗栗栗栗子 Eko 发布的内容是这样的：“上海 MM@ 栗栗栗栗子 Eko 在海底捞吵架，一旁的服务员突然给我们递来了花束和贺卡，打开一看！就在吵架时纯手写的啊！那么长！超感动啊！海底捞老板太欣慰了吧。哪里找来这么多好员工！佩服啊！生意能不好吗？！”

这条微博当时被转发了 2.4 万余次，此后，一种流行为微博之中的“海底捞体”便诞生并如熊熊烈火般地蔓延着。

张三的段子是：我在海底捞吃饭，忘带钱了。领班说：“没关系，下次补。”又掏出 50 块钱：“这个您拿着打车。”兄弟我感动万分，由衷地说：“等我有钱买车，一定给海底捞当一个月的义务司机。”领班一听马上掏出一张银行卡：“拿着现在就去买。”又喊过来一群服务员：“听大哥口音，不像是本地人，估计没北京户口，你们现在就去排队帮大哥摇号。”

李四的段子是：去海底捞吃夜宵结果门口有人乱停车挡住了路，半天找不到车主，结果下来一群服务员把车抬开了！！！危机公关做得太到位了！世界已经拦不住海底捞前进的脚步了！！！

王二麻子的段子开始夸张了：海底捞送整个的西瓜，送霸王餐；服务员倒错汤后主动送上涂有“对不起”字样的玉米饼。

……

无论如何，人类已经无法阻止“海底捞体”的蔓延，其俨然已经成为当时继"淘宝体""凡客体"后微博上最火的段子体。海底捞火锅从此火了，"海底捞服务超好"的概念也深深地注入消费者的印象中，"吃货"们分分钟都萌发着想去海底捞体验的念头。

（资料来源：翟东胜,《网络营销那些事儿》，内容有所删减。）

阅读上述材料，结合微博特点，分析"海底捞体"为什么在微博蔓延，此现象对海底捞的影响如何？

第七章　旅游微信营销

【开篇案例】

早在2010年10月1日的时候，故宫为了售卖周边产品，就上线了“故宫淘宝”的淘宝店，并在2013年9月的时候玩起了新媒体，上线了“故宫淘宝”的微信公众账号。早期的微信公众账号还是在正儿八经地发一些故宫科普知识，卖的周边也很正常。也许是难戳痛点，销量不佳，突然有一天，店里的产品画风开始变了……一开始只是单纯卖个萌，还能接受，比如这样：

后来开始开脑洞：

故宫在产品的设计上面紧跟热点、萌点，用户们对此也很是买账，淘宝店频频断货。不仅产品脑洞大，连推广的文案风格也变得奇葩。在2015年1月29号的时候为了推荐一款骨瓷的杯子，“故宫淘宝”微信官号推出文章《她比四爷还忙》，连《人民日报》都给予了转载，朋友圈更别说了，看看下面100000+的阅读量。

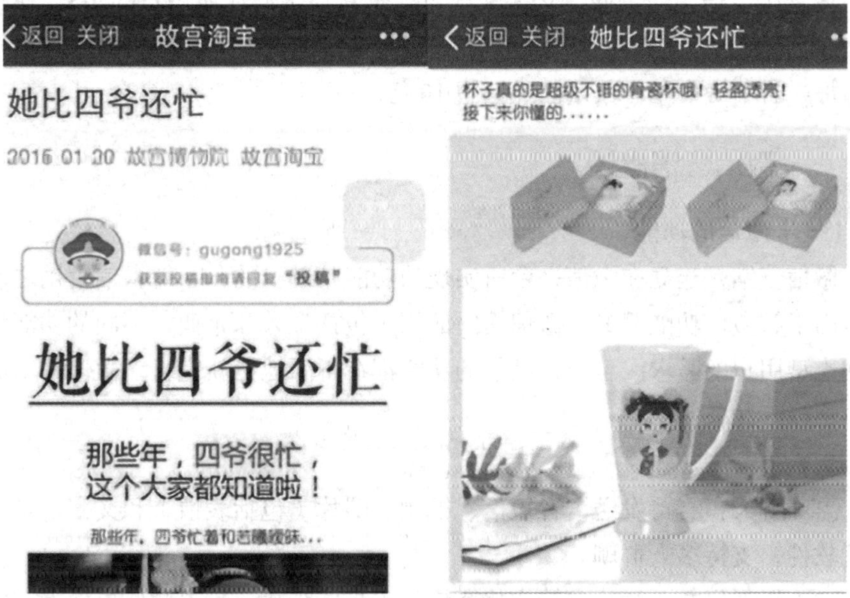

而对于网友们对奇葩周边的热议，故宫更是直接卖萌，回应了一篇《你们考虑过人家的感受嘛~~~》，谁还下得去吐槽的嘴。

（资料来源：腾讯网《故宫营销大盘点》，有删减。）

【本章任务】

· 了解微信营销与微博营销的区别。
· 掌握微信营销的基本模式。
· 掌握微信公众平台的运营技巧。
· 了解微信社群营销的方法。
· 掌握旅游微信营销策略。

第一节　微信与微信营销

2011 年 1 月 21 日，腾讯推出即时通信应用微信，支持发送语音短信、视频、图片和文字，可以群聊。2012 年 3 月 29 日，时隔一年多，马化腾通过腾讯微博宣布微信用户突破一亿大关，也就是新浪微博注册用户的 1/3。在腾讯 QQ 邮箱、各种户外广告和旗下产品的不断宣传和推广下，微信的用户也在逐月增加，时下微信用户数量已经远超 10 亿。

一、微信营销概述

（一）微信的功能

微信营销是建立在微信平台所实现的功能基础上的，了解微信营销之前需要全面了解微信功能服务。微信面向的用户包括个人和企业，不同的功能满足不同类型用户的需求。至今，微信的功能都在不断地更新完善，微信的功能主要包括以下几条：

1. 微信基本功能

（1）聊天：支持发送语音短信、视频、图片（包括表情）和文字，是一种聊天软件，支持多人群聊。

（2）添加好友：微信支持查找微信号（具体步骤：点击微信界面下方的朋友们→添加朋友→搜号码，然后输入想搜索的微信号码，然后点击查找即可）、查看 QQ 好友添加好友、查看手机通讯录、分享微信号添加好友、摇一摇添加好友、二维码查找添加好友等方式。

（3）朋友圈：用户可以通过朋友圈发表文字和图片，同时可通过其他软件将文章或者音乐分享到朋友圈。用户可以对好友新发的照片进行“评论”或“赞”，用户只能看相同好友的评论或赞。

（4）微信小程序：2017 年 4 月 17 日，小程序开放“长按识别二维码进入小程序”的能力。经过腾讯科技测试，该功能在 iOS 以及 Android 均可使用，如果你无法正常打开，请将微信更新至最新版本。在 2017 年 3 月底，小程序还新增了“第三方平台”和“附近的小程序”两项新能力。

2. 微信支付

微信支付是集成在微信客户端的支付功能，用户可以通过手机完成快速的支付流程。微信支付向用户提供安全、快捷、高效的支付服务，以绑定银行卡的快捷支付为基础。支持微信公众平台支付、App（第三方应用商城）支付、二维码扫描支付、刷卡支付等场景，用户展示条码，商户扫描后，完成支付。

用户只需在微信中关联一张银行卡，并完成身份认证，即可将装有微信 App 的智能手机变成一个全能钱包，之后即可购买合作商户的商品及服务，用户在支付时只需在自己的智能手机上输入密码，无须任何刷卡步骤即可完成支付，整个过程简便流畅。

3. 微信其他功能

（1）语音提醒：用户可以通过语音告诉 Ta 提醒打电话或是查看邮件。

（2）通讯录安全助手：开启后可上传手机通讯录至服务器，也可将之前上传的通讯录下载至手机。

（3）QQ 邮箱提醒：开启后可接收来自 QQ 邮箱的邮件，收到邮件后可直接回复或转发。

（4）私信助手：开启后可接收来自 QQ 微博的私信，收到私信后可直接回复。

（5）查看附近的人：微信将会根据用户所在地理位置找到在用户附近同样开启本功能的人。（LBS 功能）

（6）语音记事本：可以进行语音速记，还支持视频、图片、文字记事。

（7）微信摇一摇：是微信推出的一个随机交友应用，通过摇手机或点击按钮模拟摇一摇，可以匹配到同一时段触发该功能的微信用户，从而增加用户间的互动和微信黏度。

（8）群发助手：通过群发助手把消息发给多个人。

（9）微博阅读：可以通过微信来浏览腾讯微博内容。

（10）流量查询：微信自身带有流量统计的功能，可以在设置里随时查看微信的流量动态。

（11）游戏中心：可以进入微信玩游戏（还可以和好友比高分）。

（12）微信公众平台：通过这一平台，个人和企业都可以打造一个微信的公众号，可以群发文字、图片、语音三个类别的内容。

（二）微信营销的特点

伴随着微信的火热兴起，基于微信所提供的强大功能的微信营销也成为网络经济时代企业对营销模式的全新探索。微信营销主要利用手机、平板电脑中的移动 App 进行区域定位营销，借助微官网、微信公众平台、微推送、微活动、微支付等方式形成了一种线上线下的微信互动的营销方式。利用微信进行营销成为众多企业的选择，微信营销受到企业的青睐与其特点密不可分。

1. 微信拥有庞大的用户群体

从 2011 年 1 月 21 日腾讯公司推出手机聊天软件微信，在距其推出仅仅 400 余天的 2012 年 3 月 29 日就突破了一亿的用户量，截止到 2016 年第二季度，微信已经覆盖中国 94% 以上的智能手机，根据《2017 微信数据报告》显示，截止到 9 月微信用户量达到 9.02 亿，用户覆盖 200 多个国家、超过 20 种语言。此外，各品牌的微信公众账号总数已经超过 800 万个，移动应用对接数量超过 85000 个，广告收入增至 36.79 亿元人民币，微信支付用户则达到了 4 亿左右。截止到 2019 年 9 月，微信月活跃用户高达 11.51 亿。

微信之所以可以用来开展营销，很大一部分原因得益于庞大的用户群体，这部分群体都是真实、私密且对企业来说有较高的营销价值。在微信上，每一条信息都是以推送通知的形式发送，信息在 10~20 分钟就可以送达客户手机，到达率可以达到 100%。而且微信具有很强的互动及时性，无论身在何处，只要有移动网络，就能够很轻松地与用户进行很好的互动，而不需要天天守在电脑前，既方便了企业和自媒体，又方便了普通用户。

2. 微信营销成本低

微信软件本身的使用是免费的，使用各种功能都不会收取费用，只要一个电话号码并通过身份认证就可以申请到一个微信号，并在微信平台上实现和特定群体的文字、图片、语音的全方位沟通、互动。另外，无论是个人还是公司，都可以在微信公众平台上申请公众号或用于分享，或用于营销，公众号的申请对于个人是免费的，对于公司也只是收取很少的费用，因此利用微信进行营销的成本相比于其他方式来说成本是很低的。

3. 通过微信可以实现精准营销

首先，关注微信公众号的用户本身对于企业或自媒体便有一定的兴趣。其次，微信公众账号让粉丝的分类更加多样化，公众号的拥有者可以通过后台的用户分组和地域控制，实现精准的消息推送，同时 LBS（基于位置的服务）营销可以明确地知道目标客户群体的所在大概位置。这便意味着通过微信公众平台可以实现一对一针对性地对某一用户进行消息的推送，也可以针对某一个地域和某一个点进行消息的推送，实现营销的精准定位，节约人力、物力和财力。

4. 营销方式更加多元化、人性化

相对单一的传统营销方式而言，微信则更加多元化、摇一摇、附近的人、二维码、朋友圈等多种功能都能成为企业和自媒体的营销方式。这些微信所提供的功能受到广大微信用户的欢迎，企业通过这些方式进行营销，可以拉近和用户的距离，使营销活动变得更加生动、更加有趣，更有利于营销活动的开展。并且微信营销亲民且不扰民，用户可以自由选择是否接收信息，为了保证用户的权益，微信公众平台规定公众用户每天只能群发一次消息，一次最多八条。给用户带来了更大的选择空间，不会受到企业的"疯狂骚扰"。

有些企业总是一味地在向客户传达信息，而没有认真关注客户的反馈。有互动功能的，也只是在微信后台设置好一些快捷回复的方案，但这种缺乏人性化的沟通方式，极大地损害了用户体验，因为当客户的咨询无法得到满意回复后，他们唯一的选择就是取消关注。而人工微信客服的核心优势就在于实现了人与人的实时沟通，此时客户所面对的是一个个专业、服务质量优秀的客服人员，对于客户的咨询可以给出满意的回复。

二、微信与微博的不同

很多企业把微信当移动微博，但是微信与微博存在着众多不同。微博和微信最核心的区别在于媒体 Media 和社交 Social 的侧重，微博本质是一个媒体工具，关系主要建立在兴趣上，关系质量较弱，多为单向传播，注重的是传播的速度和内容公开，信息传播速度较快；而微信的本质是社交工具，关系建立在社会关系上，关系指向较强，多为双向关系，注重的是私人内容的交流和互动，信息的传播速度不快，但受众信息消化率很高。

（一）微信与微博平台差异

1. 平台属性：社会化关系网络与社会化信息网络

微信是社会化关系网络，“用户关系”是构建这个网络的纽带，通常是真实的人际关系。而微博是社会化信息网络，“信息关系”是构建网络的纽带。这一点从微信和微博的主界面也可以看出：微信的主界面是聊天界面，是强关系弱媒体平台；微博的主界面是内容界面，媒体属性强，影响范围更广。

2. 用户关系：对等双向与非对等多向错落

微信是对等的双向关系，微信上，用户之间是点对点的强对话关系；微博是非对等的多项度错落关系，微博上，用户之间是点对面的关注关系。微信普通用户之间，需要互加好友，这构成了对等关系。微信群是多对多，仍然是对等的。而微博普通用户之间则不需要互相加好友，双方的关系并非对等，而是多向度错落，一对多。

根据社会学家格兰诺维特的定义，强关系指的是个人的社会网络同质性较强，即交往的人群从事的工作，掌握的信息都是趋同的，人与人的关系紧密，有很强的情感因素维系着人际关系。弱关系是指关系的特点是个人的社会网络异质性较强，即交往面很广，交往对象可能来自各行各业，因此可以获得的信息也是多方面的，人与人关系并不紧密，也没有太多的感情维系。在格兰诺维特的理论当中，弱关系更有利于知识和信息的传播，而强关系更倾向于沟通和分享。这也更加凸显了微博的媒体属性和微信的社交属性。

3. 信息传播模式：私密闭环交流与公开扩散传播

微信是私密空间内的闭环交流，而微博是开放的扩散传播。一个向内，一个向外；一个私密，一个公开；一个注重交流，一个注重传播。微信的主要传播方式是微信聊天、朋友圈和公众号，聊天和朋友圈的功能只有在互加了好友之后才能用，朋友圈只能评论或点赞，不能转发，非好友间不能互动。公众号只有在订阅了之后才能定向发送。微信是一个熟人网络，信息的传播相对有限，更多注重的是交流。

而微博内容的传播侧重于大众传播，传播的内容多以公共性话题为主，无须加好友，就可看到微博内容，并进行评论和转发，微博注重的是信息的传播。作为传播者，受众更广，而作为受众，信息来源更丰富。

4. 时间同步性：同时与差时

就单纯的用户之间的联系而言，微信是及时性的，微信用户主要是双方同时在线聊天，可以把它理解为移动 QQ 增强变异版。但是在营销信息的传播上，微信也是比较滞后的，因为现在的订阅号已被折叠，不少粉丝无法及时看到信息。而微博则是差时浏览信息，用户各自发布自己的微博，微博传播默认为时间排序，还可通过智能排序，使热门微博、热门话题、搜索等功能实现差时传播，粉丝查看信息并非同步，而是刷新查看所关注对象此前发布的信息。这种同时与差时也决定了微信与微博的功能与内容之差。

（二）微信营销与微博营销的不同

微信与微博属性、用户关系以及信息传播模式的不同意味着在利用这两种工具进行营销时也存在众多差异。

1. 营销的侧重点不同

两个平台属性的不同促使企业利用微博和微信进行营销时侧重点有所不同。微博侧重于广告，主要是信息传播与宣传，可以作为企业品牌、商品宣传推广的渠道；微信侧重于人的沟通，是“许可式营销”，具有私密性及个性化服务的特点，因此企业可以更多地将微信作为客户积累与维护的平台。

2. 曝光率不同

微博信息传播是通过广泛点击和转发实现的，营销更多的是借助转发、粉丝、评论的数量，曝光率低，但是其媒体属性较适合社会热点的实时传播；微信最大的武器是推送，指定被许可下，信息的到达率最高，传播精准，相应的曝光率高。

总之，微信营销和微博营销各有特色，企业和个人应将二者结合起来各取所长，以实现最优的营销效果。

三、微信营销的基本模式

（一）查看附近的人

微信中基于 LBS 的功能插件“查看附近的人”便可以使更多陌生人看到这种强制性广告。用户点击“查看附近的人”后，可以根据自己的地理位置查找到周围的微信用户。在这些附近的微信用户中，除了显示用户姓名等基本信息外，还会显示用户签名档的内容。所以用户可以利用这个免费的广告位为自己的产品打广告。

在微信朋友圈植入广告便应用了上述技术，微信朋友圈本地推广广告可以借助 LBS 技术，精准定向周边 3~5 公里人群，使广告有效触达顾客。营销人员在人流最旺盛的地方后台 24 小时运行微信，如果“查看附近的人”使用者足够多，这个广告效果也会随着微信用户数量的上升面凸显，可能这个简单的签名栏也许会变成移动的“黄金广告位”。

（二）扫一扫

二维码发展至今其商业用途越来越多，所以微信也就顺应潮流结合 O2O 展开商业活动。将二维码图案置于取景框内，然后你将可以获得成员折扣、商家优惠抑或是一些新闻资讯。移动应用中加入二维码扫描这种 O2O 方式早已普及开来，坐拥上亿用户且活跃度足够高的微信，价值不言而喻。

（三）微信公众平台

对于大众化媒体、明星以及企业而言，微信开放平台和朋友圈社交分享功能的开放，已经使得微信作为一种移动互联网上不可忽视的营销渠道，那么微信公众平台的上线，则使这种营销渠道更加细化和直接。很多企业开设微信公众号或者服务号，用以传递企业信息，建立与消费者之间的情感联系。除企业之外，众多自媒体也纷纷开设公众号产出、传递优质内容。本章第二节将对微信公众平台营销展开详细的阐述。

（四）微信开店

这里的微信开店（微信商城）并非微信“精选商品”频道升级后的腾讯自营平台，而是由商户申请获得微信支付权限并开设微信店铺的平台，截至 2013 年年底公众号要申请微信支付权限需要具备两个条件：第一必须是服务号；第二还需要申请微信认证，以获得微信高级接口权限。商户申请了微信支付后，才能进一步利用微信的开放资源搭建微信店铺。

第二节　微信公众号营销

微信公众平台是腾讯公司在微信的基础上新增的功能模块，通过这一平台，个人和企业都可以打造一个微信的公众号，并实现和特定群体的文字、图片、语音的全方位沟通、互动。不同于微博的微信，作为纯粹的沟通工具，商家、媒体、明星与用户之间的对话是私密性的，不需要公之于众的，所以亲密度更高，完全可以做一些真正满足需求和个性化的内容推送。

一、微信公众号分类

微信公众号主要分为三大类，分别是服务号、订阅号和企业号。微信公众号中 99% 为服务号与订阅号。

（一）订阅号

订阅号是为媒体和个人提供的一种新的信息传播方式，主要功能是在微信给用户传达资讯;（功能类似报纸杂志，提供新闻信息或娱乐趣事），偏于为用户传达资讯（类似报纸杂志），订阅号 24 小时内可以发布 1 次群消息，而且发送的信息会被收拢在微信用户的订阅号文件夹中，用户不能直观看到信息的提示，需点开订阅号才能看到信息，是为单位和个人提供另一种传播信息方式。

（二）服务号

服务号为企业和组织提供更强大的业务服务与用户管理能力，主要偏向服务类交互（功能类似 12315、114、银行，提供绑定信息、服务交互的），认证前后都是每个月可群发 4 条消息；发送的消息直接发到好友列表里，会通知用户，用户可以直接看到服务号发的信息。

（三）企业号

企业号主要用于公司内部通信使用，需要先验证身份才可以成功关注企业号。

订阅号、服务号与企业号三种类型的微信公众平台分别适用于不同的需求。如果想简单地发送消息，达到宣传效果，建议选择订阅号；如果想用公众号获得更多的功能，如开通微信支付，可以选择服务号；如果想用来管理内部企业员工、团队，对内使用，可申请企业号。

二、微信公众号运营策略

无论是偏向信息传播的订阅号还是偏向服务交互的企业号，都希望通过微信公众号提升个人形象，通过恰当的内容吸引粉丝，得到粉丝的认可，进而点赞转发，扩大自身的影响。因此，微信公众号的运营需运用一定的策略进行。

（一）竞争对手分析

微信公众号竞争对手研究是不可忽略的重要一步，可以查看企业目标关键词以及对手品牌名称，在微信公众账号中基本情况，如以“旅行”作为关键词，在“添加朋友”点击“查找公众号”，输入“旅行”关键词，看排名前十名微信号它们是怎么运营微信的，了解行业整体情况非常有价值。微信运营人员需要从下面几个方面了解竞争对手情况。

（1）可以用一个表格把微信名称、微信号、功能介绍、认证情况、内容更新频率等记录下来，从中找出他们运营缺点、优点在哪儿。

（2）查看自动回复是否人性化，直接回复一些关键词，查看这些细节。

（3）研究他们用了哪些渠道推广微信：一般是看他们在网站上怎么引导用户关注微信二维码，还有在线咨询工具、微博等是不是也在同步宣传微信。

（二）微信订阅号定位

微信不是简单的营销工具，对企业而言，通过微信营销意味着增加了一个可以和用户互动的渠道。以旅行为例，旅行是与人们生活密不可分的活动，甚至能够成为一种旅行方式。无论是想要传达旅行信息和态度的个人和组织，还是旅游相关企业，都需要对自己的公众号进行一个定位，探究自己定位所在的市场需求如何，痛点在哪里，这样才能够写出真正符合市场需求的内容，受到读者的喜爱，进而转化为自己的流量。在对公众号进行定位时需要做到：

1. 注册微信订阅号细节

微信名称含关键词或品牌名称，最理想命名是（品牌名称＋关键词），在“微信功能介绍”中对公众号或者公司做简单介绍，突出特点，并包含咨询电话，例如：“简单，就是好。让旅行更简单。你也能在极简旅行发现‘不止于旅行’的各种生活方式指南：时尚、穿搭、汽车、酒店、美食、运动、娱乐等。”

2. 内容策略

无论是以传递信息为主旨的订阅号还是以提供服务为主旨的服务号，内容对公众号的生死存亡都具有决定性的作用。对于微信公众号发送的内容，要十分注意，避免错别字，注重美观大方，必要时可以针对特定的用户群体进行修饰。内容也要认真推敲，发布有价值的信息，一般是独创和原创。微信的内容应该保持与用户个人或本地区的关联度，要从读者的角度出发，找到读者的痛点或者与读者产生情感共鸣。否则即使读者关注了公众号，也不会被文章吸引甚至有可能因为文章的枯燥乏味不符合自己的阅读喜好而取消关注。

3. 微信推广策略

每个人都有可能成为公众号的潜在读者，因此公众号不能满足于现有的粉丝数，而应该积极推广公众号，增加粉丝数量，扩大公众号的影响。在推广微信公众号时，需要确认推广目标、粉丝增长量、用户转化率，思考可以拓展的推广渠道，同时在推广前需要确认用什么去吸引用户。微信营销的本质是互动，传递价值，维护老客户，影响新客户，对客户发来的信息做到有问必答。如果条件允许，还可以针对互动活跃的用户组织线下的交流，这样可以形成粉丝团队和传播种子，对微信公众号的发展十分有利。

4. 微信维护工作

对于微信公众号需要及时维护，第一时间登录微信后台，处理用户回复的信息，要注意 48 小时内没有回复客户信息，便失去了与用户取得联系的机会。同时需要利用数据统计功能分析用户、图文、消息等相关数据，找出运营中存在的问题；更进一步地，可以将用户按行业分类，同时建立大客户组，重点维护好这一类客户。

5. 注重对数据的应用

微信为了提高企业用户的使用效率，提供了基础的数据分析功能，用户可以在后台通过平台研究信息的接受程度、用户发展趋势等。结合这些数据，企业微信运营人员能够总结经验、吸取教训，更有针对性地改进信息编辑、调整内容方向，提升微信运营的质量。

三、微信公众号运营技巧

除了上述公众号的运营策略，还需掌握一些微信公众号运营的技巧，掌握这些技巧，有利于提高公众号的运营效率，增强推广效果。

（一）分清楚订阅号和服务号

这第一步非常关键，如果走错，就没有修改的可能。要知道服务号一个月只能发四次内容，而订阅号可以每天发一次。这意味着对有推广需求的站长来讲，若非万不得已，请选择订阅号。

（二）每天内容发布的条数不要太多

手机的屏幕是有长短的，如果每天发布的条数太多，不仅会让用户有抵触的心理，自己还劳力费心，一图搭配两文或者三文为最佳效果。

（三）找到自己的独特性，提高用户黏性

不管是地方性的微信，还是兴趣化的微信，一定要找准自己的核心价值，什么样的内容是自己特有的，这是提升自己用户黏性的最佳利器。

（四）内文宜短不宜长，让用户用最快速度打开

移动互联网时代，很少有人很耐心地去用心读很长很长的文字，所以我们做的内容尽量不要太长，以免影响用户体验。笔者经验，如果没有特殊的需求，文字 800~1200 为妙，图片 3 张以内比较合适，图片大小要控制在 50K 以下，视频不超过 3 分钟。图文信息打开速度影响用户阅读率，道理简单，做起来却容易被忽视。

（五）抓热点新闻的第二落点，借势很重要

热点新闻，不管是国内的还是国外的，只要是媒体上反复报道的，一定是大多数网友所关注的。这个时候，PUSH 新闻本身，肯定快不过也拼不过类似腾讯新闻这样的插件，不如找一个新奇的角度，借热点新闻的势来推广自己的公众号。

（六）重视线下推广

很多企业对发展微信公众号的客户缺少方法，或者只重视线上的广告和推广，但从现实来看，线下的推广必不可少，比如企业门店进行扫描关注送礼活动、户外的广告、客户接触点上的主动推荐等，效果往往比线上更显著。

第三节　微信社群营销

微信社群，又称“微信群聊”，作为微信中群体传播的中流砥柱，既承担了微信的强关系社交扩展，也支撑起了针对陌生人集群的弱关系社交功能。作为新媒体时代无组织的组织力量，微信社群被赋予了不同的运用方向，并因其效率高、扁平化等特点开始在企业、自媒体、公司运营及兴趣聚合等各种营销领域被广泛使用。

一、微信社群崛起的优势因素

微信的崛起带动了社群经济的发展，使社群成为企业和用户建立生态链（进行品牌宣传、收集使用反馈、增强用户黏性）的便捷通道，其优势因素如下：

（一）微信用户的坚实基础

微信已成为中国最强大的社交工具之一，囊括了人际、群体、大众等传播方式，接近一半活跃用户拥有超过 100 位微信好友、超过 10 个群组。57.3% 的用户通过微信认识了新的朋友，或联系上多年未联系的老朋友。截至 2015 年，有 80% 以上的网民使用微信进行交流。微信，这一基于强关系、强交互、强到达的超级社交工具，已经在我国移动互联网端普及。微信因其依托着大量的活跃用户引领了社群时代的到来。

（二）微信社群具有私密性

微信群无法进行搜索，所以只能是好友间的相互添加，所以，同一个圈子的用户数会随着人数的增加而不断扩大。在每个人加入之前就已经被筛选过一次，这可以说是社群去中心化的完美利用，也是微信社群的一大成功之处。

（三）微信社群的去中心化和弱关系连接，极大地削弱了社群构建者的地位

在群人数低于 100 人时，可以扫描二维码进入；同时，微信群里的任一用户都可以直接拉朋友进入，结构十分扁平化，在这里交流更充分，也更加顺畅。虽然微信社群并没有设置审核者，但每一个社群成员都是把关人。微信社

群作为微信这一强关系社交工具中的弱关系连接的补充，给每个人提供了充足的交流空间。马化腾提出“互联网就是连接＋内容”，而此处的连接往往是指这种弱关系连接。具有相同属性标签的一群人，大家可能来自世界各地，却齐聚在同一个平台，各自扮演着各自的角色，形成了一个“无组织的组织结构”给社群提供了极大的讨论空间，也给社群成员共同完成某些事情提供了可能。

（四）微信资源平台的外在依托

微信社群的出现，弥补了微信在群体传播方面的劣势。同时，微信平台也为微信社群提供了强有力的支撑：朋友圈是微信社群吸引首轮用户的温床；微信公众账号是微信社群用户裂变式增长的关键；微信在移动支付上的布局，也为微信社群提供了强有力的用户变现的技术支撑。这些原因使得微信社群超越百度贴吧、豆瓣小组和QQ群等，支撑起了社群这一概念，成为社交媒体的重要新兴力量。

二、微信社群的营销与推广

面对社群定位模糊、社群管理无序、虚假消息泛滥和缺乏新鲜感等致使社群失去活力的症结，在运营微信群的过程中可从以下路径寻求解决方案。

（一）微信社群目标受众的精准化

微信社群的内容服务以用户的核心需求为基准。根据“马斯洛需求层次理论”可以明确需求分强弱，也分为主要需求和次要需求。比如抢红包也是一种需求，发广告也是一种需求，但这些都只是一些次要需求，只有抓住核心需求，才有吸引人加群的原动力，才能吸引目标受众（用户）加群。

（二）微信社群营销推广的多元化

当我们确定了一个群建群的目的之后便是运营的第一步：拉新。这一步比较简单，可以直接拉取微信通讯录好友，此方法比较容易招致朋友的反感；可以通过朋友圈发二维码和微信公众号发布信息，来吸引首批用户，这样更加能够吸引有意愿的目标受众，有效而广泛地吸引第一批有热情的群成员。

（三）微信社群规则共识的达成

当一个群建立之后，如果大家都随心所欲地说话，或者长时间不说话的话，一个群就难以维持下去，所以一个社群的氛围需要一些管理和规则来维护，使成员能更加积极地参与沟通，这与社群的去中心化并不冲突。当然，管理者并不需要专门制定各种条条框框，其最主要的是要进行一种环境营造。一群之规并不是一定要管理者出面说明不能发广告，不能发红包，必须改名字。更合适的方法是管理者在某个时间聚集起大部分成员，让大家一起来共同讨论，我们应该遵守哪些规则。大家达成共识之后的规则才更容易被大家所遵守。同时一个社群有必要设置门槛，建立一种身份识别，以过滤怀有不良目的的加群人员。比如罗辑思维、黑马会等微信社群的门槛就是会费。“前橙会”“南极圈”则是采取严格的邀请制，只能是BAT离职的成员才能加入。门槛可以是地域区分，可以是回答问题，可以是邀请制，可以是兴趣区分，具体如何设置必然与建群目的挂钩。设置进群门槛，在某种程度上可以提升成员的归属感和荣誉感，同时也是对群成员的一种防骚扰保护。

（四）微信社群主题活动的常态化

社群最开始都是比较活跃的，如何把这种活跃维持下去就成了关键。人们加群往往是为了情感归宿和价值认同，从这些方面着手，就能给我们做活动提供很好的思路。

（五）定期话题讨论

全群持续创造价值是一种维持活跃度最好的方式，也给了成员极大的参与感。好的社群是一个有机整合体，让每一个成员都参与进来才能调动成员的积极性。最常见的组织形式是社群管理者策划好一两个主题，然后和大家商量一个大部分人认同的时间，然后定时和群成员一起针对这个主题进行交流讨论。为了提高成员的参与度，可以给积极发言的成员一些激励，比如发红包，或者最后抽奖等。至于为什么话题讨论要定期定时，一是给了成员一种仪式感，二是最大限度地避免了群成员进程不同步的问题。然后，讨论完毕的时候，组织者可以将优秀的讨论结果总结归纳出来，这会构成一种集体创作的感觉，会增强讨论的氛围，也会给予参与成员一定的荣誉感。

（六）邀请嘉宾分享互动

针对群内话题定期邀请嘉宾分享，之前可以通过公众号、微博等进行一些预告推广，这也可以乘机吸引一批新成员加入。同时群内也要做好预热，调动成员积极性。嘉宾的邀请可以根据自身资源，也鼓励从群内挖掘。给每一位成员讲述自己故事的机会，也是一个促进群成员建立深层连接的机会。在每次嘉宾分享活动之前，尽可能将宣传铺开，既可以增加社群知名度，也可以增加商业赞助和广告变现，还可能会得到一些资源对接的机会。

（七）塑造信任感与参与感

黎万强在《参与感：小米口碑营销内部手册》中提到："为了让用户有更深入的体验，小米一开始就让用户参与到产品研发过程中来，包括市场运营。"在用户为产品研发提供反馈和意见的过程中，自然而然就会成为品牌宣传的渠道。所以倘若一个品牌做社群的话，可以定期提供产品免费试用，让成员给予反馈，甚至可以让成员们参与到产品命名等活动中来。

（八）适当与线下活动结合

人们在互联网交流哪怕已经很深入了，但是成员互相之间还是会觉得相对陌生和虚拟，适当的线下活动可以建立成员之间的信任感，也会增强社群成员之间的情感联结。成员之间相互建立了归属感，则更容易留存在群里。

三、微信社群营销技巧

任何事物都是有生命周期的，社群也不例外。无法规避周期规律，但是可以通过某些技巧延长社群的寿命。如果想尽可能延长社群的生命周期，需要从社群的两个主要角色入手：一个是群主，另一个是成员。导致社群走向沉寂的，要么是群主的目的未达成而不再维护，要么是群员的需求未满足而不再活跃。

群是为了满足人的某种需求而建立的，可以将人们加入社群的动机分为联络的需要、工作的需要、交友的需要、学习的需要、宣传的需要和生活的需要六种。在这六种群中，基于组织关系或同学、老乡关系的群也许是维系时间最长的，但这种群未必能保持活跃度。能够长期保持活跃度的群要么是有共同兴趣的交友群，要么是有共同成长的学习群。所以，做商业化运营，就一定要认识清楚，加入社群的人的需求是什么。

（一）社群寿命的主要影响因素

1. 缺乏一个明确而长久的定位

没有定位的一个表现就是什么人都可以入群，结果一个群里既有大牛又有新手，把不同层次的人混在一起，认为这是所谓去中心化自组织，殊不知这恰恰是把牛人给骚扰走的最佳方法。很多群成立后往往快速拉入很多人，结果偏离了群主最初建群的目的，整个群因为缺乏共同的话题和活动连接，就变成了一个灌水群。没有人经常分享有价值的话题，时间长了群员就失望了，既然成了工作的骚扰，不如退群，等待下一次冲动再入新群，如是循环。

2. 无首导致群消亡

缺乏有影响力或热心的群主或群管，定位再准的群，没有人主动管理和维护，也是无法持续运营的，不可能完全自组织，只能解释为中心碎片化，组织网络化。为了便于管理，群主或群管理员都是最佳的选择。

3. 群主个性过于强势

有一种群是因为群的规模扩大了以后，群主为了管理群，往往制定了严格的群规，但是越是严格的群规越容易带来争议，因为很多人不喜欢一个网络组织有太多的约束。大部分群主是认可群可以轻松活泼一些的，但也有一个度的问题，群的规模越大，这个度就越难把握，直到群不得不建立严格的约束。

一个群的群规形成，最好是经过群员的讨论，并达成一致后，才容易得到遵守，如果群主要推出强势群规，那么群主就必须比群员影响力等级高一个数量级，这样才能获得遵守群规的心理优势。所以，强调民意的组织纪律比强调个人权利的群寿命更长。

4. 骚扰

骚扰有两种，一种是垃圾广告。所以群规要提前声明，管理员要及时治理。要特别留意混进群发垃圾消息的人，并及时清除。如果一个群经常有人发垃圾消息，群管没有及时处理，马上这个群就会沦为死亡群。

另一种是过多的闲扯灌水。一个超过 200 人的群，一人说一句你也得看半天，如果正在工作或是学习，群消息在不断闪烁，经常打断一个人正常的生活和学习节奏，时间久了也会让很多人选择屏蔽。所以如果一个群的人数过多，要选择一定的禁言措施，比如工作时间群内不聊天，晚上和节假日随意，这样就会改善很多。

5. 群缺乏固定的活动形式

一个群想做得有声有色，不让成员感到无聊乏味，必须有定期的活动。最受群欢迎的活动形式应该是定期分享模式。一种常见的组织方式就是由群主提前协调群员，规划每周 1~2 个主题，邀请不同群员或者外来顾问分享，每次用 1~2 小时，在约定的时间邀请群员一起交流讨论，聚焦特定主题，这样就有了“集体创作”的感觉。

6. 蒸发

当新成员不断涌入一个开放聊天群时，群中最有价值的成员会发现，群成员平均价值水平的降低让自己继续待在这里已经没有意义了，于是他们就会选择离开。这批成员的离开进一步降低了群的价值，于是恶性循环开始了：越来越多高价值的成员选择离开，直到有一天这个群彻底沦陷成了一个平庸的聊天群。

7. 陈旧

也就是成员总是那么几个人，失去了新鲜感。上一个“蒸发”让我们知道了新成员带来的副作用，但是如果一个群的成员长期没有更新，那么这也可能是群走向死亡的开始，任何组织都需要经常换血，没有新血注入，群往往会沉寂。

（二）社群活跃的管理模式

社群的管理模式大致分为两种，一种是基于社交群的环形结构，另一种是基于学习群的金字塔结构。

在环形结构中，每一次群交流，每个人的身份可以互相变化和影响，但是一个群里面必须至少存在一个活跃的灵魂人物，他可能身兼思考者、组织者等多个身份，如果一个群拥有 2~3 个活跃的思考者，那么这个群不但生命力很强，而且会碰撞出很多火花。

在社交群里，必须有一类活跃分子，清谈者虽然很难奉献出结构化、有深度的内容，但是他们往往有比较多的信息来源，可以给群提供一些有趣的话题，诱发思考者奉献出有质量的内容，一些围观者也可能被激活，带来有深度的内容。另外清谈者往往有比较开放和包容的心态，能够接受调侃，这样会让一个社交群不至于像工作群一样单调乏味。

在社交群里比较尴尬的身份是求教者，虽然有时求教者可以给思考者带来好的话题去展开，但如果提出的问题非常初级，加上缺乏良好的沟通技巧，对有影响力的思考者反而形成了一种负担。如果思考者回答方式过于粗暴，或者组织者缺乏疏导技巧，求教者认为群缺乏分享精神，个人尊严受到歧视，瞬间就会变成挑战者，最后的结局往往是被踢出局。当然好的一面是如果求教者的问题得到好的回答，他会变成群中积极的组织者。

第四节　旅游微信营销策略

一、旅游业利用微信营销的优势

（一）营销功能多样性

从2011年微信出现到现在，微信经历了多次升级，微信的功能不断增多，微信包括语音短信、文字、表情、图片等功能，也包括拍摄、视频、红包、转账、位置、名片、语音输入和实时对讲等多种功能。这为旅游业的微信营销提供了更为广阔的空间，旅游业可以利用微信平台提供资讯、导航、预订、语音解说和分享等。

（二）营销模式多元化

旅游业微信营销有摇一摇和扫一扫、微信公众平台、朋友圈和查看附近的人等营销模式，这些营销模式各有特点，灵活且有趣味性，旅游企业可以针对自身特点及不同的营销目的进行营销模式组合。

（三）营销效果显著化

对于旅游业来说，其微信营销效果比较明显，主要表现为以下几点。第一，及时。微信具备及时通信功能，任何个人、企业或机构均不受时间、地点限制，能够随时地发布和接收信息。第二，精准。旅游业的微信营销实际上是一种点对点的精准营销，旅游者一般只对自己感兴趣的旅游微信平台进行关注，游客都是旅游企业的目标受众，因而旅游业的微信传播具有很高的精准度。第三，到达率高。旅游微信公众平台推送的信息在一定程度上都能完整地、准确地发送给用户，其到达率及曝光率均高达100%，另外旅游者自愿扫描旅游行业的二维码或输入账号添加其官方微信，因此，当旅游者收到来自旅游行业推送的信息时，也能有效地关注这些信息。

（四）成本较低

相对于传统的旅游营销方式如报纸、杂志、电视广告、海报等通常需要消耗很多的财力、物力和人力，而在旅游微信营销中，微信软件本身及各种功能均可免费使用，只会在使用过程中产生少量的流量费，不会额外收费。因此，旅游业微信营销的成本较为低廉。

（五）潜在客户数量多

微信从 2011 年 1 月推出起，用户数量就增长迅速，到 2012 年 9 月，微信用户人数突破 2 亿，到 2013 年 11 月突破了 6 亿，至此微信成为亚洲最大用户群体的移动即时通信软件。同时，微信月活跃用户数也随之剧增，据 2014 年腾讯第二季度盈利报告中表示，微信的月活跃用户数已达到 4.38 亿。

二、旅游微信公众号营销策略

（一）打造特色旅游微信平台

微信公众平台是展示旅游业特色与形象的信息橱窗，可以发布涵盖所有旅游资源信息。旅游行业通过微信公众平台将文字、图片、语音或视频组成的旅游信息发布在显眼、重要的位置，引导游客去查询，介绍旅游景点的资讯，并根据游客位置变化，介绍不同的旅游线路及特色景点。另外，定时介绍不同旅游地的特点，尤其是特色景点、美食、博物馆、游乐园和酒吧等；同时推送出行注意、文化差异及消费须知等信息；也可展示其他游客对该景点的评价；还可以在微信中添加各种具有特色的内容服务，诸如开展有奖问答、积分奖励活动，激发游客的兴趣。

旅游微信公众平台开通之后，如何吸引游客的关注？可以通过不同的渠道来植入微信公众平台信息，一是让感兴趣的游客通过搜索公共账号或扫描二维码来主动添加微信；二是通过短信、电话热线及彩铃植入微信信息；三是通过朋友圈、QQ 推出折扣信息来推广微信平台；四是通过旅游微博平台推送自己的旅游微信，收获微信粉丝；五是通过旅游行业自身建立的官网公布自己的微信号，从而将网站用户群转化成微信粉丝群。

（二）提高信息质量

旅游微信营销一定程度上依赖信息的推送，提高推送旅游信息的质量十分重要。

第一，细分游客市场。不同性别、年龄、职业、社会层次的游客，其旅游需求、经济状况及心理活动等均不一样，要求旅游行业在微信营销时要注意细分受众，找准自己的目标市场。例如，学生人群时间充裕但资金不多，而上班族时间较少但资金较为充足，因而可针对其特点推送不同的旅游信息。第二，减少同质内容。目前，旅游微信营销的较大问题之一就是旅游信息内容同质化程度很高，同样的文章和图片多次出现，会引起游客的反感。因此要创新旅游信息，增加原创内容，提高信息的文化底蕴，在内容、文风及表达特点上寻求多样化，同时注意信息的可读性和趣味性，比如采用幽默的言语、丰富的表情符号及风趣的视频。第三，重视人文关怀。旅游内容推送要注重时效性，及时反映旅游信息的变化，同时要反映游客的需求，贴近生活，增加时尚感和文化感。另外，采用图文并茂的展示方法，利用微信评论功能实现即时沟通，对负面信息进行快速反应，解决游客的困惑，从而构建一个吸引旅游爱好者关注的微信阵地，培养潜在的长期顾客群。

（三）增强互动性

微信是一个分享的社交平台，旅游行业通过微信平台建立与旅游者沟通互动的关系纽带，形成一种互需、互求、互动的关系。旅游行业将微信作为一个沟通的平台，提出各种旅游话题引导与游客展开各个方面的讨论，在不断的相互交流中逐步建立情感，树立信任感，密切旅游行业与旅游消费者之间的关系；在沟通交流中及时地洞察游客的渴望及潜在需求，并为满足其需求进行及时答复和迅速做出反应，建立游客消费特征数据库；认真回复游客或者潜在游客的提问和留言，及时消除不满意因素。口碑营销是指企业通过亲戚、朋友的相互交流将自己的产品信息或品牌宣传出去。对于旅游业来说，微信为旅游口碑营销提供了良好的平台，朋友圈的营销模式是比较推崇的，旅游行业可以利用朋友圈来宣传自己的品牌，提高知名度，同时提高营销转化率。

（四）整合营销

旅游微信营销应充分发挥旅游微信综合应用平台的作用。目前，随着人们生活水平提升，精神领域的消费需求增多以及出游的机会增加，旅游人数也在增加。出游需要查阅旅游目的地各类信息，包括旅游线路、住宿、景点门票、餐饮、交通、预订导游，都可以通过微信平台实现。旅游过程的食、购、娱、游、行等包含大量的信息，单个微平台较难在短时间内得到广泛的宣传，所以，旅游业应形成综合应用平台，宣传旅游所需的各种信息，个人独立平台也可在综合应用平台进行自我宣传，两者结合发挥更大的作用。此外，旅游微信营销要实现线上线下联动，仅靠旅游微信线上营销的力量是单薄的，线上线下配合将会达到更好的宣传效果。旅游业在进行微信营销时，线上线下结合操作，让旅游消费者感受到微信营销的便利，而愿意使用微信。

三、旅游社群营销

（一）旅游社群营销的意义

在这个人人都是自媒体的“互联网＋”时代，社群具有非常有价值的社会传播的途径。旅游景区本身就是一个非常特殊的传播媒介，旅游传播有别于宣传，不是政府的管理者或者景区运营者对消费者、旅游者做单向传播，而是包括景区运营、景区项目经营、旅游者等在内的多种主体共同在做一件事，这才叫传播，所以社群就可以充当双方共同宣传的中间媒介。创建景区社群一则有利于培养优质的种子宣传户，快速地传播景区的正面形象，从而塑造景区的良好品牌。二则也有利于缩短景区营销宣传时间，因为社群可以将景区举办的活动、景区优质旅游游记，快速地传播到社员的传播渠道。

（二）创建社群前的准备工作

1. 建立资源社群，包括商家资源群和小圈密群

其中经营商家的资源群是为了更好地进行活动资源的整合，将商家邀请到一个社群；而小圈密群是为了更加紧密地带动大社群的活跃度，增加大社群的社员黏性的小核心社员群，小圈密群就是大社群的核心发动机。

2. 做好社群的运营说明

想要做好任何一个社群，务必要有一个非常明确的规划，让这个规划来指导社群运营的大方向。

3. 话题与主题活动的设计

要根据自己的环境进行一些主题活动的举办。例如，亲子游、自驾游、门票免费、酒店试睡、项目免费体验、营销奖金活动等。

4. 探讨如何获取社员

针对同一标签的社员获得还是有一定的难度，所以选择以下的途径来获取社群社员：

（1）第三方平台引流（豆瓣网、贴吧、微信、微博等）；

（2）公众号菜单设计入群接口；

（3）通过邀旅游大V体验师来分享与邀请；

（4）H5策划引流活动；

（5）线下引流活动。

（三）如何增加旅游企业与社群的黏性

1. 明确社群的进群资格与群员福利

任何的福利、权益都会有一个相应的义务，想要进入社群，就要先为这个旅游企业做一个相应宣传，这样就会让企业与群员之间发生第一次的关联性关系。

2. 互惠互利

“天下熙熙皆为利来，天下攘攘皆为利往。”所以想要运营好一个社群，就要让企业与社群之间产生互利互惠的关系，只有双方之间（运营者与社群成员）的回报条件能够达到相互的条件，社群就可实现自运营。

3. 让社群好玩起来

任何社群如果没有了话题与参与性，这个社群很快就成为一个死群。社群运营要细化景区一年之内要做多少次线上活动、线下要举办多少场活动，再根据季节性来做符合企业定位的活动，来引导社群参与，这样来增加社群的社员黏性。

【本章作业】

1. 选择一个旅游相关的微信公众号，分析其运营策略及存在的优势与劣势。

2. 尝试拟写一份旅游相关的微信公众号运营方案。

3. 尝试申请一个旅游相关的微信公众号，并对公众号进行运营。

4. 案例讨论

“中国南方航空”微信公众号推出“文字与语音查询平台”和“微信值机服务”，乘客按提示完成系列操作，便可以在手机语音查询航班、办理值机手续、选订座位等。

1. 语音票务查询

“中国南方航空”微信支持语音输入，比如，对着手机说“北京飞广州”，就能够收到航班、票价等信息；当然，通过在输入框内输入文字来进行查询也是可行的。伴随着未来的发展，中国南方航空公司将会把现有的呼叫中心与微信进行整合，推进自助服务。

2. 办理登机牌

用户可以通过点击“航班服务”|“办登机牌”菜单进行微信办理登机牌服务，用户可以按提示回复相关数字办理相关服务。

中国南方航空公司现有的呼叫中心虽然也是一对一的服务，但人工和呼入成本都非常高。

推进自主服务后，不仅可以提高服务质量、优化用户体验，还能够带来经济效益。至少目前来看，呼叫中心不再增加人工投入，呼叫人投入也可以大幅降低。而且，彼时的呼叫服务将是人工回复某些系统无法自动回答的问题。

中国南方航空公司这种不看重营销，只做沟通和服务的做法，从根本上体现了微信营销的价值核心，即提供服务。虽然中国南方航空并不做营销，但是相信在提供服务的同时，它的品牌营销已经完成了。

（资料来源：海天电商金融研究中心，《微信公众营销与运营》）

阅读上述案例，讨论通过微信公众号提供服务与进行营销的关系。

第八章　旅游软文营销

【开篇案例】

原标题：对不起，爸爸妈妈给不了你800w的学区房

给巴乔的一封信

五年前，你来到我们身边，53cm，7斤5两。如今，你翻了一个跟斗已经110cm了，恍惚间就像是昨天。

很快，你也会像其他孩子一样踏入校园，每天忙于繁复的功课和读不完的补习班。可是妈妈爸爸，想让你拥有不一样的童年，想让你看到学校里不曾看到的世界。

对不起，你咿呀学语蹒跚学步之时，妈妈爸爸没有带你去3w的早教班。

对不起，你适龄踏入幼儿园之时，妈妈爸爸没有送你去8w的双语班。

对不起，当你即将入学之时，妈妈爸爸依然无法给你800w的学区房。

但是我们愿意辞去工作，带你一起去“环游世界”！

我们想告诉你，什么是湛蓝色的天空，没有尘土没有霾。

希腊圣托里尼

想让你看到，国王的城堡原来不仅仅存在于童话故事里。

德国新天鹅堡

想告诉你，溪水本应该是怎样的清澈见底，无忧无虑。

德国巴登巴登

想让你看到，古老的风车现在依然运转不息。

荷兰风车村

想和你说，成人的世界，曾几度充斥着鲜血与杀戮。

华盛顿历史博物馆

想和你说，在基督教的世界里，耶稣经历了怎样的苦难与艰辛。

布鲁塞尔圣米歇尔大教堂

想让你知道，这个世界有一种古老的文明叫玛雅，有一个“大民族”叫印第安。

龙应台在《目送》里面说过，过去“家庭教育、学校教育、社会教育只教会我们如何追求卓越，从砍樱桃的华盛顿、悬梁刺股的孙敬、苏秦到平地起楼的比尔·盖茨，都是成功的典范。即使谈到失败，目的只是要你绝地反攻，再度追求出人头地”。

爸爸妈妈不想仅仅教会你如何拼命地学习，如何拥有所谓励志人生。

我们更想教会你，跌倒时如何跌得从容而有尊严；

受到伤害时，如何获得内心的平静，如何才能顽强地自愈；

冲突与分歧时，如何包容、退让和坚持。

成长的路上，我们愿意陪伴你任何的失败、痛苦、无助和彷徨，愿意教会你怎样才能勇敢，怎样才能获得智慧和力量。

带你环球旅行，

让你适应各种生存环境，你才有能力在未来的生活里遇事不惊，泰然自若。

让你的眼里拥有更广渺的世界，你才会带着包容与好奇之心走得更远。

带你领略更多的人生百态，你才懂得人生的意义对每个人来说本就不同。

终有一天，你将挣脱我们的双手独自向前，只愿彼时你可以掌控孤独，因为“智慧也必然来自于孤独”。

终有一天，你将背起行囊渐行渐远，只愿彼时远去那背影，宽容、自信、坚强而独立！

爱你的爸爸妈妈

2017 年 10 月 17 日

（资料来源：巴乔爱吃糖）

2017 年 10 月，各大媒体争相转载一篇名为“对不起，爸爸妈妈给不了你 800w 的学区房”的公众号文章，由于引发读者强烈的情感共鸣，发表该文章的公众号“乔巴爱吃糖”获得了大量粉丝与转载，但同时也引发了部分质疑，认为该文章是一篇该公众号营销的软文。

【本章学习任务】

· 认识软文及软文营销。
· 了解软文对旅游营销的重要性。
· 掌握旅游软文的载体及其特点。
· 掌握旅游软文写作的方法。

第一节　软文及软文营销

软文是基于特定产品的概念诉求与问题分析，通过策划，在报纸、杂志或者网络媒体上刊登的，对消费者进行针对性心理引导的一种文字模式。从本质上来说，它是企业软性渗透的商业策略在广告形式上的实现，通常借助文字表述与舆论传播使消费者认同某种概念、观点和分析思路，从而达到企业品牌宣传、产品销售的目的。软文的题材多种多样，包括特定的新闻报道、深度文章、付费短文广告、案例分析等。

一、软文的分类

软文可以分为两大类：文章体裁和文学体裁，其中文章体裁分为记叙文、议论文、说明文；文学体裁分为小说、诗歌、戏剧、散文。在上述文体中，都可以植入某种行动目标，因此都可以成为软文。

（1）根据软文的内容特点，软文可以分为新闻类、故事类、科普类等；

（2）根据软文的行动目标，软文可以分为产品类软文、服务类软文、品牌类软文、公关类软文；

（3）根据人们的理解方式，软文可以分为传统软文和网络软文。传统软文以杂志、报纸、海报、书籍、信函、宣传册为主；网络软文基于互联网的形式存在，可以演变成博客、论坛、微博、微信、QQ、留言、E-mail、网络签名、电子书、百度文库、百度问答等。

表 8-1　传统软文与网络软文的特点对比

比较项目	传统软文	网络软文
介质	以印刷或打印为基础的表现形式	门户网站、博客、论坛、微博、微信、网页、QQ群、企业或者个人网站、电子书等
成本	撰写要求高，发布成本高	可以根据不同传播途径的特点撰写，形式灵活，发布可以付费，也可以免费
发布时间	因审稿、校对、上版等，时间长	随时可以发布
覆盖面	限于媒介传播的范围	基于互联网，范围不受限
针对性	很难找到精准的目标人群	结合搜索引擎，可以找到精准的目标受众
寿命周期	短，难保存，阅读率低	长，只要服务器不出问题，永远存在
整合性	比较差，不同媒体审稿标准、收费标准、出版周期不一致	撰写完成一篇网络软文之后，可以根据不同传播途径进行再次修改、提炼，在同一时间段可以进行整合操作
客户体验	差，需要拨打电话咨询或者再次上网检索获取信息	强，通过嵌入的图片或者链接，单击一下鼠标即可获取所需信息
互动性	差，需要向媒体反馈	强，可以直接回复

从表 8-1 可以看出，网络软文的优势极大，但是必须提出的是，传统软文的可信度大，仍然有非常强的影响力。因此，我们认为，将传统软文与网络软文结合起来，整合的力量威力巨大。

二、网络软文载体及其特点分析

软文的本质是信息，要想将信息有效传播，必须依托有效的传播介质或者渠道。网络软文是通过网络媒介进行传播的一种方式。同时网络软文也是企业的一种商业策略，是以软性广告的形式，通过网络媒体渗透到消费者心中。其本质是通过对产品的概念诉求和问题分析，用文字的形式使消费者接受某些概念和观点，从心理上对消费者进行引导。而网络软文营销是通过特定的概念诉求，以新闻、访谈、评论、故事讲述、实力描述等文字形式来使消费者理解企业设定的概念，从而达到产品营销的目的。

网络软文销售形式并不单一，通常情况下，软文营销会与博客营销、微博营销、微信营销、论坛营销等相互配合推出，这样的组合营销，更加强化了软文营销的效果，提升了产品的印象和销量。

（一）博客中的软文

博客中的软文相对比较轻松，毕竟博客是博主说了算的。博客中的软文可以多角度、多形式地撰写，不用担心文章被删除，不用担心图片加不上去，只要符合相应的圈子文化即可。博文的篇幅也不受限制，但是建议每篇不要太长，600 字以上，1000 字左右都行，只要把想表达的观点阐述透彻即可。

博客没有固定的访问量，博客文章的访问来源可能是你的好友、圈子、搜索引擎。博客中的软文在软文营销实施过程中，应该承担关键词优化的重要责任。

应该指出的是，如果一篇软文在网络媒体上投放了，建议不要原封不动照搬到博客上，这样会降低百度收录网络媒体上该篇软文的概率。此外，如果读者从博客上看到原文章，信任度也会大打折扣。即使要放进博客，也要以转载网络媒体新闻的形式来操作。

（二）微博中的软文

微博尽管也是博主说了算，但是每条微博都限制在 140 个字符以内，去掉标点符号，文字没有多少。想用有限的文字达到某种目标，难度远远高于博客。

微博中的软文要么感性，要么有趣，要么经典。否则，没有人去阅读，没有人去转载，在微博中发了软文只能是自娱自乐。微博中的软文要特别注意及时回复粉丝和好友的反馈。微博软文撰写的最有效的手法是创意式和分享式。

（三）微信中的软文

微信与微博最大的不同在于微信好友大都是你认识的，或者是你朋友的朋友，因此微信中的软文比微博中的软文更有可信度。微信中的软文可以比微博中的“软”一些。当然，分享性、趣味性和价值感同样是微信软文的诱人之处。

微信软文的推广取决于你微信好友的数量，一般微信软文主要在公众平台（订阅号和服务号）发布，也可以再转回到微信的个人账号中。转到微信个人账号中的软文可以分享到朋友圈，也可以群发核心内容链接。因此如果微信软文创意够好，推广扩散即使没有营销费用同样可以做得很好。

特别值得提出的是，如果微信软文的内容写得比较好，除了真实地邀请朋友协助微信传播以外，建议增加传播费用预算，借用第三方的发布平台来进行微信的矩阵宣传，再辅助以其他媒介形式的传播效果更佳。目前第三方发布平台主要有泉之媒、乐推微、云自媒等，平台上聚集了媒体的微信、公众号、不同层次意见领袖的微信私人号码。

（四）论坛中的软文

论坛是版主说了算。论坛中的软文一定不能太像广告，否则会随时面临被删除的风险。软文的用语不要太书面化，可多用网络语言。论坛中的软文如果加图片或者链接会遭到抗议，可退而求其次，注意关键词优化到了即可。

论坛中的软文与其他载体不同之处在于，发布完之后可以顶帖，如果帖子创意很好，再加上成功顶帖，就会成为热门帖子，效果就会事半功倍了。

（五）网络媒体软文

网络媒体主要分为全国门户、地方门户和行业门户等，他们对软文的审核标准差别也很大。网络软文在实践中，首先是为了引流和展现搜索的效果，其次是解决品牌的信任度问题，最值得企业去探讨和研究实践的是，网络媒体软文营销与百度竞价相组合，如果玩得好能够独霸某些关键词的百度首页。

必须指出的是，一般情况下，大站审稿都比较严格。新浪、网易、人民网等媒体，很多频道发布软文是不能带链接的，同样，只要文章标题优化了推广的关键词也是可以接受的。

（六）电子邮件中的软文

电子邮件中的软文不需要进行太华丽的平面设计，否则会被别人当成广告直接拒绝或者根本不打开看。建议标题和正文精简再精简，目前不太建议用附件的形式再现，除非是图片之类的不适合直接展现的内容。一般网友 6 秒内能判断出这封邮件是否有价值，以决定是否继续阅读。所以，电子邮件中的软文重点应该放在标题和开头上。

（七）淘宝店软文

这类软文就是电子商务网站中的产品描述的软文，其销售目的更直接，可以写得更软，实际上就是要回答清楚三个问题：产品的优势是什么？为什么要从你那里买？为什么现在就要立即买？

如果拓展一下，还要解决信任度的问题，买了不好怎么办，产品背后有哪些东西能让人信服。这些文字可以独立成章，也可以独立成篇并与图片配合在一起展现在淘宝页面中，销售力才会实实在在地看得见。这类软文也可以应用到企业产品的宣传单页上。如果应用到网页的设计上，就是营销型网站最核心的部分。

三、软文营销及其优势

软文营销，就是指通过特定的概念诉求，以摆事实讲道理的方式使消费者走进企业设定的“思维圈”，以强有力的针对性心理攻击迅速实现产品销售的文字模式和口头传播。比如：新闻、第三方评论、访谈、采访、口碑。在了解软文营销之前，有必要先探讨一下软文推广。在一篇软文中，植入了政府主动传播的信息或者企业的产品或者服务信息，并进行了发布，我们认为这就是软文推广。如果在操作之前，对行动目标进行了仔细调查，调查了内部环境、外部环境，之后进行了充分讨论，形成策划方案，包括软文谁来写、写什么、写多少字、发布到哪里、怎么去引导二次传播、怎么去检测、怎么去评估、怎么去调整，是否需要第二轮软文修正或者进一步推动，这就是软文营销。

（一）缩减广告成本

传统硬广告费用一直居高不下，很多企业都难以承受。相对于此，软文有绝对的优势，一篇原创软文的价格比硬性广告费要少很多，而且一篇质量优秀的软文常会被读者免费转载，这样就扩大了产品的宣传范围，提升了企业的形象和口碑，从而让消费者更愿意信任企业和商品。

（二）辅助搜索引擎优化，提高网站流量

一篇优秀的软文最好具备两个要点，网址链接、关键词。有了这两个元素在里面，就可以大大提高点击率和曝光率，从而提升企业和产品想象，如果链接页做得完美，则直接可以影响客户购买欲望。同时，优秀的软文能够抓住用户的心理，进而撰写一篇优秀的软文，可以给网站带来很高的流量及转换率，这样不仅可以间接地影响产品的销售量，而且还可以提升相关产品的关注度。平面媒体软文，除了当期能与受众见面之外，也可以从图书馆或者数据库中查找。如今很多平面媒体也有了网络版，从网络也能检索到。

（三）受众更加精准

我们每天看到的广告出现在地铁站、公交车、大马路、广场、停车场等，而人们一天所接受的广告可以说 80% 甚至更多都是暂时不需要的，同样对于

企业来说，投放在电视台、户外的硬广不仅成本高昂也无法避免费用的浪费。而软文营销的受众则更加精准。比如你想要了解软文营销，那么你一定会搜索相关的信息，当你看到这篇文章的时候就能够了解更多软文营销的信息，这就是通过标题明确地针对需要了解相关信息人群的软文营销。

（四）增强信任度，客户容易接受

软文具有“润物细无声”的特点。要想提高品牌的知名度，仅靠硬广告是远远不够的，不仅费用高昂且难以持久。而在互联网上有针对性地发布网络软文，传播范围广且时间长，有利于提高品牌的知名度。

第二节　网络软文的写作方法与技巧

一篇软文通常由三大块组成：主题、标题、内容。而内容又常分为五要素：对谁说、说什么、如何说、何时说、何地说，即5W（Whom、What、Who、When、Where），五项要素缺一不可。

一、时刻关注网络软文的主题

软文的主题其实是与顾客在沟通，但不在于沟通的意图，而在于所引发的对方的回应上。现在很多报纸、杂志软文广告都按字数收费，要在有限的篇幅里面，把一个问题说到点子上，必须惜墨如金，把笔墨集中、尖锐地体现在一个主题上；因此撰写广告软文必须有非常强的针对性，特别强调要有一个明确的主题。我们必须明确所撰写的广告软文的目的和用途，必须明确撰写的软文是用于品牌推广还是促销宣传。用于品牌推广的软文（也叫公关软文、动态文章），要把品牌的核心理念加以体现，再次强调：找到一个让读者感兴趣的标题至关重要，引导读者一步一步读下去，乐于接受你传达的信息，这种软文多以新闻报道的形式出现，以记者的视点、结合企业发生的重要事件去撰写。如果是促销档期的软文广告，必须与促销主题密切配合。古代准备打仗的时候，有“红旗半卷出辕门”的说法，促销广告软文就是促销大战我方高高飘扬的红旗。

二、重视软文标题

广告学之父大卫·奥格威曾经说过:“平均而论，标题比文章多5倍的阅读力。”无论是哪种传播载体的软文，读者接触的第一眼都是标题。因此标题基本上决定了读者是否阅读这篇软文。据广告学方面资料统计，好标题激发的广告阅读率在50%~90%，差标题广告阅读率在5%~20%，一般性的广告阅读率在20%~50%。一个好标题与一个差标题的利润相差20多倍。

一个好的软文标题应注意以下几个原则：

（一）网络软文的标题应尽可能成功地融入关键词

对于基于互联网传播的软文，标题中的关键词直接决定搜索引擎的收录，甚至影响到网站的权重。

（二）网络软文的标题应具有震撼力

具有震撼力的标题，是能在瞬间使读者产生心灵震撼的词或短语。如《怪！服务也有007》，题目开头用个“怪”字，在刹那间无意中就引起消费者目光的注意。其实类似的词还有很多，如绝了、神了、妙、当心、警惕等，其实这些词很多人也都知道，但真正要用起来的时候却冥思苦想，关键还是要靠平时生活当中多留心、多观察、多积累。

（三）网络软文的标题要具有诱惑力

标题具有诱惑力，能够抓住消费者的好奇心，采用一种反问的语气，直接提出问题，制造悬念。如《1块钱电池也能领100元？》《1角钱在五星可以买什么？》这样的标题就充分利用了这一点，吸引顾客继续看下去。

（四）网络软文的标题要具有神秘感

据对人类的心理测试，人们往往对一些披上神秘色彩的事物容易产生兴趣，特别是一些被忽视或被遗忘的，甚至是一些闻所未闻的消息产生冲动。但有一点要引起大家注意，这种所谓的神秘感的软文策略在开拓市场初期，甚至在相当长的一段时间里，可以起到倍增的效果，但随着产品的普及，神秘感也在慢慢地消退。

（五）网络软文的标题要尽可能数字化

前面我们所提到的一些文字化的技巧，从而达到一种定性分析，那么数字的引用则让这种定性分析得到了升华，量变最终影响质变。如《空调满800送

200》《12 月要为消费者省 1000 万》，等等。

三、软文内容及布局

一篇好的软文，需要设定好软文的题材、内容和结构。软文的形式是为内容服务，而内容主要是为营销目标服务。在软文写作的过程中，应当遵循“四个凡是”即：

凡是更有利于推进营销目标的我们应当选择；

凡是更有利于被消费者接受的我们应当选择；

凡是有利于被媒体采纳的我们应当选择；

凡是有利于上面 3 项的我们应当做首要选择。

选择适合的表现形式主要在于更好地将内容传递给目标人群，也就是说为了更好地与目标人群沟通。

（一）软文结构

软文的结构体现在两个方面，一种是写作思路的结构；另一种是文章编辑的结构。写作思路的结构是为“意”，写作中的文章编辑结构是为“形”，可以理解为一些营销技巧，如软文的段落优化。

（二）软文的段落优化

所谓软文段落的优化其实是一种阅读上的体验处理，就是让读者能自然而然地、很轻松愉悦地读完全篇。一般的做法是：

第一段为 1~3 句话，字数控制在 150 个字以内；

第二段开始到倒数第二段，其中的各个段落一般为 5~6 个句子就好；

最后一段依然是 3 句话。

段落之间的空行显然比句子之间的空行来得大一些，清楚就好。

四、网络软文的写作技巧

（一）保证原创，可适当参考

不说全部出自自己之手，但也不能抄袭太多，可以适当借鉴一点别人好的观点（最好控制在 10% 左右）。可以借鉴质量较高的稿件，从他们那学习技巧，仔细分析一下，总结模板用于自己的创作。不过，模仿归模仿，也要有点创新，不然别人会认为你是抄袭。原创内容对于读者和搜索引擎来说，都是有帮助的。这样文章被其他网站转载的机会会更多，也就变相地为作者本人和你所要推广的产品做了无偿的推广。

（二）消除广告气息

软文的目的虽然也是做广告，但是如果写手让“广告气息”暴露无遗，这显然不符合常理，商家也不会接受的。消除软文的广告气息，除了使文章的叙述口吻更加口语化之外，这时候的你尽量采用一些时下容易引起讨论的话题，比如本山大叔惜别春晚，或是某某人士的大胆言论举止，通过这些事件的插入，你完全可以轻而易举地捉住大家的眼球，然后在一个过渡段委婉地加入链接，接着又是一段慷慨激昂的评论，如此一来，广告色彩完全会因为读者注意力的转移而显得淡化了不少。但是淡化归淡化，不能太忽略产品本身，文章也要适时地对产品进行推广。

（三）文章一定要紧跟社会热点

在写网络软文的时候，一定要知道最近网民对什么感兴趣。这个可以去查看百度风云榜，这里能一目了然地看到当天或近两天所发生的一些社会热点事件或者热点人物。

（四）适当配合评论及图片

一篇软文如果配合论坛话题讨论以及评论文章，要比单独的软文效果更好。如果是新闻，带图片的新闻比不带图片的效果绝对要好。标题中出现企业名字，比不出现企业名称要好得多，但是要出现得比较合理，不能一看就是“枪稿”。图片的出现，能使文章的展开形式多样化，也能使文章精简了许多，所以无论是新手还是老手，图文并茂不失为一种好的写作方法。多用数据描述。

（五）要认真分析读者的阅读习惯

其实这个不难理解，大家在看别人的文章时，长篇文章能一字一句认真看完的人不会很多。所以在发表文章的时候，如果篇幅过长，最好能分成上、下篇或者分页，这样能够方便大家阅读，还能增加读者的印象。

五、软文撰写道德规范

1. 不要诋毁同行

诋毁同行往往是由于自己不够自信或嫉妒的变现，很多行业都喜欢诋毁同行，诋毁他人从而为了拔高自己。特别有些公司在推广软文时，会习惯性地将同行业的相关产品批评一番，由此来体现自己的服务或者产品的优点。软文中写满贬低同行业的内容往往是最不可取的，因为这样做不仅会引起同行的仇视，还会引起消费者的反感。

2. 标题不要过度虚假浮夸

在软文营销中，总是容易存在着一个误区，那就是我的标题必须足够吸引，读者才会点进来，然而这也导致了很多人为了流量、为了阅读，标题采用夸大其词、耍噱头甚至添加一些虚假浮夸的成分。但是往往文不对题，既让人产生反感，又失去了信任，得不偿失，这也就是所谓的“标题党”。

3. 不能发低俗淫秽的内容

软文营销最重要的一个特征，就是文章风格的多样化，它既可以严肃正经，幽默风趣，也可以感人肺腑。但是在实际的操作中，不管是哪种风格的文章，能够吸引读者的持续注意和后续的产品曝光是软文营销的主要目的。然而有些人为了获取一时的流量和关注，变得没有下限，期望通过一些低俗的内容来博人眼球。尽管这样做确实会带来一定的阅读和曝光，但对于想要长期发展的企业而言，是十分不可取的。

4. 切勿照搬他人文章内容

在如今“内容为王”的时代，自媒体“搬运工”赚钱的时代已经过去。各类平台也越来越重视原创内容，审核得也更加精细严格。因此，在撰写软文中，应鼓励大家做到每一篇都能做到纯原创，做优质文化的输出者。

第三节　旅游行业中的软文营销

随着产业规模的逐步扩大，旅游行业市场竞争也日趋白热化。在大数据时代发展的今天，新媒体技术日臻成熟，各行各业的营销也从社会走向网络，旅游行业更是如此，软文营销成为旅游业必走之路。例如，游客在选择旅行社时，一般都会重视旅行社的口碑，“携程”“同程”“国旅”“青旅”等知名品牌的打造，使得人人知晓、游客不绝。不少具有很好条件的旅行社，由于专注于产品而缺乏品牌营销意识而默默无闻。若能够通过好的软文进行精细策划，在权威网站上发布此类优秀软文，想必会事半功倍，迅速提升旅游机构的品牌形象。

另外，通过新闻发布信息也是旅游行业常见的软广形式之一。软文是多种形式的隐蔽软广告，旅游行业的软文若以新闻为主要形式展现，想必会迅速提升品牌影响力，得到更多人的认可，如旅游机构的资质等，都能产生好的新闻素材，打造好的软文，再通过各种权威平台发布，增加网络曝光强度，对受众产生潜移默化的影响，定然会收获意想不到的效果。

一、景区景点软文营销

（一）景区景点软文营销概述

若干年以来，软文一直被作为一种辅助性的旅游广告形式，其作用无非是补充硬广告无法延展渗透的一些机制、概念或者是观点。随着软文以其优势在业界爆发出惊人威力，旅游软文形式的广告如雨后春笋般涌占了市民出行的版面，虽然文笔有好有坏，但是共同的一点就是所有的操作者都掌握了软文的精髓——站在消费者立场谈话。

景区景点利用软文进行宣传，软文内容是根本，选择恰当媒体传播是关键，重视对目标游客的消费心理的把握，要精心考量与受众者接触的每一个点。软文内容要抓住游客的关注点，产生强大的吸引力。从广义上讲，电视专题、公益广告、旅游手册也是软文，因此把创新软文模式当作景区竞争、策划突破是景区利用软文营销的有力工具。

【阅读材料】

新加坡广告文案

①夕阳西下，新加坡依然魅力十足。

星光下的晚餐如梦如幻，芬芳的美酒香飘河畔，奔放的迪斯科挥舞热情，夜色中的大都市依旧生机盎然。这就是新加坡。

②不会潜水也悠游。

不会潜水也能饱览海底世界风光，目睹食人鲨迎面掠食的刺激景象；不会潜水也能漫游于群鱼之中，悠游海底的奥妙世界。这就是新加坡。

③脚底按摩师的神奇指上功夫，令我周身舒畅，然而，小提琴手十指流畅出的音乐，则让我心动不已。

空气中，茉莉花香弥漫，交织着如诉如泣的音乐。一缕莫名的感动，萦绕心扉。唉，离情依依。这一天终将来临，我也终将离去；再多的不愿意，也只能化作千百个回忆。浓浓的神秘风味，异国情调的街头舞蹈，穿梭于繁华之间的三轮车，还有那位让我尚未离去，怀念之情就已缠绕心头的小提琴手……怎一趟难忘的奖励旅游！盼望不久的将来就能重温这点点滴滴。

④滚滚浪花一波一动，承载着一船的欢愉，然而，是那书法家流畅的笔墨线条，深深触动着我的心绪。

站在甲板上，清冽的空气里，隐隐透着沁人的柠檬香。远处，一排排的棕榈迎风起舞；血红的夕阳霞光遍洒这片近赤道的天空。行驶中的游艇，在海面上拖曳成一道长长的白色水痕，令我想起那位书法家的专注笔触，如斯行云流水，悠游自在。临别的思绪就在这滚滚浪花中，慢慢荡漾开来……怎一趟难忘的奖励旅游！一切是那么别具风味与色彩！盼望不久的将来就能重温这点点滴滴。

（二）景区景点软文营销效果

大量的景区景点软文营销实例证明，景区景点软文营销具有显著效果，包括：

1. 迅速提高景区知名度

在旅游景区进行软文营销的过程中，通过广播、电视、报纸、刊物、通讯社、互联网等新闻媒体的宣传，中外游客及旅行社亲自到现场考察、娱乐文化交流与合作等，都会大大提高景区的知名度，吸引众多旅游者前来观光、旅游、度假。又由于旅游业的强关联性，间接带动旅游景区周边社区的经济发展，会加快社区内的人才、物资、资金、信息流通。

2. 树立景区鲜明的品牌形象

旅游景区通常都以一个鲜明的整体形象吸引着成千上万的旅游者，进行软文营销是一种行之有效且能够迅速产生效力的策略。通过软文营销，把旅游景区宣传成一个充满各种迷人故事的地方，可树立地方友好、文化多样或激动人心的主题；或通过大型焦点事件来吸引公众传播媒介，产生某种光环效应，把旅游区宣传成一个令人向往的目的地；还可以配合一系列小的事件来吸引各类的游客。

3. 形成新的旅游旺季

旅游景区的经营业务具有明显的淡季与旺季的差异性，形成这种差异性的原因是多方面的：主要是旅游目的地受所在地理位置的制约，自然条件和季节的更替变化。软文营销可最大限度地解决因上述因素所造成的影响，延长旅游景区的旺季，形成新的旅游吸引目标，弥补旅游淡季的经济损失。

（三）景区景点软文营销注意事项

景区景点进行软文营销时需注意以下问题：

（1）可结合事件营销加深宣传效果，贴近受众，在具有强大冲击力的事件营销过程中，应吸引广大新闻媒体，面向广大的受众群体传播旅游景区的产品服务信息，即事件营销应具有广泛性的特征。事件营销是以旅游景区的主题形象为中心的，从事件的策划、活动的安排，到吸引新闻媒体的传播，都要服从“冶力关”主题形象，避免不利于景区主题形象的信息传播开来。

（2）选择恰当的新闻媒介进行宣传，利用新闻媒介制造与企业有关的新闻，可以说新闻媒介就是软文营销的主要工具。旅游景区在策划软文营销时，一定要针对事件性质及受众群体特点，选择合适的宣传媒体。

（3）有效控制不良事件的影响。软文营销的风险来自媒体的不可控制和新闻接受者对新闻的理解程度。事件一旦受到新闻媒介的关注，就会迅速传播出去，同时信息的传播范围不可控制。

（四）景区景点软文撰写技巧

在对景区景点进行营销软文撰写时，需注意以下几点：

1. 对旅游景点的软文定位

编辑人员在写旅游景点软文的时候，应将准备写的软文做一个定位，规划好自己要写什么软文之后，通过一些软文写作格式去撰写。

2. 添加旅游景点的图片

都说一个网站的用户体验是最重要的，旅游网站也是不可缺少的，对于内容而言用户体验为王，所以在写旅游软文的同时，图片也是必不可少的，要做到图文并茂才可以，这样一来用户在看内容的同时也在欣赏着景点美图。

3. 搜集旅游景点的官方数据

写一篇可以让用户信服的软文，景点的官方数据是最重要的。试想一下，如果你是用户，看到一篇旅游软文后，如果没有任何可以说服你去此景点旅游的文字，相信其他人也会跟你一样的想法，所以通过新闻或者游记的方式去写软文，该景点的官方数据是必不可少的。

4. 通过古代诗句对旅游景点描述

仅有图片和官方数据是不够的，写旅游网站的软文不要一下子写死，软文是有灵活性的，而旅游网站文章的灵活性相对于其他软文更强一些。所以将以上两点写出来后，最后要通过一些古代的诗句或者该景点的传说将景点描述出来，让用户看到文章后直接吸引住用户想旅游的心，当然这样做似乎有点难度。

按以上的四个标准，就可以写出一篇标准的旅游推广软文，也可以从各个角度对景点进行推广，效果必然是不错的，同时，融入创新的元素，后续的效果不可估量。

二、旅游企业的软文营销

与景区景点的软文营销类似，旅游企业也希望通过软文营销增加销售额并提高自己的品牌价值。

（一）旅游企业软文营销的优势

1. 品牌知名度与美誉度的提高

广告可以提高品牌的知名度，软文同样可以提高品牌的知名度，但是软文还可以提高品牌的美誉度，这是广告所不能达到的。软文形式多样，可以通过第三方媒体以客观的观点来宣传品牌，可信度高且影响持久。

2. 提升企业网站的权重和排名

软文营销是一种营销手段，不仅仅是软文发布，写好文案之后，首先更新到自己的网站上，然后再发布到行业或门户媒体，部分网站可带链接指向企业网站。一方面为网站充实了原创内容，另一方面为网站创造了优质外链，两者都可以提升网站的权重，同时提高网站的关键词排名。

3. 促进销售

软文推广，无非是推广品牌、推广产品、推广活动，其间接目的就是为了提升销售。软文本身可以写成业务推广的软文，直击消费者的内心需求，激发其购物欲望，促进销售。对于以销售旅游产品为主要目的的旅游企业，通过软文增强旅游产品的吸引力无疑是很好的选择。

4. 提升转化率

如今，做广告的企业越来越多，客户越来越小心，广告的可信度越来越差。当客户通过广告了解到某产品后，心中肯定还有个问号，他肯定会通过互联网来搜索其相关信息，如果搜到企业的一些新闻或软文，则起到一个促进的作用，如果没有什么信息，客户可能就不会选择该产品而去看其他品牌了。

5. 品牌保护与网络公关

网络上有负面新闻，是很常见的。这种情况往往出现在平时不注重网络公关的企业，如果持续做网络公关推广，或是持续投放软文，可以把负面信息淹没掉，通过软文营销让负面信息到搜索结果的两三页之后，基本就没有什么影响了。

（二）旅游企业软文营销的注意事项

针对用软文来实现销售产品或者服务的旅游企业来说，用户的读后感受是放在第一位的，因为只有读者在浏览文章后觉得有用，才会更加深入进行了解，而这样就容易把潜在用户发掘出来。旅游企业进行软文营销需要思考以下问题：

1. 了解营销目标用户群是哪些

软文推广，首先摸清自己推广用户群的喜好、兴趣、阅读点，掌握最基本的数据。挂羊头卖狗肉的推广，即使软文写得再好也不会有效果，比如推广的旅游产品是高端线路，那么就要针对高端用户的喜好撰写文章，否则不仅不会扩大产品销售和品牌影响力，反而会产生负面效果。

如果对目标用户还不是那么明确，可以先写几篇软文测试效果，通过反应的效果就可以分析出目标用户群的状态。所以，不要怕前期浪费的时间和精力，清楚用户群，在后期的推广营销中，才能更有成功的把握，否则营销效果会大打折扣。

2. 通过软文给读者带去什么信息

要向用户推广，就要考虑自己的推广可以给用户带来怎样的价值。而不是一味炒热度，这样只会一时获益，余热过后，没有多少人会记得产品。有的企业一味追求热点话题，忽视了自己目标用户与热点的吻合性，从而导致盲目跟风，降低了宣传效果。只有对用户有用、有价值的信息，才能使用户感受到推文真的有用，顺其自然地接受产品。对用户产生价值的分量，是营销者必须看重的，把用户的需求当成自己最终的追求。

3. 给用户的后续效果是什么

用户所需的后续效果，也就是俗称的售后服务。对于用户来说，售后服务保证是给予用户的一颗定心丸。所以，软文营销，应该使用户对推广信息中产品的售后服务有信心。解决用户的疑惑和提出的问题，让用户信赖推广的品牌。

第四节　旅游软文营销的程序

网络软文营销是一种新型的营销方式，具有低成本高回报、易制造诚信度、表现形式丰富等诸多优点。企业通过软文营销以广告形式的商业策略进行渗透，借助文字表述与舆论传播使消费者认同某种概念、观点和分析思路，从而达到企业品牌宣传、产品销售的目的。软文营销是一个完整的流程，分成调研、策划、撰写、发布和评估五个部分。

一、软文营销调研

如果开展软文营销想妙笔生花，让软文实现一字抵千金、一字抵万金的效果，就必须调研。如果不去深入研究，实地考察，把不了解的东西写好的可能性极低。

调研需要了解两个方面——企业内部和外部。内部要调查企业的创建历史、企业的商业模式、经营范围、企业资质、经营业绩、企业荣誉、企业组织架构、企业领导人资历、经销商数量、客户群体、公司管理模式、人力资源体系、企业办公环境、生产环境、企业法务状态、企业参与的公益活动、企业员工的工作状态、生活状态等。当然，并不是说以上所列出的项目都要全部了解得一清二楚，即使企业愿意配合也基本不太可能，但是至少要初步了解一下，这样便于后期软文的策划。

对于外部而言，那就是要全面了解这个行业的发展情况，与公司相关的新闻热点，公司客户群的主要特征和行为习惯，主要竞争对手的基本情况，特别是竞争对手已经开展软文营销的，更要认真收集和研究。当然，我们收集这些并不是要诋毁竞争对手，而是从中学习经验，找出竞争对手的弱点，从而制定差异化、个性化、系列化的软文营销策略。

二、软文营销策划

事实上软文营销就相当于对企业的各个方面做了一次全面的梳理，做了一次初步的管理咨询。软文营销策划主要是从以下三个方面进行：

第一，要明确软文营销的行动目标。这个行动目标就是软文营销要达到的目的，是为了树立品牌还是为了拉动销售，是对竞争对手采取的策略做出回应还是配合公司的重大战略部署，必须要明确。如果有多个目标，一定要排出顺序，否则就是没有目标。

第二，要明确软文营销实施策略。具体来讲，要明确软文营销的时间要求和数量要求，还要初步明确软文营销的投放渠道，当然这三个要素可以根据预算做一些灵活调整，但是必须等有了这三个要求，才能制定软文营销的策划案。

第三，根据前面确定的行动目标和策略，进一步明确软文撰写的角度。这些角度既可以是文章标题形式，也可以是撰写思路的简单记录。这要前期调研充分，有了行动目标和策略，具体地围绕行动目标（一个事件、一个网站、一款产品），要吃透它，先建立一个清晰的写作框架，将写作分解成不同的侧面和角度，几大块划分出来，进行头脑风暴，迅速将文章撰写角度列出来。这样，一个事件、一个网站、一款产品往往可以一层层分解出上百个不同的角度，组织出上千篇不同的文章，从中筛选出比较满意的撰写角度就会轻松得多。

三、软文营销撰写

软文撰写已在上节详述，但是在软文撰写中有一些禁忌需要注意。

（一）忌不重视读者

要充分考虑目标受众最关注的是什么，易于接受的传播方式是什么。否则软文写得再好也会很主观，不会有理想的效果。

（二）忌标题差

不要为了标题的效果而不顾与内容的关系，一旦文不对题就成了人人讨厌的标题党。没有吸引力的标题和标题党类的标题效果都不会理想。

（三）忌拖泥带水

读者看软文通常没什么耐心，如果不能在几行字之内抓住读者的眼球，后面的内容即使再精彩也毫无意义，所以软文要避免像写流水账一样，要精练语言，前后呼应，使得一篇软文浑然一体。

（四）忌不切实际

软文的目的在于引导、说服或者引起读者的共鸣，将信息植入读者的大脑，促使最终软文行动目标的实现。因此要充分考虑软文对读者的"可接受性"。也就是说，软文一定要给读者一种"可信度"。切忌过分夸大与拔高。

四、软文营销发布

扎实的调研、周密的策划、巧妙的撰写之后，重头戏就是发布了。在发布之前需要对文章仔细检查，选择最合适的发布途径。

（一）软文发布的网络渠道

（1）网络媒体，主要指全国及地方门户网站，如新浪、搜狐、网易、中国网、千龙网、红网、荆楚网等。

（2）搜索引擎，如百度知道、百度空间、百度百科、网易有道等。

（3）网络论坛，如新浪论坛、网易论坛、人民网论坛、天涯社区等。

（4）博客，主要指企业自己开设在各大门户网站上的博客。值得指出的是，除了自己的博客之外，也可以找名人博客发布，也可以在其他点击量高的博客中发布。

（5）微博，特别是影响力大的名博。

（6）微信，如果说微博是大社会，微信就是小圈子。可以动员一切能调动的资源在微信圈子里发布，众多的小圈子就是大社会了。

（7）分类信息网站，如58同城、手递手、赶集网等。

（8）资源性平台，如豆瓣网、百度文库等。

（二）软文发布的时间

软文的发布时间也需权衡。网络媒体软文尽量选择在周一至周五的上午10~11点投放，因为很多小站的编辑会在这一时间段转载文章。以新浪微博为例，新浪微博商务部的调研数据表明微博用户活动有如下规律：

（1）微博用户周一、周二反应冷淡。用户往往面临比较大的工作压力，心理处于紧张期，对于企业微博的反馈并不是非常积极。

（2）周三、周四互动最集中。用户进入一周稳定期，对于微博的反馈积极性有明显的提高。但是企业目前对于这两天的利用不足，发微博比例偏低。

（3）周五、周六、周日用户更活跃。用户处于对周末的期待中，相对于评论而言，更乐意进行简单的转发。

（4）工作日下班后的时间段（18~23点）营销价值更大，企业需关注。周末午饭后（13~14点）和晚饭前（17~20点）的用户互动更加积极，这两个时间段用户转发和评论都比较积极。

（5）周末的23点以后仍然是用户积极互动的时间。由于周末休息较晚，23点之后企业微博仍然可以获得较多的用户反馈。

因此，微博软文的发布时间尽量选择在用户活跃度高的时段，收效会更好。

五、软文营销评估

就像企业开展的绩效考评一样，对于员工来讲是一种鞭策，更重要的是对于提升企业经营业绩具有重要的作用。软文营销的效果评估作用同样如此。首先，对于软文营销本身来讲，能够通过效果评估，去鞭策员工进一步思考软文营销下一个流程的循环应该重点放到哪里。其次，对于实施软文营销的团队来讲，也是一种学习和进步的机会。

软文营销对于企业的认知度、品牌知名度、产品线下的销售促进等作用是不容忽视的，但目前软文营销效果的评估方法尚未形成科学全面的体系，以下介绍的方法仅为参考。

成本评价法：主要针对以销售为导向的企业。将实施软文营销首期内的销售业绩与同时期进行对比，将软文营销投入的费用与业绩增长额进行对比，如果远远超出业绩增长额，那么软文影响的效果就毋庸置疑了。

搜索引擎收录评价法：主要针对网络门户软文。在事实网络软文营销之前，分别在百度网页和百度新闻格式下检索相关关键词，记录检索到的数字结果。事实软文营销后，将检索结果进行对比。

转载率评价法：可以简单理解为二次传播评价法，主要看网站、论坛的帖子转载量。

流量分析法：主要针对推广网站的网络软文，为网站带来了多少点击量，通过站长工具可以精确地统计出来。这个评价方法最为客观。

置顶率评价法：主要针对网络论坛中的帖子形式软文，简单来说就是有多少次被置顶了。

必须指出的是，软文营销的效果评估不能绝对化，因为在个别情况下，软文的行动不一定是销售，有可能是危机公关，也有可能是信息反馈。

【本章作业】

1. 选择一个景区，为其撰写一篇软文。

2. 案例讨论

迪拜有个七星级酒店，这个酒店建在一个人工岛上，外形酷似帆船，一共有 56 层，321 米高。这个酒店 2007 年后重点拓展中国市场之时，没有一分钱广告费，只是在国内几家报纸类媒体做了几篇系列软文。

其中比较典型的是以下两篇:《长江商报》2007 年 8 月 20 日的报道“全球唯一七星级酒店：24 吨黄金装饰”,《北京青年报》2010 年 8 月 9 日的报道“迪拜七星级酒店六成中国客，消费能力让人吃惊”，这两篇文章的核心内容被新华网、人民网、搜狐网、腾讯等各大门户网站争相转载，被其他平面媒体报道引用。结果帆船酒店成了国内富商、明星等争相参观的景点，以及入住的首选。据统计，帆船酒店的客人至少超过 10% 是来自中国。

（资料来源：杨明明 . 不做任何广告，只用几篇软文，迪拜七星吸引六成中国人的方法！发表于简书 .）

分析：为什么仅仅通过几篇软文，迪拜帆船酒店就可以吸引近六成中国人入住？

第九章　旅游搜索引擎营销

【开篇案例】

互联网时代的发展一直都在悄无声息地进行，21 世纪初期，我们认为网址导航能够成为最佳的流量入口，可是在几年之后，最大的两个网址导航 Hao123 和 265 上网导航被搜索引擎公司收购了，从此流量入口从网址导航变成了搜索引擎。

虽说现在的流量入口渐渐从搜索引擎向人工智能发展，但是在人工智能普及之前，搜索引擎依然是网民进入互联网入口的第一选择，除了我们所熟知的百度之外，其实全球还有很多不错的搜索引擎，只不过这些搜索引擎大多在国外比较受欢迎，但如果你懂英语的话，这些搜索引擎也许会让你有意外的收获！

1. Bing

没错，排名第二位的不是百度，而是微软旗下的搜索引擎——Bing，它的搜索 UI 界面非常美观。

Bing 的月独立访客仅 5 亿，但和其他搜索引擎相比，这是最大的数值了。

2. 百度

终于轮到全球最大的中文搜索引擎——百度，作为中国最大的搜索引擎，百度的月独立访客量达到了 4.8 亿，随着在搜索引擎中的成功，百度逐渐拓展到地图、金融、音乐、团购等多个领域，成为一家互联网综合公司。

虽然近些年 360 的好搜和搜狗逐渐抢夺了一些市场份额，但大部分人最习惯的还是“百度一下，你就知道”，近些年百度也试图寻求转型，宣布正式成为一家 AI 人工智能公司，百度 CEO 李彦宏更是在 2018 年展示了自家的百度无人驾驶汽车上路行驶的技术。

3. Ask

相信上网比较早的网友都见过这家搜索引擎的网站或标识，只不过当初可能不知道这是什么，其实这是一款国外的搜索引擎，在国外的市场中还是比较有名的，但不得不说Ask是一款很有特色的搜索引擎，月独立访客也达到了3亿。

和传统搜索引擎的庞大数据库不同，Ask搜索引擎的数据库中存储的都是问题对应的答案，当用户在Ask搜索某个问题的时候，搜索结果会显示问题的答案，可以理解为是一款问答类搜索引擎。

4. DuckDuckGo

这家搜索引擎应该知道的人不是很多了，我们在使用百度搜索一些信息之后，总会发现一些放置了百度联盟广告位的网站中，那些广告位总会显示我们刚刚搜索过的相关产品广告，但这款DuckDuckGo搜索引擎的特殊之处就在于不会追踪用户搜索信息。

不过毕竟百度现在已经不是单纯的搜索引擎了，而这家搜索引擎应该只是一家纯粹的搜索引擎，并没有追求用户信息的必要，对于注重隐私的用户来说，不失为一个很好的选择。

5. WolframAlpha

WolframAlpha也不是传统意义上的搜索引擎，它的功能与Ask搜索引擎相似，不过它比较侧重“理科”，如对于数据分析、某个城市的相关数据、城市人口等数据计算方面的搜索引擎。

6. Yandex

Yandex是俄罗斯的一款搜索引擎，这家搜索引擎创建于1997年，目前是俄罗斯最大的搜索引擎，它的功能也已经从单一的搜索引擎功能渗透到了网络支付、社交、网站运维与托管等周边服务。

7. WebCrawler

WebCrawler属于一家元搜索引擎，它的功能主要是将其他搜索引擎的搜索结果统一显示在一个页面中，帮助用户完成同一个搜索关键词在不同搜索引擎中的搜索结果对比。

有人说人工智能永远不可能取代搜索引擎，但羽度非凡认为，那是因为人工智能的发展还没有超乎你的想象，今天我们面对语音交互的人工智能设备下达一个命令后，可能智能设备要稍等片刻才能做出反应，但这段计算等待时间正在不断地缩短，终究有一天，它的速度会超乎你的想象。

（资料来源：http：//mini.eastday.com/bdmip/180130102502845.html，有删改.）

【本章学习任务】

- 认识旅游搜索引擎
- 了解旅游搜索引擎营销的重要性
- 掌握搜索引擎营销流程
- 掌握搜索引擎排名原理与账户规则

第一节　搜索引擎营销基础

随着互联网的普及和发展，搜索引擎已经逐渐成为人们日常获取信息和服务的主要工具。我国搜索引擎用户在2016年达到了6.02亿，使用率为82.4%。其中作为全球最大的中文搜索引擎——百度，日享来自138个国家或地区的60亿次搜索请求，在这60亿次的搜索请求中，不仅包含用户大量的生活信息类需求，还包含大量的商业服务类需求。由此可知，搜索技术的革新一方面带来了消费者生活方式的转变，另一方面也带来了营销手段的不断创新。搜索引擎营销的出现为企业提供了一种全新的营销选择。

一、搜索引擎和搜索引擎营销

随着互联网的迅速发展，网络用户规模越来越大，搜索引擎为用户提供了边界的查询服务。当用户需要查找信息，即产生搜索需求，通过在百度、360等网站的搜索框输入想查询的信息，就会得到很多与搜索信息相关的结果。从原理上讲，搜索引擎根据一定的策略，运用特定的计算机程序从互联网上搜集信息，在对信息进行组织和处理后，为用户提供检索服务，将用户检索的相关信息展示给用户的系统。

在日常生活中，人们似乎已经习惯了有问题就搜索一下的生活模式，由此，可以把搜索引擎理解成一本生活的“百科全书”。例如，当我们想要了解“上海天气”的时候，会搜索一下来获取最新的天气资讯；当我们想要去某地旅游时，会搜索一下该地的旅游资源、交通、住宿等信息。

搜索的过程，实际上就是一个人机交互的过程。当用户提交了某个请求后，搜索引擎会迅速地从自身的数据库查找与之相应的信息进行匹配，经过系统处理分析后，将与之相关的信息或者结果反馈到用户面前。例如，当用户搜索“上海旅游”这个关键词时，搜索引擎会将所有与“上海旅游”相关的内容显示到搜索结果页。近年来搜索引擎也有了新的发展。由最初单纯的互联网工具逐渐演变成为网民提供多方面服务的搜索平台。比如点开百度首页，可以发现搜索平台提供的众多服务，有百度新闻、百度贴吧、百度知道、百度音乐、百度图片、百度视频、百度地图、百度文库等。从流量占比来看，百度知道、百度百科等小频道的流量大于网页搜索的流量。因此，视野也有网页搜索端拓展到更宽的领域。

搜索引擎营销是英文 Search Engine Marketing 的翻译，通常简称为 SEM，它是指根据用户使用搜索引擎的方式，利用用户搜索信息的机会尽可能地将营销信息传递给目标用户。简单来说，搜索引擎营销就是基于搜索引擎平台的网络营销，利用人们对搜索引擎的依赖和使用习惯，在人们检索信息的时候将信息传递给目标客户。搜索引擎营销的基本思想是让用户发现信息，并通过点击进入网站或网页，进一步了解所需要的信息。

搜索引擎营销有四个部分：首先是搜索推广，主要的搜索推广方式有百度搜索推广、360 搜索推广和搜狗搜索推广等；其次是网盟推广，网盟推广实际上是搜索推广的延伸，主要有百度网盟推广和谷歌网盟推广等；再次是主流媒体广告，主要有三类，分别是品牌专区、品牌底标、腾讯广点通；最后一部分是营销工具介绍，主要的营销工具有百度统计、流量统计网站（CNZZ）、百度指数、百度风云榜、百度推广客户端、360 点睛营销助手、搜狗推广管家。

二、搜索引擎营销流程

搜索引擎不仅是用户寻找信息或者服务的问题解决平台，也是企业寻找潜在消费者，推广产品或服务的有效渠道。营销的本质就是将对的信息或者服务传递给有需求的人。那么，要真正理解搜索引擎营销整个过程，可以从用户和企业这两个视角来理解。

（一）从用户的角度理解搜索引擎营销

从用户的角度理解搜索引擎营销，需要从用户的搜索行为入手进行探究。用户通过传统的广告宣传以及互联网新媒体方式的广告覆盖宣传，消费需求被激发，产生了解该产品或品牌的欲望，此时便会想方设法了解产品和品牌信息。此时通过搜索引擎搜索成为互联网时代最便捷的信息获取方式。用户搜索之后获得信息并点击广告，进入企业网站，通过浏览企业网站内容，向企业进行在线咨询或下单，实现最终转化，这是网络营销的全流程。

（二）从企业的角度来理解搜索引擎营销

企业试图通过搜索引擎进行营销，也需要对用户的购买行为进行探索。用户从产生购买欲望开始，到实现购买行为，若通过搜索引擎完成，那么用户需要完成以下过程：

1. 搜索关键词

用户在搜索引擎搜索框中输入自己想要搜索的关键词，可以看到搜索结果。

2. 点击链接

用户在多个搜索结果中选择自己想看的结果，然后点击相关链接。

3. 浏览企业网站

用户通过点击链接，进入企业网站，进行浏览。

4. 实现转化

在浏览企业网站时，有一部分人对企业的内容产生兴趣，在线咨询问题，即实现转化。

上述过程可通过图 9–1 展现。

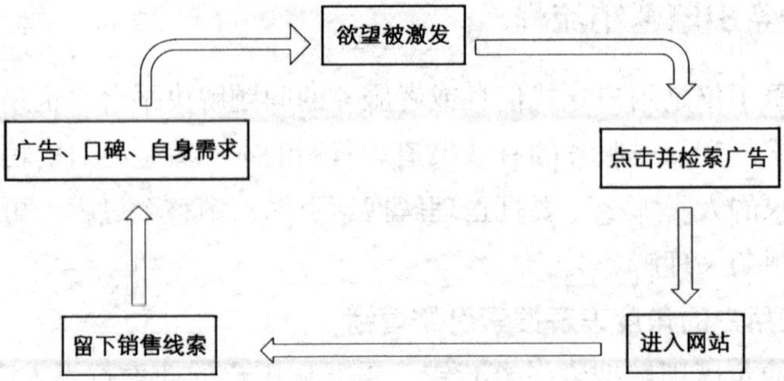

图 9-1　用户搜索过程

三、搜索营销常见名词及解释

进行搜索引擎营销，必须对一些专有名词有一定的了解。

（一）日均搜索量

日均搜索量是指关键词每天在搜索引擎上被搜索请求的总数。反映了某个关键词被网民搜索的情况。比如一天之内，“上海旅游”被搜索了多少次。

（二）流量

流量，泛指网站的访问量，在不同的语境下，可以用不同的指标来衡量，比如访客数、访问次数或浏览量等。

（三）流失率

流失率是对指定路径对应的步骤而言，指访客从该步骤进入到下一步骤的过程中流失的比例。计算公式为：本步骤的流失率 =（本步骤的进入次数—下一步骤的进入次数）÷ 本步骤的进入次数 ×100%。例如，推广信息展现量是100，点击量为 50，那么就有 50 的流失量，即 50% 的流失率，点击量为 50，页面浏览量为 20，那么就有 30 的流失量，即 60% 的流失率，以此类推。

（四）展现量

展现量指在一个统计周期内，推广信息被展现在搜索结果页的次数，即一个用户进行搜索的时候，搜索结果里被用户看见的信息在一定的周期内出现的次数。

（五）点击量

点击量指在一个统计周期内，用户点击推广信息的网址超链接的次数。如在百度上搜索某一地名，出来的搜索结果中，选择其中某一个点击进去，该推广信息一天内被点击多少次即为点击量。

（六）点击率

点击率指在一个统计周期内，推广信息平均每次展现被点击的比率。计算公式为：点击率 =（点击量 ÷ 展现量）×100%。例如，推广信息的展现量是 10，点击量是 2，那么点击率则是（2÷10）×100%，即 20%。

（七）平均点击价格

平均点击价格指平均每次点击推广信息所产生的消费。计算公式为：平均点击价格 = 消费金额 ÷ 点击次数。例如，企业推广信息费用为 500 元，在推广的周期里，一共被点击查看了 250 次，那么平均点击价格 =500÷250=2 元。

（八）千次展现消费

千次展现消费指被展现一千次的平均价格。计算公式为：千次展现消费 =（消费金额 ÷ 展现量）×1000。例如，在百度搜索结果中，某产品的推广信息被展现了 200 次，推广花费了 300 元，那么千次展现消费 =（300÷200）×1000=1500 元。当然，千次展现成本是衡量广告展现产生的价值，实际的投放过程中，展现是免费的，只有点击才付费。

（九）独立访客数

独立访客数，常被简称为访客数，指在一个统计周期内，访问被统计对象的不重复的访问者之和。同一人在统计周期里的多次访问被统计为一个独立访客。独立访客相当于带身份证参观展览会的访问人数，这里所说的身份证，在网络上就是访客的 IP 地址或 cookie。

（十）页面浏览量

页面浏览量简称浏览量，指在一个统计周期内，独立访客访问被统计对象时所浏览页面和总和。网站页面被访客的浏览器打开并加载的次数。页面浏览量与点击率不同，它是独立访客打开了访问的网站并且进行了加载的浏览次数，并不是点进去就算页面浏览。

（十一）访问次数

访问次数是指在一个统计周期内，独立访客访问被统计对象的次数之和。例如，如果访客在网站上的不活动时间超过一定时间长度，下次再有活动就算作新的活动，记为两次访问。

（十二）平均单次访问时长

平均单次访问时长是指在一个统计周期内，访客与被统计对象的平均会话时间。计算公式为：平均单次访问时长 = 总访问时长 ÷ 总访问次数。

（十三）路径

路径指访客在目标网站上按照步骤设置最终抵达商户所设置的目标页面之前需要经过的一系列关键页面。例如，在 360 影视，点开界面，想看电影，那么点击电影的那个按钮，就会出现电影列表。

（十四）转化

转化指潜在客户完成一次达成商户期望的行动。转化可以指潜在客户做了如下行为：在网上停留了一定时间；浏览了网站上的特定页面；在网上注册或提交订单；通过网站留言或网站在线及时通信工具进行咨询；通过电话咨询，上门访问、咨询、洽谈；实时付款、成交（特别是对于电子商务类网站而言）等。

（十五）转化目标

转化目标，也叫作转化目标页面或目标页面，指商户希望访客在网站上完成的任务，如注册、下订单、付款等所需要访问的页面。例如，在购物网站、访客浏览购物网站，并且进入了下单购物的网络页面。

（十六）转化次数

转化次数也叫作转化页面到达次数，指访客到达转化目标页面的次数。

（十七）转化率

转化率指在一个统计周期内，完成转化行为的次数占推广信息总点击次数的比率。计算公式为：转化率 =（转化次数 ÷ 点击量）× 100%。例如，10 名用户看到某个搜索推广的结果，其中 5 名用户点击了某一推广结果并被跳转到目标 URL 上，之后，其中 2 名用户有了后续转化的行为。那么，这条推广结果的转化率就是（2÷5）× 100%=40%。

（十八）转化成本

转化成本指每次转化所消耗的推广费用。计算公式为：转化成本 =（推广费用 ÷ 转化次数）× 100%。

（十九）投资回报率

投资回报率是指通过投资而返回的价值，即企业从一项投资活动中得到的经济回报。计算公式为：投资回报率 = 销售利润 ÷ 投资总额 × 100%。

第二节　搜索引擎排名原理与账户规则

【阅读材料】

搜索引擎作为网民检索信息的重要入口，是诸多网站流量的重要来源。国内检索平台主要有：

"有问题，找百度"，这个口号几乎已经深入人心。而事实也确实如此，由于有着坚实的用户基础，百度依然是绝大多数网站的流量入口。其中，百度PC端流量占比62.5%，移动端流量占比87.12%。

360目前借助其桌面端与浏览器端的覆盖优势，在各大网站的流量来源占据了相当的比重。其中，360的PC段流量占比23.79%，移动端流量占比0.39%。

搜狗与搜搜合并之后，整合其自身资源，在国内搜索市场上占据了一定的比重。其中搜狗PC端流量占比4.27%，移动端流量占比2.57%。

谷歌搜索自2010年退出中国市场后，在中国搜索引擎市场上的份额不断下降，谷歌搜索PC端流量的占比为2.48%。

神马搜索是UC和阿里巴巴于2013年联合推出的移动搜索引擎。目前，神马搜索移动端流量占比8.95%，在搜索领域居于第二位。

上述搜索引擎都具有一定的用户基础，但是无论哪种搜索引擎，进行关键词搜索之后出现的结果都有一定的排名，下文便对搜索结果的排名原理进行阐述。

（资料来源：网络营销实战派 零基础学SEO/SEM）

一、搜索引擎排名原理

在搜索引擎里输入一个关键字，通常得到很多搜索结果，这些搜索结果的排名有先后之分，这就是搜索引擎排名。

搜索引擎蜘蛛从数据库中已知的网页开始出发，就像正常用户的浏览器一样访问这些网页并抓取文件。对搜索词进行处理后，搜索引擎排序程序开始工作，从索引数据库中找出所有包含搜索词的网页，并根据排名算法计算出哪些网页应该排在前面，然后按一定的格式返回“搜索”页面。然后进行排序过程，只需一两秒就能完成并返回用户所要的搜索结果。探索搜索引擎排名的原理要从搜索引擎优化开始说起，搜索引擎优化简称SEO，指的是在符合用户友好性及搜索引擎算法的基础上，使用网站内或者网站外的优化手段，使网站在搜索引擎的关键词排名提高，从而获得目标搜索流量，进而建立直接销售或建立网络品牌。

（一）搜索引擎的排名步骤

1. 爬行和抓取

搜索引擎派出一个能够在网上发现新网页并抓文件的程序，这个程序通常称之为蜘蛛。搜索引擎从已知的数据库出发，就像正常用户的浏览器一样访问这些网页并抓取文件。搜索引擎会跟踪网页中的链接，访问更多的网页，这个过程就叫爬行。这些新的网址会被存入数据库等待抓取。所以跟踪网页链接是搜索引擎蜘蛛发现新网址的最基本的方法，所以反向链接成为搜索引擎优化的最基本因素之一。没有反向链接，搜索引擎连页面都发现不了，就更谈不上排名了。

搜索引擎抓取的页面文件与用户浏览器得到的完全一样，抓取的文件存入数据库。

2. 索引

蜘蛛抓取的页面文件分解、分析，并以巨大表格的形式存入数据库，这个过程即是索引（index）。在索引数据库中，网页文字内容，关键词出现的位置、字体、颜色、加粗、斜体等相关信息都有相应记录。

3. 搜索词处理

用户在搜索引擎界面输入关键词，单击“搜索”按钮后，搜索引擎程序即对搜索词进行处理，如中文特有的分词处理，去除停止词，判断是否需要启动整合搜索，判断是否有拼写错误或错别字等情况。搜索词的处理必须十分快速。

4. 排序

对搜索词处理后，搜索引擎程序便开始工作，从索引数据库中找出所有包含搜索词的网页，并且根据排名算法计算出哪些网页应该排在前面，然后按照一定格式返回到“搜索”页面。

再好的搜索引擎也无法与人相比，这就是为什么网站要进行搜索引擎优化。没有 SEO 的帮助，搜索引擎常常并不能正确地返回最相关、最权威、最有用的信息。

（二）网站排名的影响因素

域名、服务器的稳定，关键词分布密度以及分布情况，网站更新频率，外链数量，流量排名，用户体验等都会影响到网站的排名。如要让一个含有关键词的网页有很高的排名时，此关键词必须出现在网页的 TITLE 卷标（tag）、META 卷标（tag）的 Keywords 区段、Description 区段，当然还必须出现在网页内容里。要记得搜寻引擎是看不懂图形的，也就是说最关键的文字必须出现在 HTML 内容本身。

越来越多的搜寻引擎都将网站链接的受欢迎程度列入排名决定因素。也就是说，如果网站成为很多网友链接的对象，而且这些链接里或是链接的附近文句含有一些特定的文字，那这些文字能让该网站有较好的搜寻排名。

二、搜索引擎账户设置规则

搜索引擎账户设置对网站排名有很重要的影响，设置搜索引擎账户要注意以下规则。

（一）寻找关键词

众所周知，大多数人在网上寻找信息都是从搜索引擎开始，且都是通过输入关键词来寻找想要的信息。因此，选择恰当的关键词对于优化网页内容变得越来越重要。关键词决定了搜索者能看到的推广的信息种类，所以关键词的选取要基于营销的目标并结合一定的技巧。

1. 关键词的选取原则

关键词对网站的重要性不言而喻，它确立了网站内容扩展的方向。而选取合适的关键词，就相当于选择了一条通往成功的道路。关键词的选取有 3 个原则：

（1）选择代表产品或服务的独特优势的关键词。站在潜在受众的角度考虑问题，设想潜在受众会用什么样的词来寻找此类产品或服务。

（2）根据企业不同的推广需求，策划适合的关键词。

（3）扩展尽可能多的关键词，以便获得更多潜在受众的关注。

2. 关键词的选取范围

不同的关键词达到的营销目的与它覆盖的受众范围都是不同的，可以根据推广需求来进行筛选。通常情况下，品牌词、产品词、通用词、人群词在受众范围上是逐渐扩大的，它们所能实现的营销目标也是逐渐提升的。

（1）品牌词：公司的品牌名称（如百度、淘宝），选用这类关键词，针对的是企业的核心人群（老客户或者对品牌有一定了解的客户）。一般而言，有一定品牌知名度的企业应该重点投放此类关键词。如果企业的品牌词没有申请商标专利，那最好先申请再推广，避免同行抢注。

（2）产品词：是企业做推广的首选，这类关键词体现出网民明确的需求，是优质的目标人群。

（3）通用词：如单车、自行车就是通用词，这类词百度检索量比较大，搜索这类关键词的网民有部分是潜在客户，但也有相当一部分网民无购买意向，例如只单纯了解相关信息。所以在选择通用词时需要从网民搜索意图进行分析。

（4）人群词：潜在客户（人群）会搜索的次数，同时这些词又不是业务直接相关的词，可以称为人群词。是目标客户所表现出的主流兴趣点，如雅思托福培训的账户，人群词就是“出国留学”“出国留学需办理的手续”这样的词。人群词的针对性不强，甚至其中很大一部分是无需求的人群。

（5）竞品词：就是竞争对手的企业品牌关键词，之前很多企业做推广的时候都不重视竞品词，其实竞品词很多情况下甚至比大多数产品词有着更高的转化率。中小型企业可以把知名品牌的名字添加为关键词事实。

（二）关键词匹配方式

当搜索者使用的搜索词与推广账户里设置的关键词匹配条件符合时，推广信息就有可能被触发并出现在搜索结果页上。百度搜索推广提供精确匹配、短语匹配、广泛匹配和否定匹配关键词匹配。

1. 精确匹配

匹配条件是在搜索关键词与推广关键词二者字面完全一致时才触发，用于精确严格的匹配限制。

优势：可获得最具针对性的点击访问，转化率较高。

劣势：会降低创意的展示次数，获得潜在客户的范围较窄。

2. 短语匹配

短语匹配可分为以下三种类型：

（1）短语——精确包含：匹配条件是网民的搜索词完全包含推广的关键词，系统才有可能自动展示推广结果。

（2）短语——同义包含：匹配条件是网民的搜索词完全包含推广关键词或推广关键词变形形态（插入、颠倒和同义）或关键词的核心部分、关键词核心部分的变形（插入、颠倒和变形）时，系统才有可能自动展示推广结果。

优势：与精确匹配相比更为灵活且能获得更多的潜在客户访问，与广泛匹配相比则有更强的针对性且有可能有更高的转化率。

劣势：获得的展示次数介于广泛匹配与精确匹配之间，转化率没有精确匹配高。

3. 广泛匹配

匹配条件是搜索关键词完全包含推广关键词，允许包含部分字面顺序颠倒或有间隔，是最广泛的匹配方式，也是默认的匹配方式。系统有可能对匹配条件进行延伸，扩展至关键词的同义词、近义词、相关词以及包含关键词的短语等。

优势：是一种既进行高针对性的投放，又广泛接触受众群众的有效方法，能够为客户带去更多的潜在用户访问。

劣势：点击访问的针对性不足，转化率不如精确匹配和短语匹配高。

4. 否定匹配

否定匹配与短语匹配、广泛匹配相配合使用，对于一些可能被匹配但与推广意图不相符的关键词，可以添加到否定匹配关键词表中来组织对应推广信息的触发。通常选择其反面或非经营业务类的词作为否定关键词。

优势：使客户在通过广泛匹配和短语匹配获得更多潜在用户访问的同时，滤除不能为客户带去潜在客户访问的不必要展现，降低转化成本，提高投资回报率。

劣势：设置否定关键词后，将降低关键词的展现概率，即获得潜在客户关注的概率降低。

不同匹配方式被展现的概率不同，一般概率大小顺序为广泛匹配 > 广泛 + 否定 > 短语匹配 > 短语 + 否定 > 精确匹配。商户可以组合使用多种匹配方式，通常，广泛匹配和短语匹配能够让创意展现在更多潜在受众面前，从而带来更多曝光机会。

（三）排名规则

推广排名指企业推广信息在搜索结果页的位次，一般来说，排名越靠前，推广结果就越能吸引网民的关注，也会带来越多的潜在客户访问，同时有助于加深网民对网站、品牌的印象。在预算允许的范围内，建议尽量保持较高的排名。可以通过提高质量度和出价来提高排名，但点击价格不一定随着排名提高而提高。质量度的优化，可以使企业在节省推广费用的同时获得更好的排名，从而提高投资回报率。

1. 排名

排名由关键词质量度和出价（质量度 × 出价）共同决定，并由系统实时调整。在关键词和质量度相同的情况下，出价越高，排名就越靠前；在出价相同的情况下，质量越高，排名就越靠前。

2. 价格计费

推广的点击价格与排名、质量度相关。点击价格的计算方式是以下一名的出价乘它的质量度，除以自身的质量度，再加上 0.01 元。计算公式为：下一名的（出价 × 质量度）/ 自己的质量度 +0.01。在实际投放中，自身点击价格在很大程度上取决于竞争对手的关键词价格及质量度。

（四）质量度与创意度

质量度是系统根据该关键词的点击率、创意撰写质量以及质量度等级的形式呈现。质量度的等级越高，意味着推广质量越高，越能得到网民的关注与认可。同时，作为对高质量推广的奖励，质量度越高，需要支付的点击价格越低，或以同一出价获得的推广排名越高。此外，质量度还会对以下三方面产生影响：

（1）关键词能否展现在左侧推广区域。只有质量度和出价均达到一定标准的推广结果，才有机会展现在左侧推广区域。

（2）相关性。其中包含关键词与创意的相关性以及关键词与链接页面的相关性。

（3）关键词的最低展现价格。质量度越高，该关键词获得上线展现机会所需出的价格就越低。

（五）创意

创意是商户展现在搜索用户面前的推广内容，包括标题、描述、访问URL和显示URL。关键词可以帮助覆盖尽可能多的潜在受众，而创意就决定了是否能将这些潜在受众吸引到商户的网站中，从而采取行动促成转化。

因此，有必要了解创业的撰写要求并且掌握一些撰写技巧。

1. 标准创意样式

标题：最多50字符。

描述1：最多80字符。

描述2：最多80字符。

访问URL：限制字符数1017字符。

显示URL：限制字符数36字符。

2. 创意撰写原则

创意需要简明精练，言简意赅。

创意需要体现所在推广单元的主题（围绕该单元核心关键词进行撰写）。

强调提供的产品或服务的优势、独特性、专业性。

撰写符合相关标准（合法性、字符长度、特殊标点等）。

3. 创意撰写技巧

创意撰写并不是简单地写一个方案，而是应当巧妙地利用一些技巧让写出的创意更具创新性和吸引力，简单概括为以下几个撰写技巧：

突出产品或服务特点、公司优势。

涵盖价格、促销或承诺的内容。尽量避免一些无实质意义的形容语句，包含的信息越多越具体越好。

适当添加一些号召性的词语或诉求点。

适当添加符合语法的“！”“、”“？”等标点符号。

插入通配符，尽量多飘红。当创意文字包含的词语与用户搜索词包含的词语完全一致或意义相近时，在展现时将以红色字体显示，这样的样式称为飘红。飘红词语有助于吸引潜在受众的关注，并使潜在受众对创意信息的感知更为准确，更容易判断创意是否满足了自己搜索的需求。良好的飘红效果有助于提升创意的点击率和转化率，从而提高投资回报率。

第三节　旅游网站搜索引擎营销

旅游网站进行搜索引擎营销首先要了解潜在消费人群搜索习惯及消费心理，调查数据显示，73%的潜在用户习惯采用组合关键词进行查询，并且大多数人喜欢用多个关键字组合查询而非单个关键字查询。在设计关键词时，更多地要考虑多个关键字组合。多个关键字组合的关键词能更准确地捕捉到合格的访问者，且容易获得好的搜索引擎中的排名。

一、网络搜索旅游人群的旅游消费特征

要了解旅游网民消费心理，如中国夏季旅游趋势调查报告中显示，网络搜索旅游人群主要年龄集中在18~35岁，占整体网络搜索旅游人群的80%。

（一）消费需求追求个性化

要求消费能显示差别性、突出个性化特征，对能够表现个性心理的旅游产品十分喜爱。

（二）消费观念讲究时尚化

对各种新产品具有强烈兴趣和购买欲望，在旅游消费活动中，追求时尚新颖和美的享受，力图表现时代特征，领导消费新潮流。

（三）消费行为呈现情绪化

选购旅游产品时，容易受情绪左右，容易受环境和营销人员的影响，计划性购买较少，冲动性购买较多。

（四）消费层次体现高档化

年富力强、文化知识水平高，收入也相对较高，对于特色旅游产品和服务有浓厚的兴趣，追求高档次。

旅游网民出游前准备阶段的需求是多方面的、复杂的。当网民具备外出旅游条件，会提前1个月到1周的时间就进入出游前的准备阶段。为了确保旅游

的圆满成功，并获得最大的满足，必然要从网络中搜索多方面的旅游信息，选出最满意的旅游地、旅行线路、旅行社等，从而做出旅游计划。

二、旅游网站在进行搜索引擎营销时要注意的问题

（一）推广旺季时机

“黄金周”前夕，网民对旅游的关注度达到峰值。黄金周前一个星期至一个月内是包括在线方式在内的旅行预订市场最活跃的时期，各大在线旅行预订服务商许多新产品与新服务都在这个时间段推出。携程、艺龙、芒果网等在线旅行预订服务商更是早在 3 月底就纷纷推广各自“五一”期间的特色旅游线路、特价酒店、特价机票等各具优势的服务。

因此用户在一个星期至一个月所有的时间开始加大网络推广力度，并在其所提供产品同质的情况下，“个性服务”才是在线旅行预订服务商在黄金周的制胜之道。但经过对销售淡季消费者需求的了解，认识到在销售淡季消费者仍存在对产品的需求，旅行社应找到淡季消费需求之后抓住需求，并经过科学的网络营销策略来引导需求，进而扩大需求，才能够最终实现在淡季提升旅行社的销售业绩。

（二）旅游消费者一天使用互联网的时间段

对十一、五一假期的前 45 天统计结果表明，旅游消费者一天中在不同时段使用互联网搜索较大差异：凌晨 1 点至早上 7 点是旅游消费者上网搜索最低的时间段，从早上 8 点起旅游消费者上网搜索呈大幅上升趋势，在上午 11 点达到一天当中的第一个搜索高峰；12~13 点有一个小幅回落；从 13 点开始继续大幅上升并一直持续到 16 点，达到一天当中的第二个搜索高峰，相对此后旅游网民搜索再次回落；从 19 点开始旅游搜索人数开始小幅度上升，直到 21 点达到一天的第三个小高峰，22 点以后旅游网民搜索快速回落，回落趋势一直持续到凌晨 5 点达到最低搜索点。因此可以看出，一天旅游消费者搜索三个高峰分别为 8~11 点，13~16 点，17~21 点。

基于以上分析，用户提高消费限额和保持 8~11 点、13~16 点、17~21 点的三个高峰期参加竞价推广，从而保证网络推广时间充足。

（三）旅游消费者一周使用互联网的时间段

对五一、十一假期之前的一个半月统计结果表明，旅游消费者一周互联网

搜索时间段呈明显不同。从周一到周二旅游消费者上网搜索量呈下降趋势；从周二到周五旅游消费者搜索趋势相对平稳。从周五到周六旅游消费者搜索开始大幅上升并一直持续到周日，达到一个星期的搜索高峰；从周日到周一又开始呈下降趋势，依次循环下去。因此可以看出，周末是旅游消费者搜索时段高峰。

随着五一、十一假期的到来，旅游消费者整体搜索也在不断地呈上升趋势。但后台对旅游竞价用户统计，周末点击量远远低于周一到周五的点击量，跟旅游消费者搜索时间段相违背。因此假期到来之前，旅游竞价用户可参加周末推广，从而赢得更多旅游消费者的关注。

三、旅游搜索引擎注意问题

（一）优化产品信息

（1）在网站首页，应该给出热门、推荐、精选的产品简要信息，如旅游线路、酒店预订等。通常用列表形式，清晰地表达目的地、时间、价格等信息。方便用户快速定位。

（2）提供导航，且清晰合理，层次分明。符合公众分类习惯，尽量不要使用多级导航。

（3）旅游活动的提供可以灵活多样，可以根据不同季节提供不同的旅游套餐，或者活动专题。

（4）页面布局需清晰合理，层次分明。一般标题放置在页面最上方，其下依次为时间、费用、景点图片及介绍、线路介绍、行程安排等信息。

（二）注重品牌宣传

（1）使用简明清晰的公司标志，展示品牌权威，给用户留下良好的第一印象。

（2）旅游网站作为一个服务性行业，可以为用户提供多种增值服务，比如在网站的首页，放置查询天气预报查询，时刻查询（飞机、火车、长途汽车），旅游须知等。

（3）为了体现公司文化，可以将公司认证、发展历程、公司优秀导游、明星员工照片等信息放在网上，给用户一个良好的印象。

（三）加强用户互动

（1）提供明显、清晰的联系方式：在首页突出显示。在页面底部设置公司的联系信息，保证在每个页面都要有醒目的联系方式，方便用户联系。

（2）在产品详细信息页可以用设计精美的按钮或链接，提供联系的快捷操作。

（3）网站应该配备有即时通信工具或者是在线沟通工具，如百度留言板或在线QQ等，并且最好配有专人处理，第一时间回复咨询问题。

【本章作业】

1. 说出以下词语的意思：

日均搜索量、流量、流失量、展现量、点击量、点击率独立访客数、页面浏览量、路径、转化、转化目标、转化次数。

2. 描述搜索引擎的工作原理。

3. 描述关键词排名的规则。

4. 案例讨论

A客户是长沙区域一家旅行社，在2008年5月底的时分，因为遭到“5·12”特大地震的影响，全部旅行职业处于冷季，业务同比上一年5月份降低很大。在这种艰难的状况下，2008年6月初A客户挑选了“百度”，运用查找引擎做起了生意。

尽管是测验，开始时投入不大，可是A客户非常用心，自动与“百度”优化参谋进行沟通，测算每次测验的作用。

优化参谋从全体旅行职业的视点，和A客户讨论其时全部职业的一个趋势：尽管错过了“五一”的推行时刻，可是从从前的数据来看：暑假期间7~8月是旅行的小高潮，爸爸妈妈带孩子出游也占了较大份额，并且夏天张家界也是避暑的好地方；经过“百度”的职业分析数据，一个想出游的网民从查找有关旅行服务到最后达到交易，最少也需要一个月，所以在旺季来临前加大推行力度，不仅能够招引眼球，并且抓住了宣扬推行的最佳时机。

依照优化参谋的主张，A客户有时刻段、有针对性地进行关键字投进，旺季前坚持继续推行，适时联络“百度”优化人员商议新增关键字，关键字由原来的20个提高到130个，还安装了“百度”留言板，并对有用留言进行一致的盯梢回复，从必定视点上来监控调整后的作用状况。终究取得了逾越同区域竞赛对手的好作用。在8月张家界旅行进入艰难阶段，一些旅行社已经关门度假了，但A客户一直在“百度”进行推行，并顺畅地渡过了这段艰难时期。

（资料来源：SEM优化网 www.semyouhua.com，内容有所删减。）

阅读上述案例，结合游客购买行为特征，分析A客户利用搜索引擎营销成功的原因。

第十章　旅游 E-mail 营销

【开篇案例】

TripAdvisor 可谓用心良苦，运用各种邮件营销技巧，以求最终达到不断鼓励用户评论、活跃社区、促进转化的目的，但是究竟效果如何？全球领先的智能化营销服务商于近日发布中国地区《2014 年邮件营销行业数据报告》中，揭示了 2014 年旅游酒店服务行业的邮件营销表现。

系统类邮件看似中规中矩，缺乏邮件创意发挥的素材，实际上仍然有很多可供优化的点。TripAdvisor 就做了不少创新式尝试，以此维系与用户的关系及促成网站的实际转化。

1. 里程碑式的感谢评论邮件。里程碑邮件奖励好的行为，建立动力。在这封电子邮件里，TripAdvisor 让用户觉得第一次评论非常有意义，强调的是用户对社区的贡献。另外，依然不忘趁热打铁提供你可能感兴趣的内容。

2. 创造非典型事务邮件。借助用户第一次评论发布提醒以吸引用户去打开和点击邮件，内容完全个性化。在邮件营销用户生命周期中，除了常规的事务性邮件，可以充分利用情境、事件、热点、用户相关信息点等去包装打造非典型性的事务性邮件，让用户乐于参与其中，增加互动。

3. 高潮电子邮件，灵活的邮件营销艺术。这封邮件和前一封邮件同一天发出。前一封为铺垫，后一封为真正高潮。先以情动人，然后再要求用户采取行动，可以推测 TripAdvisor 在进行邮件营销策划时，没有按部就班，固守成规，而是以实际需求灵活调整邮件发送策略。有时候，你需要以一种全新的方式去思考电子邮件，这就是邮件营销的艺术。

4. 为另类用户定制“志同道合”的邮件。并不是所有的用户都是你忠实的追随者，TripAdvisor 给具有一类特点的用户提供了一个寻找灵感和身份认同的地方。就像有些用户，他们是活跃的旅行者，但可能并非活跃用户，你要如何邮件营销他们呢？每个用户都有追求某个目标的渴望，从你的品牌出发，找到连接你和这些不同类型用户之间的纽带，把用户逐渐吸引转化成你的用户。

5. 不忘发送一封温暖舒适的正能量邮件。你可能会注意到，TripAdvisor在所有营销中都积极奖励好的行为。每一个互动都是一件值得感谢的事。它积极宣传付出越多，回报越多，以让数以百万计的潜在的潜水者变成贡献者。

6. 定量化的数据驱动电子邮件。TripAdvisor 运用数据作为一个触发器，用定量的方法向用户证明贡献是有价值的。有什么比客观数据可以更好地说明这个问题呢？这封邮件显然设置了特定的触发逻辑，不同于向整个列表发送一封通用的邮件，这封邮件很好地利用了数据和触发器，在合适的时间给每个用户自动发送个性化的邮件。这个看起来操作复杂，其实并不难实现。全球领先的智能化营销服务商的邮件营销平台可以根据各种自定义的触发条件，实现各种个性化邮件的自动推送，同时配合短信、彩信、微信等多渠道内容的同步自动推送，让邮件营销各种溢价，非常经济省心。

7. 让数据电子邮件，体现用户的行为价值。TripAdvisor 让数据说话，向用户解释为什么写评论有助于其他旅行者。文案中体现乐观、积极和鼓励的精神。当用户收到这个邮件，实际上它让用户感觉就像自己需要承担的责任，并让用户感受到自己分享知识的价值，让其他人能真正从中受益。

8. 每一个小小的激励都将是建立品牌和用户长期稳定关系的推动力。滴水石穿，邮件营销中的每一次小小的互动都将是建立你的品牌和用户长期稳定关系的推动力量。如果用户习惯回应你的要求，他们将更容易做出更大的承诺。TripAdvisor 借用对用户的每一个小的激励，以高相关性信息，营造互动和亲近感。

9. 通知邮件。TripAdvisor 在这封邮件中提醒用户的社交好友动态。事实上，每一次，当用户的 facebook 好友加入 TripAdvisor，用户都将收到这封通知邮件。它至少可以达到三个作用：1）朋友比陌生人更能吸引用户关注；2）朋友推荐的旅行地将更容易获得用户认同和信任；3）有朋友在的地方，用户感觉更可靠、更安全、更愿意停留，这些作用都将影射到你的品牌。这封邮件无疑为企业又增加了营销机会。

10. 节日邮件。传统的节日营销、事件营销一直有效！ TripAdvisor 利用节日邮件营销去邀请用户评论及推荐营销产品。

11. 月度报告邮件。这是一封非常明智的邮件，完全基于行为个性化，由数据驱动，游戏化，并且具有很强的行动号召效果。而这个月度报告不仅是月度报告（与目前一些旅游网站提供的包含消费、积分变动等月度账单不同），它承载的是让用户采取互动行动的使命，以及通过评论、浏览等长期互动，让用户逐渐认同企业的品牌，逐渐养成习惯，成为品牌的真正粉丝。全球领先的智能化营销服务商：即使是最小的公司也有自己的数据，关键在于企业如何去找到并充分挖掘已有用户的数据价值，有时候一个简单的数据点、一个属性内容，也可以为你的营销增添亮点。

无论是国外如 TripAdvisor、Agoda、Booking 等，国内如携程网、同程网、去哪儿、艺龙网、驴妈妈旅行网、途牛旅游网、穷游网等，越来越激烈的市场竞争使得邮件营销面临持续的创新挑战。邮件与短信、微信等多渠道整合帮助企业打通了渠道间互通的障碍，但是面对爆炸的信息量、越来越多需要管理的客户数量，企业要分析每个用户，发送个性化精准信息，依然非常困难。如何才能让用户得到个性化体验？ DMA 智能化营销，不仅在于其拥有便捷触及终端用户的丰富渠道，如邮件、短信、微信、App 等用户活跃平台，并且可以帮助企业整合以往来自多个渠道割裂的用户 E-ID 数据碎片，以 BI 智能化逻辑运算模型，建立起清晰的数字营销和会员用户全局视野，进行千人千面的个性化内容推送，这无疑为企业带来正确的营销预见。完全脱离人工的自动化操作方式，让企业最为关心的人力成本问题也得到很好的解决。

［资料来源：TripAdvisor：旅游酒店行业邮件营销技巧及案例（下篇）］

【本章学习任务】

· 了解 E-mail 营销的概念与发展。
· 掌握 E-mail 营销的特点。
· 掌握 E-mail 营销的基本方法。
· 掌握 E-mail 营销的策略。

第一节　E-mail 营销概述

一、E-mail 营销的诞生与发展

（一）E-mail 的诞生

目前关于 E-mail（电子邮件）的诞生时间有两种说法，一种是《互联网周刊》报道的在 1969 年 10 月世界上的第一封电子邮件是由计算机科学家 Leonard K 教授发给他同事的一条简短消息。这条消息只有两个字母："LO"。Leonard K. 教授因此被称为电子邮件之父。Leonard K. 教授解释："当年我试图通过一台位于加利福尼亚大学的计算机和另一台位于旧金山附近斯坦福研究中心的计算机联系。我们所做的事情就是从一台计算机登录到另一台计算机。当时登录的办法就是键入 L-O-G。于是我方键入 L，然后问对方：'收到 L 了吗？'对方回答：'收到了。'然后依次键入 O 和 G。还未收到对方收到 G 的确认回答，系统就瘫痪了。所以第一条网上信息就是'LO'，意思是'你好！'"

另一种广为流传的说法是在 1971 年由美国的雷·汤姆林森（Ray Tomlinson）发明。1971 年，美国国防部资助的博尔特·贝拉尼克·纽曼研究公司（BBN）参与阿帕网（Arpanet，互联网的前身）的建设和维护工作正在如火如荼地进行中，一个非常尖锐的问题出现了：参加此项目的科学家们在不同的地方做着不同的工作，却不能很好地分享各自的研究成果。原因很简单，因为大家使用的是不同的计算机，每个人的工作对别人来说都是没有用的。他们迫切需要一种能够借助于网络在不同的计算机之间传送数据的方法。在当时已经有一种可传输文件的电脑程序以及一种原始的信息程序。但这两个程序远不及现在发送电子邮件时使用方便又快捷，存在极大的使用局限——例如，使用信息程序的人只能给接收方发送公报，并且接收方的电脑还必须与发送方一

致。为阿帕网工作的麻省理工学院博士雷·汤姆林森（Ray Tomlinson）对已有的传输文件程序以及信息程序进行研究，研制出一套新程序，它可通过电脑网络发送和接收信息，再也没有了以前的种种限制。他把一个可以在不同的电脑网络之间进行拷贝的软件和一个仅用于单机的通信软件进行了功能合并，命名为 SNDMSG（即 Send Message）。为了测试，他使用这个软件在阿帕网上发送了第一封电子邮件，收件人是另外一台电脑上的自己。尽管这封邮件的内容连汤姆林森本人也记不起来了，但那一刻仍然具备了十足的历史意义：电子邮件诞生了。汤姆林森选择“@”符号作为用户名与地址的间隔，因为这个符号比较生僻，不会出现在任何一个人的名字当中，而且这个符号的读音也有着“在”的含义。阿帕网的科学家们以极大的热情欢迎了这个石破天惊般的创新。他们天才的想法及研究成果，现在可以用最快的甚至快得难以觉察的速度来与同事共享了。许多人回想起来，都觉得阿帕网所获得的巨大成功当中，电子邮件功不可没。电子邮件由此诞生。

虽然电子邮件是在 20 世纪 70 年代发明的，它却是在 80 年才得以兴起。究其原因主要还是在 70 年代使用阿帕网（Arpanet）网络的人太少，网络的速度也仅为 56Kbps 标准速度的 1/20。受网络速度的限制，那时的用户只能发送些简短的信息，根本别想发送大量照片；到了 80 年代中期，随着个人电脑兴起，电子邮件开始在电脑迷以及大学生中广泛传播开来；90 年代中期互联网浏览器诞生，全球网民人数激增，电子邮件被广为使用，使电子邮件成为主流的第一个程序是 Euroda，是由史蒂夫·道纳尔在 1988 年编写的。由于 Euroda 是第一个有图形界面的电子邮件管理程序，它很快就成为各公司和大学校园内主要使用的电子邮件程序。

然而 Euroda 的地位并没维持太长时间。随着互联网的兴起，Netscape 和微软相继推出了它们的浏览器和相关程序。微软和它开发的 Outlook 使 Euroda 逐渐走向衰落。

在过去几年中，关于电子邮件发生的最大变化是基于互联网的电子邮件的兴起。人们可以通过任何联网的计算机在邮件网站上维护他们的邮件账号，而不是只能在他们家中或公司的联网电脑上使用邮件。这种邮件是由 Hotmail 推广的。如今 Hotmail 已经成为一大热门网站，但微软在 1998 年收购此网站的时候仅用了 4 亿美元，这个价格后来令 Hotmail 的创建者沙比尔·布哈蒂尔后悔不迭。

Hotmail 的成功使一大批竞争者得到了启发，很快电子邮件成为门户网站的必有服务，如雅虎，netscape，Exicite 和 Lycos 等，都有自己的电子邮件服务。

（二）E-mail 营销发展历程

最早的 E-mail 营销来源于垃圾邮件，还得追溯到 1994 年 4 月 12 日著名的“律师事件”，因为这次事件，使人们对 E-mail 营销有了系统的了解，所以普遍观点认为 E-mail 营销诞生于 1994 年，而将 E-mail 营销概念进一步推向成熟的是“许可营销”理论的诞生。真正的许可 E-mail 营销，是在事先得到用户许可的前提下，向用户发送有价值的信息。

【阅读材料】

E-mail 营销之“律师事件”

Email 营销的起源还得追溯到 1994 年 4 月 12 日，美国亚利桑那州两位从事移民签证咨询服务的律师劳伦斯·坎特和玛撒·西格尔把一封“绿卡抽奖”的广告信发到他们可以发现的 6500 个新闻组，这在当时引起了轩然大波，并引起疯狂的下载与转发，他们的“邮件炸弹”让许多服务商的服务器处于瘫痪状态。后来这两位律师在 1996 年还合作编写了一本书——《How to make a fortune on the internet superhighway》，书中介绍了他们的这次辉煌经历：通过互联网发布广告信息，只花了不到 20 美元的上网通信费用就吸引来了 25000 个潜在客户，其中有 1000 转化为新客户，从中赚到了 10 万美元。他们认为，通过互联网进行 E-mail 营销是前所未有的几乎无须任何成本的营销方式。然而现在看来，这种以未经用户许可而“滥发”邮件的行为并不能算是真正的 E-mail 营销。

（资料来源：http：//abc.wm23.com/confident/270764.html）

二、E-mail 营销的定义与特点

（一）E-mail 营销的定义

E-mail 营销也被称之为 EDM 营销（Email Direct Marketing），是在用户

事先许可的前提下，通过电子邮件的方式向目标用户传递有价值信息的一种网络营销手段。企业可以通过EDM建立同目标顾客的沟通渠道，向其直接传达相关信息，用来促进销售。EDM有多种用途，可以发送电子广告、产品信息、销售信息、市场调查、市场推广活动信息等。

E-mail营销有三个基本因素：基于用户许可、通过电子邮件传递信息、信息对用户来说是有价值的，三个因素不能缺少任何一个。最早的源于垃圾邮件的E-mail营销的“律师事件”当时并没有考虑别人的感受，也没有计算别人因此而遭受的损失。而真正的E-mail营销，也就是所谓的“许可E-mail营销”，是在事先得到用户许可的前提下，向用户发送的有价值的信息。

（二）E-mail营销特点

电子邮件（Electronic mail）服务是Internet网络为用户提供的一种最基本的、最重要的服务之一。

电子邮件将邮件发送到收信人的邮箱（mail box）中，收信人可随时进行读取，有着以下几点特点：

1. 使用方便

E-mail营销没有任何时间的限制，一天24个小时，一年365天任何时间都可以发送电子邮件。同时，完成一项E-mail信息的发送非常方便。

2. 传递迅速、费用低廉

电子邮件的传递时间是传统直邮广告等方式无法比拟的，根据发送邮件数量的多少，需要几秒钟到几个小时就可以完成数以万计的电子邮件的发送，同样，无法送达的邮件也可以立即退回或者在几天之内全部退回。

E-mail营销的突出特点就是费用低廉。编辑和发送一份E-mail所花费的代价是时间和电话通信费而已。这一优越性在国际通信联系方面尤其突出。如与一位英国客人联系时，采用传统的信件邮寄方式，往往要花费几元甚至几百元的代价。

3. 传送内容形式多样

既可传送文字信息，而且还可附上声音和图像等多媒体信息文件。

4. 效率高

E-mail营销被证明是一种效果最好的网上营销工具之一，据统计其反馈率在 5%~15%，远远高于标志广告的回应率。不仅网络营销人员对 E-mail 营销情有独钟，很多消费者也愿意接受有用的 E-mail。企业可以把新产品推荐给顾客，顾客也可以将自己的个性化需求及时反馈给企业，使企业可以根据消费者的反馈立即做出相应的调整措施。

5. 安全性高

当企业希望通过互联网给顾客发送信件时，只需要将发送的信件与收信人的电子邮件地址发给电子邮件系统。电子邮件系统就会自动把用户的信件通过网站一一送到目的地。不容易引起竞争对手的注意。

6. 反馈迅速

非常适合于期待有客户直接反映的营销目标。E-mail 营销不但是一种交互式的营销工具，并且具有迅速传播和易于反馈的特性，目标客户在通过 E-mail 得到信息后，可以根据自己的喜好立即做出反应，而客户的直接反应度对企业往往是非常重要的。

三、E-mail 的工作原理

（一）电子邮件协议和标准

电子邮件在发送和接收的过程中还要遵循一些基本的协议和标准，如 SMTP、POP3、MIME 等，这样一份电子邮件才能顺利地被发送和接收。

1. SMTP 协议

SMTP（Simple Mail Transfer Protocol，简单邮件传输协议）是 Internet 上基于 TCP/IP 应用层协议，适用于主机之间电子邮件交换。SMTP 采用客户服务器模式。

2. POP3

POP3（Post Office Protocol version 3　邮局协议版本 3）是系统的基本协议之一。基于 POP3 协议的电子邮件软件为用户提供了许多的方便，允许用户在不同的地点访问服务器上的电子邮件，并决定是把电子邮件存放在服务器邮箱上，还是存入在本地邮箱内。

3. MIME

MIME（Multipurpose Internet Mail Extensions）称为“多用途 Internet 邮件扩展协议”，是一种编码标准，解决了 SMTP 协议仅能传送 ASCII 码文本

的限制。

（二）E-mail 地址

在电子邮件发送前，每个用户必须被赋予一个电子邮箱（Electronic mailbox）。通常，一个电子邮箱包括一个被动存储区，像传统的邮箱一样，只有电子邮箱的所有者才能检查或删除邮箱信息。每个电子邮箱有一个唯一的电子邮件地址（E-mail address）。

一种广泛使用的格式是用“@”隔开两部分，例如：

sysusie@163.com

这里 sysusie 是一个指明用户邮箱的账户名，而 163.com 是一个指明邮箱所在的计算机的域名。

（三）E-mail 邮件格式

From：sysusie@163.com
To：sysusie@ascent.com.cn
Cc：zhanghua@sina.com
Subject：Hello！
Date：Fri 18，Feb.2018 10：18：01

苏老师：
这是一封测试邮件
sysusie

四、常用的 E-mail 邮箱

如果要使用电子邮件，用户必须要有一个 E-mail 邮箱。E-mail 邮箱又可分为免费的个人 E-mail 邮箱、收费的 VIP 个人邮箱与企业邮箱等。现在电子邮箱已经渗透到了我们工作、生活的每一个角落，电子邮箱已经无处不在。

（一）免费 E-mail 邮箱

相对于个人用户来说，一般使用的是互联网公司免费提供的 E-mail 邮箱。而企业大多用的是以企业域名为后缀的企业邮箱。既能体现公司的品牌和形象，又能方便公司对员工信箱进行统一管理，还能使企业的商业信函往来获得更好、更安全的管理，是互联网时代不可缺少的现代化通信工具。现在很多大型网站提供 1G~10G 不等的大容量免费 E-mail 邮箱申请、使用服务，除了收发邮件的基本功能外，各免费邮箱的空间大小和功能等都有自己的特点。

常用的免费 E-mail 邮箱有：QQE-mail 邮箱、网易 163、126、188 系列邮箱、Gmail、hotmail、新浪 E-mail 邮箱、搜狐闪电 E-mail 邮箱、亿邮 E-mail 邮箱等。

在申请免费邮箱服务时，要注意以下几个问题：接收邮件的服务器是否可靠，是否经常丢失邮件，或关闭服务器；是否支持 POP3 协议收取邮件；是真正接收并存储邮件，还是只转发邮件；是否提供其他全面的服务。

以下介绍常用的安全可靠、大容量的四种免费 E-mail 邮箱。

1. QQ 邮箱

QQ 邮箱是腾讯公司提供的免费电子邮箱，其优点是使用用户众多，3G 大容量，还会自动扩展容量，有 QQ 号码就有邮箱。可以和 QQ、微信绑定，新邮件到达即时通知，还可以通过 QQ 微云发送超大容量附件，方便移动设备访问。因为 QQ 号码本身就是邮箱账户，容易收到广告。

2. 网易免费 E-mail 邮箱

网易公司提供的免费电子邮箱，国内首个提供免费电子邮箱服务的公司。163 邮箱是中国最大的电子邮件服务商网易公司的经典，目前已经拥有超过 3 亿的用户，是全球使用人数最多的中文邮箱。

优点：中文电子邮箱第一品牌，技术力量雄厚。无限容量，可以通过网盘发送 2G 超大附件。提供安全、稳定、快速、便捷的电子邮件服务，支持 Pop3/IMAP/SMTP，可以通过电子邮箱接收传真。

缺点：会有广告。

3. Gmail

Gmail 是一款直观、高效且实用的电子邮件应用，是第一个推出 G 级别电子邮箱的公司。

优点：目前提供 15 GB 的免费存储空间。全球最大的互联网公司之一，容量大、安全、服务有保障，可以通过 IOS、Android 等移动设备访问邮箱，支持 IMAP、POP3。其强大之处在于防止垃圾邮件的功能非常强大；可以通过邮箱和联系人即时聊天；可以进行文字、语音、视频聊天，传递文件等。

缺点：服务器在国外，国内用户访问速度较慢。

4. 亿邮免费个人邮箱

亿邮免费个人邮箱界面简洁、操作简易，有着智能垃圾邮件识别的引擎，对垃圾邮件识别率超过 99.99%，容量大，技术先进。

随着微信在大众中普及度提升，亿邮邮件的微信平台——微邮件也应运而生，为邮件用户提供更及时的推送服务，更便捷、直接的沟通体验。微邮件是借助微信平台，为邮件用户提供实时的接收、查看、发送邮件等服务的公众号应用。

（二）企业邮箱

企业邮箱（Enterprise Mailbox）是指以企业命名的域名作为后缀的电子邮件地址。通常一个企业经常有多个员工要使用电子邮件，企业电子邮局可以让集团邮局管理员任意开设不同名字的邮箱，并根据不同的需求设定邮箱的空间，而且可以随时关闭或者删除这些邮箱。

企业邮箱相对于个人邮箱来说，功能更多，空间容量更大，大大提高企业邮箱的稳定高效性，反垃圾、反病毒性能更强，邮件收发速度更快。拥有企业邮箱可以为自己的员工设置电子邮箱，还可以根据需要设置不同的管理权限，以及部门成员之间或者公司全体员工之间的群发功能等，除了一般的终端邮件程序方式（如 outlook）收发 E-mail 之外，还可以实现 WEB 方式收发和管理邮件，比一般 ISP 提供的电子邮箱和虚拟主机提供的信箱更为方便。

1. 腾讯企业邮箱

腾讯企业邮箱是腾讯针对企业用户提供的企业邮局服务，用户可搭建属于企业自己的邮局，实现邮件收发等功能。企业将自己的域名按要求进行配置后，即可拥有一批以企业域名为后缀的邮箱账号。并可根据需要对这些账号进行自主的组织、管理和分配。使用腾讯企业邮箱就能拥有类似 tom@example.com 或 david@example.com 等账号。腾讯企业邮箱免费版本只有 200 个账号，功能相对没有收费版丰富。

2. 网易企业邮箱

网易目前拥有近 6 亿邮箱用户，奠定了国内电子邮箱第一品牌的坚实地位。网易企业邮箱在免费邮箱的基础上为企业提供更优的杀毒、反垃圾和商务功能服务。截至 2016 年第三季度，企业客户数量已超过 54 万家，网易企业邮箱的功能相当强大，它拥有目前国家最高等级安全测评证书，并且使用大型矩阵式服务器架构，分布式部署海外服务器，保证邮件收发通畅无阻，足够稳定。反垃圾平台的病毒邮件过滤率接近100%，垃圾邮件的拦截率高达98%，居业界第一。网易企业邮箱为企业提供的服务为收费服务。

五、E-mail营销的优缺点

E-mail营销的最大优点在于企业可利用它与无论是企业用户还是普通用户建立更为紧密的在线关系。

（一）E-mail营销的优势

E-mail营销的优势除具有E-mail的自身方便、快捷、成本低等特点外，还有以下几点：

1. 覆盖面广、速度快、无时空限制

电子邮件不受时间和空间的限制。传统媒体的传播通常具有一定的地域限制。同时，传统媒体广告具有一定的时效性，只能在某一时间段进行，而电子邮件更好地弥补了传统媒体广告的不足。

2. 功能全、成本低

人们只要在Internet上申请一个电子邮箱就可以发送电子邮件了，因此电子邮件营销是任何企业均能使用的通信方式，无论是资产雄厚的大型企业，还是资产微薄的中小企业，只要能接入Internet就可以开展电子邮件营销业务。

3. 针对性强，广告内容不受限制

传统大众营销媒体的信息传递是一种撒网捕鱼的方法，受众的针对性含糊不清，载体发送的目的与受众接受的目的不能及时达成一致，造成发送与接收的错位。电子邮件营销系统可以通过数据挖掘对目标客户进行细分，使企业能于真正意义上进行营销细化，针对具体某一用户或特定的广告。

4. 非强迫性质

电子邮件营销按营销形式属于非强迫性质，只有用户需要才会有营销邮件出现在其邮箱之中，并且这些邮件也不会像电视广告、广播广告那样强迫用户去阅读，而是根据用户自己的需求可以在任何时间、以任何方式进行阅读。

5. 交互反馈性

E-mail营销可以通过电子刊物来促进顾客关系。许可E-mail营销可以满足用户个性化的需求，根据用户的兴趣预先选择首用信息。电子邮件的发送与接收同步或非同步交流，构成了交互的可能，这种交互功能又主要体现信息的反馈方面。

6. 保密性

E-mail营销并不需要大张旗鼓地制造声势，信息直接发送到用户的电子邮箱中，不容易引起竞争对手的注意，除非竞争者的电子邮件地址也在邮件列表中。

（二）E-mail营销的劣势

（1）垃圾邮件的泛滥和困扰。E-mail营销是网络中最早受到重视的营销工具之一，但是如果应用得不好，就会被用户当成垃圾邮件。

（2）邮件的可信度不足。任何人只要具有一个电子邮箱就可以发布营销信息，导致了网上虚假广告越来越多，垃圾信息成灾。

（3）营销反馈有难度、效果评估困难。

（4）用户对电子邮件的要求越来越高。

第二节　E-mail营销技巧

一、E-mail营销原则

（一）及时回复

在收到电子邮件的时候，要养成及时回复的习惯，即使是“谢谢，来信已经收到”，也会起到良好的沟通效果，通常电子邮件应该在一个工作日之内回复客户，如果碰到比较复杂的问题，要一段时间才能准确答复客户，也要先简单回复一下，说明情况。实在没有时间回复，则可以采用自动回复电子邮件的方式。

（二）避免无目标投递

采用群发的形式向大量陌生电子邮件地址投递广告，不但收效甚微，而且会变成垃圾邮件，损害了公司形象。

（三）尊重客户

不要向同一个电子邮件地址发送多封同样内容的信件，当对方直接或者间接拒绝接收电子邮件的时候，绝对不可以再向对方发送广告信件，要尊重对方，否则更易引起反感。

（四）内容要言简意赅

客户时间宝贵，在看电子邮件的时候多是走马观花，所以信件要言简意赅，充分吸引客户的兴趣，长篇累牍会使客户放弃阅读你的电子邮件。在发送前一定要仔细检查电子邮件内容，语句要通顺，没有错别字。

（五）附上联系方式

信件一定要有签名并附上电话号码，以免消费者需要找人协助时无法联络。邮件内容如果能在正文里面显示，就不采用附件形式。

（六）尊重隐私权

征得客户首肯前，不得转发或出售发信人名单与客户背景。

（七）避免撞车

在促销活动中，宣传渠道包括媒体、电子邮件、电话等，务必要事先协调，以免同个客户重复收到相同的促销信。

（八）坦承错误

若未能立即回复客户的询问或寄错信件，要主动承认错误，并致歉。不能以没有收到电子邮件作为借口，弄巧成拙，不但无法吸引客户上门，反而把客户拒之门外。

二、E-mail 营销技巧

（一）E-mail 营销的基本要素

目前大家公认的 E-mail 营销是在用户许可基础上的许可 E-mail 营销的营销活动。但是许可 E-mail 营销就是在众人痛恨的与垃圾短信一样的垃圾邮件群发的基础上出现的，非许可 E-mail 营销是侵权违法的。E-mail 营销从普通的通信发展到营销工具需要具备一定的环境条件，只有这些环境条件逐渐成熟后，E-mail营销才有可能实现。E-mail营销的基本要素包括：

（1）有一定数量的用户E-mail地址。

（2）有专业的E-mail营销服务商，或者企业内部拥有展开E-mail营销的能力。

（3）用户对于接收到的信息有一定的兴趣和反应，如产生购买、浏览网站、进行咨询等，以此来增加企业的品牌知名度。

（二）潜在顾客的E-mail地址的获取

只有充分了解顾客的E-mail地址，才能准确地将电子邮件、EDM发送给客户进行E-mail网络营销，因此电子邮件营销的第一步就是收集潜在顾客的E-mail地址。那么，我们该如何来收集E-mail地址呢？收集电子邮件地址主要有以下几种常用的方法：

1. 从媒体与网络上主动获取

传统的大众传播方式主要包括报刊、户外、通信、广播、电视等传统意义上的媒体，也能收集到许多电子邮件地址。比如访问相关企业的主页也是获取电子邮件地址比较好的一种方式。例如，一个饮料出口企业，希望得到法国饮料进口商的电子邮件地址，可在网上“企业黄页”中分别查找法国的“大型超市”“饮料进口商”的企业主页，这些企业都可能是潜在客户。进入企业的主页后，一般都有与其联系的电子邮件地址。有些还有各部门负责人的电子邮件地址。找到后，将其剪贴下来，放入自己的通讯簿进行保存。有的主页上电子邮件地址不直接出现，而是以链接的方式如“与我们联系”，只要单击它，待出现“新邮件”后，在地址栏用鼠标右键单击，在出现的快捷菜单中选择“添加到通讯簿”命令即可。

以此种方式收集的电子邮件地址针对性强，以此地址做广告的有效性也较高。但是，往往花费的时间与精力很多，与广告效果相比，这些花费是值得的。

2. 购买

企业或个人花几十元在网上就可以买数十万个甚至上百万个电子邮件地址。这种方法相对来说比较过时，针对性不强，但优点是获取方式简单。所购买的这些电子邮件地址可能别的商家已经对其进行过大规模的散发广告活动，使接收者开始有了逆反情绪，收信后根本不看内容就予以删除，甚至采取反击措施。用购买来的电子邮件地址特别是未经仔细分类的地址发送营销邮件靠的是以量取胜，但被普遍认为是一种不道德的宣传方式。如果发 10 万封邮件，能有 5% 的反馈，那么就算成功了，但是发送者要做好挨骂，甚至被垃圾邮件报复的准备。虽然它可能很有效，但是不应提倡使用这种方式。

3. 让客户主动提供电子邮件地址

最直接的主动收集方法就是：制造某种网上特殊事件让客户参与进来，如竞赛、评比、猜谜、网页特殊效果、优惠、售后服务、促销等。用这种方式来有意识地营造自己的网上客户群，不断地用 E-mail 来维系与他们之间的关系。这个客户群就是企业最大的财富，可以将很多营销手段应用于吸引读者。其实要想吸引读者不是特别难，主要考虑好企业的产品适合哪个阶层的读者，这个群体会特别注意哪方面的信息，或者特别关心什么内容。

让读者通过 E-mail 对企业产生信赖，还要让其相信，留下其 E-mail 地址不会带来麻烦，只会带来便利和好处。

（三）E-mail 的邮件列表的建立

获得足够多的用户 E-mail 地址资源，是 E-mail 营销发挥作用的必要条件，而了解邮件接收者的电子邮件地址有益于 E-mail 营销效果。目前最大的问题是缺乏用户的资料，或者缺乏有效管理大量用户资料的办法。收集资料显得十分困难，对资料的分析、归类、管理更加困难。为了达到营销的目的，市场人员必须对数据库信息进行认真分析，了解每个登记者的兴趣爱好所在，然后将每个记录分类，建立相应的数据库。毫无疑问，“狂轰滥炸”式的 E-mail 营销方式已经逐渐失去其作用了。研究显示，60% 的订阅者会直接忽略掉那些与自己毫不相关的邮件，让那些营销者建立关系与销售产品的希望落空。更糟糕的是，一半的订阅者会退订甚至投诉他们的服务提供商，这样就完全中断了关系并且损害了持续性。而使用已有的营销数据，根据订阅者的回应做出相关联的针对性营销，则可以有效控制邮件订阅与回应的日益下降趋势。

企业可以利用自己的网站作为宣传阵地，尽可能地在网站首页和其他主要页面均设置邮件列表订阅框，同时给出必要的订阅说明，从而增加用户对邮件列表的印象，以吸引其加入。

（1）现有用户的资源合理利用。在向用户提供其他信息服务时，不要忘记介绍最近推出的邮件列表服务。如果用户觉得邮件是自己想要了解的相关信息，就会订阅邮件列表，这样企业就可以定期向用户进行 E-mail 营销。

（2）提供部分奖励措施。比如向用户发布信息，某些产品有优惠，但得通过邮件列表发送；某些研究报告或者重要信息资料要通过加入邮件列表才能获得。这些方法都可以使用户订阅企业的邮件列表。

（3）通过注册索要用户的 E-mail 地址。在注册为企业的网站用户时，需要以 E-mail 地址为登录名或 E-mail 地址是注册时必填的一项。

（4）向其他网站或列表推荐。

（5）得到相关内容网站或其他电子杂志的推荐。

（6）向朋友或同行推荐，通过获得业内人士的认可发挥邮件列表的价值。为邮件提供多种订阅渠道，采用第三方提供的电子发布平台时，要将自己的邮件列表加入合适的分类中，以增加潜在用户的了解机会。

（7）争取邮件列表服务商的推荐。

（8）在第三方专业平台，要争取获得发行商的认可和推荐。

（9）利用搜索引擎和邮件地址搜索工具软件寻找潜在用户。

【阅读材料】

ESP

E-mail 营销可以说是网络营销手法中最古老的一种，比绝大部分网站推广和网络营销手法都要老。很多企业通过专业的 E-mail 营销软件对 E-mail 营销内容进行发送，企业可以通过使用 EDM 软件向目标客户发送 EDM 邮件，建立同目标顾客的沟通渠道，向其直接传达相关信息，用来促进销售。EDM 软件有多种用途，可以发送电子广告、产品信息、销售信息、市场调查、市场推广活动信息等。

向哪些用户发送电子邮件、发送什么内容的电子邮件，以及如何发送这些邮件。许多有大量邮件发送需求的企业会通过电子邮件提供商（Email Service Provider，ESP）来进行 E-mail 营销。下表是国内外不错的电子邮件提供商。

ESP厂商名称		介绍	价格（每月30万条规模）	备注
国外	Webpower	Webpower于1999年在荷兰成立，2006年进入中国，是中国市场占有率最高的 ESP。很多电商都在用他们的服务。系统功能、发送、服务上也都不错	每年2万通道使用费+2分/封	支持设计、发送、报告等；除了邮件营销还有短信营销、微信营销等服务
	Mailgun	Mailgun 是国外专注做触发的服务商，提供非常完善的 API 接口，系统很稳定，控制台界面设计也很清晰。Mailgun 平台主要是自服务（Self-Service），所以帮助文档和界面都很友好		Your First 10，000 Emails Are Free Every Month国内使用国外服务商有时候会有 GW 的问题，包括海底光缆断裂这样的事情都会影响到邮件的发送
	Sendgrid	Sendgrid 是国外比 Mailgun 要更早专注做触发邮件的平台。API 接口、发送能力和系统稳定性上，要比 Mailgun 更加成熟	0.14分/封	
	Mailchimp	Mailchimp 是一家非常小的公司，硅谷的创业公司很多都在用他们的服务，他们提供按照列表量收费方式，很适合列表数量比较小的公司	按照发送用户数和发送条数进行对照收费	
	Amazon SES	Amazon Simple Email Service（Amazon SES）是一款经济高效的电子邮件发送服务	0.1分/封	
国内	SendCloud	搜狐公司出品	0.25分/封	
	灵动创新	灵动创新基本是国内最早开始做邮件营销的公司，所以在邮件营销方面积累了比较丰富的经验。他们的特点是提供“营销顾问服务”和“邮件设计服务”	0.8分/封	
	绿邮网	北京双赢双盛软件有限公司	开户费6000+2.7分/封	
总结：1.国外的Amazon SES、Sendgrid相对便宜，易用性还需要进一步实践考证，国内SendCloud便宜；2.考虑到国内使用国外服务商有时候会有网关的问题，可以在用国外的同时选用国内的做备份；3.国内外不错的服务商除了有邮件发送服务外，还有设计、数据分析等服务，在成本允许的情况下可以考虑使用。				

第三节　旅游 E-mail 营销策略

一、内部列表营销策略

内部列表的用户主要为现有客户、注册会员和邮件列表注册用户，其主要职能在于增进客户关系、提供客户服务、提升企业品牌形象等。内部列表营销的任务重在邮件列表系统、邮件内容建设和用户资源积累等方面。目前应用内部列表最成功的企业主要是大型网络公司和其他互联网应用水平高的企业，如大型电子商务型网站、中国网通等，因为这些企业通常比其他传统企业网站拥有更多的注册用户，网站的功能也较为完善，用户利用互联网获取信息和服务更为普遍，因此电子邮件营销的效果也更加显著。无论采用哪种形式的内部列表，都要经过邮件内容设计、测试、发送、效果跟踪等环节，一般包括下列 5 个步骤。

（一）确立指导思想

当用户注册为会员之后，将长期成为网站的宝贵资源，有效地利用这些会员资料是项关系到公司竞争优势的战略任务。在制定了内部邮件列表营销策略的情况下，企业应尽可能确立明确的指导思想，将会员通信邮件作为一项长期的、连续的营销策略。

（二）确定营销目的

营销目的决定了会员通信内容的方向，例如，对于客户数量较少但比较专业的企业，会员通信的主要作用在于为客户服务，这样的邮件内容就不适合发送大量的产品信息。

（三）制定内容策略

当总体经营思路确定之后，还需要对邮件内容进行认真的规划。尽管每一期邮件的内容都不同，但还是需要在统一的指导思想下进行规划，做到内容连贯、针对性强，而不是每期邮件的内容完全相互独立，甚至没有任何相关性。

更重要的是，邮件内容应与企业总体营销策略密切结合，让会员通信发挥其应有的作用。

（四）邮件发送

为发送邮件设置一个固定时间，比如，星期一中午，按时发送邮件。一方面可以反映出公司的专业化，增加用户的信心，另一方面也有助于规范营销人员的工作，为有效评价邮件列表效果打下基础。

（五）跟踪营销效果

作为一种内部的营销资源，会员通信一般不需要第三方提供的跟踪报告，内部邮件列表营销的效果评价相对比较困难，需要营销人员根据各种信息加以判断，并且记录、积累有关数据，然后根据一定的指标来进行分析。

二、外部列表营销策略

尽管很多网站都希望建立自己的邮件列表，但由于用户资源、管理等方面的限制，内部列表并不一定完全能够满足开展电子邮件营销的需要。特别是对于我国众多的中小网站来说，企业用户资源积累时间比较长，潜在用户数量一般比较少，不利于迅速扩大宣传。同时由于缺乏专业人员，以及投入的资源限制，即使建立了邮件列表，使用率也会比较低，因此，为了某些特定的营销目的，通常还需要专业服务商的服务。对于没有建立自己内部列表的企业，与专业服务商合作开展电子邮件营销不失为最好的选择。这样可以对内部营销资源与外部营销资源进行综合利用。

专业的电子邮件营销服务商拥有大量的用户资源，一般可以根据要求选择定位程度比较高的用户群体，有专业的发送和跟踪技术，有丰富的操作经验和较高的可信度，而营销效果也有其独到之处。目前，可供选择的外部列表电子邮件营销资源主要有收费电子邮箱提供商、专业邮件列表服务商、专业电子邮件营销服务商、电子刊物和新邮件服务商、专业网站的注册会员资料等。这些服务商及其电子邮件营销形式各有特点，可根据具体需要进行选择。

外部列表电子邮件营销资源大都掌握在各网站或者专业服务商的手中，要利用外部列表资源开展电子邮件营销，必须选择合适的服务商，这时除了比较其价格水平之外应该对服务商的资信和专业水准进行认真考察，以确保自己的投入可以换取满意的回报。选择电子邮件营销服务商应重点考察下列几个方面。

（一）电子邮件服务商的可信赖程度

判断一个服务商是否值得信赖，可以通过了解其品牌形象和用户口碑等外在标准来评价，同时至少还需要确认两项基本要素：一是用户电子邮件地址的来源必须是合法的，即经过用户许可；二是服务商自己不发送垃圾邮件。

（二）服务商提供的用户数量和质量是否可靠

有些服务商为了吸引广告用户的关注可能会夸大邮件列表资源的用户数量和质量。这种状况制约了电子邮件营销行业的正常发展，导致一些企业宁可利用公司内部的邮件列表也不愿意采用专业服务商的服务。即使服务商所提供的邮件列表用户数量是真实的，但仍然可能存在质量不高的情况，这主要是因为一些邮件列表的用户比较分散。同时，由于部分邮件服务商终止服务、用户电子邮箱废弃、用户更换邮件地址而没有退出列表等原因，从而造成列表中的部分用户实际上已经没有任何意义，而广告客户却要为这些无效的用户地址付费，这显然对企业是不公平的。

（三）准确的用户定位

外部邮件列表的人数固然重要，但外部列表的质量更加重要。定位准确是电子邮件营销成功的基础，因为没有人愿意阅读和自己毫无关系的电子邮件，尤其是大量的商业广告内容。用户定位可能有多种指标，如年龄、职业、收入、学历、地理位置等。准确的定位应建立在用户提供的信息真实的基础之上，但有些邮件列表，用户只是为了获得某种信息或服务，所填写的信息不一定完全是真实的。以这些信息作为用户定位的依据，显然没有足够的说服力。如用户在申请免费邮箱时，所提交的信息并不一定完全真实，而在一个电子商务网站注册时，由于需要真实姓名、邮政地址、电话等多种信息才能最终得到自己需要的商品和服务，因此，这些用户资料的真实性相对来说更高一些。这也是非专业性的新闻邮件和电子刊物的广告销售相对更加困难的主要原因。一个服务商可能拥有多种列表资源，应从其中挑选最适合的列表作为电子邮件广告的载体。

（四）专业化的电子邮件营销服务

专业化包含多方面的内容，如提供专业的电子邮件营销建议、专业的广告效果监测手段、专业的邮件发行和管理系统等。一个合格的服务商，往往有大量的成功案例，并且有相关的统计分析资料，如用户的组成成分、用户接收和阅读行为、不同行业电子邮件广告的反应率、用户所使用的邮件接收程序等。根据这些资料，企业可以更好地制定自己的电子邮件营销策略。

（五）合理的费用和收费模式

与其他网络广告形式的收费不同，由于电子邮件广告可以准确地统计出发送邮件的数量，因此，可采用按照邮件发送数量来计费的模式。在选择邮件列表的同时，知道了列表中用户的数量，也就知道了电子邮件营销的费用。这样的定价模式简单易行，为许多服务商所采用。不过，有调查表明，将近一半的用户希望采用按点击量来收费，对于点击量高的可以方便他做出评价。一般来说，服务商的知名度越高、用户定位程度和许可程度就越高，电子邮件营销的效果就越好，费用也会相应更高。

【阅读材料】

外部列表电子邮件营销内容

在选择了合适的电子邮件服务商之后，首要任务就是设计电子邮件内容。由于利用外部列表开展电子邮件营销活动通常是临时性或者一次性的，因此，一般只需要针对活动当时的营销目的进行内容设计。专业服务商投放的电子邮件广告也需要具备电子邮件的基本要素，即发件人、邮件主题、邮件正文、附加信息等。其中，邮件主题和正文内容是电子邮件营销的核心，但发件人和附加信息对用户是否信任广告内容发挥了重要的辅助作用。正是因为通过这些信息，收件人才知道该广告邮件来自何处，是垃圾邮件还是正规的电子邮件营销。一般而言，电子邮件广告并没有固定的形式，可以是电子刊物中的赞助商、专家或者其他用户的推荐信，也可以是专门的广告内容。在表现形式上，通常也有多种可选择的方式，只要邮件内容设计合理，用户可以正常接收都可以作为电子邮件广告。

【本章作业】

1. 思考当前 E-mail 营销面临的主要困难是什么？如何解决或改善？

2. E-mail 营销的主要服务是什么？

3. 案例讨论

TripAdvisor基于用户行为进行的有目的性的邮件互动，促使用户不断营造社区互动，加速用户转化，说服用户不断评论分享从而实现营销目的。从网站电子邮件订阅（用户注册）开始。许可式电子邮件（opt-ine-mail）是开展良性邮件营销的基础，相当于发送人与接收人达成握手协议。此外，还有里程碑式的感谢评论邮件；创造非典型事务邮件；为另类用户特别定制“志同道合”的邮件；不忘发送一封温暖舒适的正能量邮件；通知邮件及节日邮件、月度报告邮件等。通过建立起清晰的数字营销和会员用户全视野，进行千人千面的个性化内容推送，为企业带来正确的营销预见。

阅读上述材料，找出与TripAdvisor电子邮件营销策略类似的旅游企业，并分析其营销成功的原因。

第十一章　旅游新媒体营销

【开篇案例】

网红西安，最早可以溯源到抖音的摔碗酒视频。2018 年 1 月，一段游客喝完米酒然后豪气地掷地摔碗的视频，意外在抖音火速传播，引来更多来店铺体验的游客。一边是堆在街角越来越高的碎碗，一边是上千名排队的游客，“排队俩小时，只为摔个碗”听起来有些像调侃，却实实地带火了城墙角下这条老街，也让西安尝到“甜头”。

随后，毛笔酥也成为被抖音用户“打卡”的爆款美食，同样意想不到的是，一首《西安人的歌》在创作 2 年后在抖音走红，产生 20 亿的播放量，成为标签为“西安”的短视频必备的 BGM（背景音乐）。

西安市委市政府作为官方，敏锐地留意到了这样的机会。彼时，西安被确定为国家第九个国家中心城市，以打造“创新创业之都、全球硬科技之都、世界文化之都、世界旅游时尚之都、国际生态智慧宜居之都”的“五都”城市新形象，被印发在了官方的文件之中，如何打造“五都”形象，正需要一个破题的切入口。

恰在这时火起来的“西安”，就像天降甘霖一样，给西安的主政者带来了启发，抖音的现象级传播，提供了一个刷新城市形象的崭新思路。

在主政者“利用抖音宣传西安”批示下，几十家市政府机构纷纷开通官方抖音号，西安市公安局、西安市旅游发展委员会、西安市文物局悉数在列。2018 年 4 月，西安市旅发委与抖音达成战略合作，全方位树立抖音上的城市形象。因此，西安一度被称为“抖音之城”。

跟抖音合作最直接的效应，是带动了西安的旅游发展。利用城市的美食、美景、文化等符号载体，能有效地促进城市形象的传播。调查显示，从短视频中有关城市的内容吸引受众群体的情况来看，地方美食占 78.4%，著名景点、历史胜地占 62.8%，地方美景占 59.8%。

而西安市政府与“抖音”合作后，抖音平台也给予了西安专人运营指导，并增大了流量扶持。由于短视频的传播和扩散，众多游客涌至西安，游玩之余纷纷举起手机制作短视频，并上传到网络平台打卡网红景点，进一步丰富了短视频的数量和种类。这种居高不下的热度，使西安的创收能力大幅提高。

（资料来源：经济观察报《营销大西安，网红批量造》，有删减）

【本章学习任务】

· 了解新媒体与新媒体营销。

· 能够关注新媒体平台的发展态势。

· 掌握旅游行业通过新媒体营销的基本逻辑和策略。

第一节　新媒体与新媒体营销

一、新媒体

中文的“新媒体”一词是英文“New Media”的直接翻译，所以要了解“新媒体”的起源，还得从“New Media”一词的来源说起。一般认为，“新媒体”作为传播媒介的一个专有术语，最早是由美国一个叫 P. 戈尔德马克（Peter Carl Goldmark）的人提出来的。P. 戈尔德马克是 LP（留声机唱片，the long-playing microgroove 33-1/3 rpm vinyl phonograph disc）和 EVR（电子录像，Electronic Video Recording）的发明者，还是参与制定彩色电视 NTSC 标准的重要成员，曾担任过美国 CBS（哥伦比亚广播公司）技术研究所所长。他在 1967 年发表了一份关于开发 EVR 商品的计划，在这个计划里他第一次提出了“新媒体”一词之后，有一个叫 E. 罗斯托（E.Rostow）的人，他是美国传播政策总统特别委员会主席。他在 1969 年向当时的美国总统尼克松提交的报告书中，也多处使用“New Media”（新媒体）一词。从此以后，“新媒体”一词就开始在美国社会流行，并逐步流传到全世界，“新媒体”也逐渐成为全世界的热门话题。

（一）广义的新媒体

广义的新媒体包括两大类：一是基于技术进步引起的媒体形态的变革，尤其是基于无线通信技术和网络技术出现的媒体形态，如数字电视、IPTV（交互式网络电视）、手机终端等；二是随着人们生活方式的转变，以前已经存在，现在才被应用于信息传播的载体，例如楼宇电视、车载电视等。狭义的新媒体仅指第一类，基于技术进步而产生的媒体形态。

（二）狭义的新媒体

狭义的新媒体，主要是相对于传统媒体广播电视、杂志、报纸而言，是指通过无线或有线网络服务利用数学化手段进行文字图像以及声音影像等信息传播的新型媒体，包括微博、微信等形式。新媒体更加体现了显著的个性化、受众选择性增多、表现形式多样、信息发布实时、传播迅速范围广泛等新特点，具有交互性、全息化、数字化、网络化等优势。

（三）新媒体的特征

新媒体依托数字技术打破了媒介之间的壁垒，摆脱了地域的束缚，甚至冲破了传播者与接受者之间的边界。从新媒体目前的应用情况来看，有以下特征：

1. 受众面广，传播效率更高

新媒体时代，人人都是信息的接收者，同时也是信息的发送者，这就打破了只有新闻机构才能发布新闻的局限，充分满足了信息消费者的细分需求。与传统媒体的“主导受众型”不同，新媒体是“受众主导型”。受众有更大的选择，可以自由阅读，可以放大信息，从而提高信息的传播效率。

2. 千人千面，传播内容个性化

由于技术的原因，以往所有的媒体几乎都是大众化的。而新媒体却可以做到面向更加细分的受众，可以面向个人，个人可以通过新媒体定制自己需要的新闻。也就是说，每个新媒体受众手中最终接收到的信息内容组合可以是一样的，也可以是完全不同的。这与传统媒体受众只能被动地阅读或者观看毫无差别的内容有很大不同。

3. 内容丰富，表现形式多样化

伴随着数字技术、网络技术、移动技术等发展，新媒体形式呈现多样，可融文字、音频、画面为一体，做到即时地、无限地扩展内容。并且新媒体不但容量大，而且易检索，由于其随时储存内容，用户查找以前的内容就会变得非常方便。

4. 交互性强，信息的社会影响力大

新媒体交互性极强，独特的网络介质使得信息传播者与接受者的关系走向平等，通过新媒体平台的评论、私信等功能，受众可以实现与信息传播者之间的及时沟通，受众不再轻易受媒体“摆布”，而是可以通过新媒体的互动，发出更多的声音，进而影响信息传播者。

二、新媒体营销

（一）新媒体营销的概念

新媒体营销作为特定时代孕育的产物，是指借助新媒体开展的营销活动，从根本上来讲，它是企业软性浸透的商业战略在新媒体平台上的实现，通常运用媒体表达与舆论传播使消费者认同某种概念、观点和分析思路，从而达到企业品牌宣传、产品销售的目的。

与传统营销相比，新媒体营销突破了传统固定的营销模式，营销不再受时间约束，传播不再受空间局限，不仅能精确地获取访问量，甚至能收集整理出访问的来源、访问的时间、受众的年龄、地域，以及生活、消费习惯，等等。

（二）新媒体营销的意义

伴随着信息技术的飞速发展，新媒体为旅游目的地提供了广阔的创意空间和价值转化的可能，运用新媒体进行营销，不仅仅具有良好的经济、社会效益，还可以提升旅游目的地及景区的整体形象，具有广泛而深远的意义。

1. 有利于引导游客理性消费

随着我国经济水平的提高，人们的经济收入和闲暇时间增加，旅游需求越发旺盛，而伴随着旅游需求而产生的是人们对旅游信息的依赖。旅游目的地、景区以及其他旅游企业利用新媒体平台进行宣传推广，一方面为旅游消费者提供了旅游决策所必需的信息，另一方面广泛宣传和大量传播具有吸引力的旅游信息有利于刺激人们旅游需求，引导游客理性消费。

2. 有利于旅游相关企业降低成本，提高效率

对于旅游目的地及景区而言，世界上任何一个地方都有可能因为网络而成

为其潜在市场，任何一位网络用户都有可能成为其顾客。而且在新媒体环境下，网民可以更容易“群”聚，聚集到专门为有共同兴趣爱好的人们所建的网上虚拟社区，因此旅游信息在旅游爱好者的社群中能够更加快速有效地传播，信息传播的影响力也大大提升。

3. 有利于了解用户需求，实施定制化营销

新媒体通过与客户随时随地的双向沟通与交流，通过客户对产品的评价、客户对企业发布信息的评论以及新媒体平台上的舆论信息等了解客户个性化需求和反馈意见，及时改进工作，提高旅游服务质量，实现“以顾客为中心”的营销理念。另外，旅游目的地通过新媒体营销，可以分析和整理顾客隐形要求，引导旅游景区的开发策划方向以及旅游产品的独特性设计，以满足顾客需求。

（三）新媒体营销道德

随着新媒体营销的盛行，有违营销道德的事件时有发生，如利用新媒体平台发布虚假信息，利用网上交易双方不见面、购买者见不到商品的交易特点，销售同网上广告宣传商品相距甚远的商品甚至伪劣品，发布内容与形式不健康甚至违法的信息等行为，使广大消费者的利益受到损害，因此对营销活动产生抵触情绪，对品牌的信任度大打折扣，同时也影响了企业自身的发展。为了净化新媒体时代的互联网环境，保障消费者利益、企业的健康发展，需要对新媒体的营销道德进行规范。

1. 企业要端正经营思想，树立社会营销观念

企业在经营活动中，要有正确的经营指导思想，通过正当、合法的手段获利，不能唯利是图，更不能见利忘义；要以社会营销观念为导向，营销活动不仅要满足广大消费者的需求和欲望，而且要符合消费者和社会的长远利益。

2. 促进网络营销道德和企业文化结合

新媒体营销的行为的部分主体是企业及其员工，解决企业营销过程中的非道德问题，关键在于约束企业及其员工的营销行为。人的思想意识、价值观念决定着人的行为，故规范和约束企业员工的行为，仅依靠法律和法规制度的强制约束远远不够，重要的是要影响和改变员工的思想观念。因此企业应促进网络营销道德与文化建设相结合。

3. 新媒体平台的用户要有道德操守

互联网时代人人都是信息的发送者，新媒体时代也不例外。而网络的虚拟

性以及行为主体的匿名隐蔽特点，大大削弱了社会舆论的监督作用，使得道德规范所具有的外在压力的效用明显降低。新媒体平台的用户要遵守网络法规，遵守职业道德，尊重民族感情，遵守国际网络道德公约，如：不以任何形式传播内容有害或不健康的文字、图片、视频等信息，不随意传播未经证实的消息等都是用户在新媒体平台应做到的基本守则。

【阅读材料】

新东方成功转型，董宇辉爆火出圈，给了我们什么启示

新东方又一次火了！新东方旗下东方甄选带货主播董宇辉由于在直播间里用中英双语带货，直播平台粉丝从6月9日的100万涨到6月17日的1200多万，新东方在线的股价也在短短5个交易日里，从4.47港元/股飙升至28.60港元/股，累计上涨539.82%。

如果你到现在还只是把这件事当作一场热闹来看，那你就错失了一次绝好的学习机会！新东方的成功转型，主播老师董宇辉的爆火出圈，这里面既有商业逻辑的秘密，又有职业发展的规律！掌握了这些秘密和规律，也许你也能在职场和商场——逆袭！大家都说，新东方是直播界的一股清流，他们卖的不仅仅是商品，更是知识和情怀，是大家想要追寻的泥土的芬芳，是普通人向往的诗与远方。新东方之所以突然间火了，主要有三个方面的原因。

第一，降维打击。东方甄选成功的主要原因是在同质化竞争激烈的直播带货中，做出了差异化，而且还不是一般意义上的差异化，他们把直播间做成了一个享受免费学知识、听段子、顺带卖卖东西的地方，而一般的带货直播间里都只是单纯地介绍产品，这样无形中就少了很大一部分流量。

第二，顶流人才团队。新东方的主播们并不擅长于卖货，但是在讲课这一方面，他们绝对是个顶个的顶流人才，更何况在双减政策之后，新东方已经经历了一轮大裁员，剩下的老师那只能是人才中的人才了。他们在直播间里谈古论今、引经据典，时不时来上一句富有哲理的英文好句，还让你别着急买东西，先听课，通过这种方式保持直播间的热度。

第三，选品和粉丝群。东方甄选直播间主要带货农产品，顺带也卖书。扶农助农这个主题符合国家共同富裕的大政策方向，同时东方甄选的供应商爆料

他们还取消了几十万的巨额坑位费，这样不仅能跟上游供应链达成更好的共赢局面，还能增加一些扶农助农的公益属性。

我们再看一下东方甄选的粉丝群体，数据显示，东方甄选的粉丝以24到40岁的人群为主，这个年龄段的人都是职场的主力军，有非常好的消费能力，也不在乎买一袋米、一桶油，反正家里本来也要用，去哪买不是买，在这里买还能满足自己跟随新东方扶贫助农的一点小情怀。

所以东方甄选的选品很好地契合了它的粉丝人群。再加上俞敏洪本来来自农村，董宇辉也出身农村，他俩就是农产品天然的代言人。

以上是东方甄选爆火的商业逻辑。我们再来聊聊董宇辉。

董宇辉从一名普通的英语老师，成为一名爆火的网红主播，他的成功经验有没有值得我们每一个普通人学习借鉴的呢？当然有！

以董宇辉为代表的新东方老师看起来知识面如此之广，从英语到历史、地理、人文、哲学、诗歌，古今中外好像无所不知、无所不晓，总结起来也有三方面的原因。

第一，新东方招聘老师的时候本来就是优中选优。

第二，新东方老师入职以后也会经过系统的培训。

第三，经过几年的讲台历练，那些可以让我们普通人惊艳的知识段子，他们早就烂熟于心了。

董宇辉自己也说了，幽默激情是新东方教学的传统基因，他们在新东方多年的工作，日复一日的训练，已经把这些内化成自己的能力了。

这三个方面合起来，放到任何一个行业都是OK的。如果你本身就很优秀，如果你也经过了系统化的培训，如果你也坚持几年如一日地做同一件事情，你也一定能做得很好。

很多人觉得自己还不够优秀，董宇辉说他在直播带货的早期，表现一直也不好，产品也讲不清楚，观众也不欢，还老在评论区骂他，所以他也是经历过低谷的。

但是我们得像他一样努力，自己要求进步，并且能坦然面对质疑，克服各种困难。董宇辉在接受媒体采访时说，在大学的时候为了练英语，接别的同学都不愿接的任务，非常辛苦，有时甚至要通宵，所以他能成功也是必然的。

任何一个时代都不缺乏机会，而机会是留给有准备的人的，有自己的人生理想和目标，每天朝着这个目标迈进一点点，持之以恒，你也一定可以成为你所在行业的佼佼者！

（资料来源：https：//new.qq.com/rain/a/20220619A09ADN00）

刘畊宏火爆现象的营销启示

每晚400万粉丝一起跟练《本草纲目》，一个月涨粉5000万，超过了李佳琦和迪丽热巴，在4月26日晚间的直播中，抖音粉丝数正式突破5000万。刘畊宏也成为某音平台上，仅次于刘德华涨粉速度的达人。《本草纲目》《龙拳》这些发行于十多年前的歌曲，也登顶了QQ音乐和酷我音乐等流媒体平台的飙升榜。虽然当年，这些远算不上周杰伦最热门的歌曲，但如今刘畊宏却让它成功成为时下最魔性、最让人上头的潮流之歌。似乎是一夜之间，“刘畊宏女孩”“刘畊宏男孩”也成为了新的互联网社交名片，顶流光环下的刘教练，被粉丝们戏称与李佳琦一起组成“人财两空”组合，“一个掏空钱包，一个掏空身体”。

那么问题来了：

刘畊宏果真是一夜爆红吗，究竟何许人？

肌肉男这么多，凭什么刘教练能快速崛起？

对经营个人IP或企业品牌，有何种营销启示？

我们逐一来看。

1. 首先，刘畊宏果真是一夜爆红吗，究竟何许人？

商业世界，从来也没有所谓一夜爆红，刘畊宏是戏剧科班毕业，早在1990年就已经出道，1997年与吴宗宪等人组成男团，其后又参演《头文字D》《大灌篮》，2006年发行自己作词作曲的首张专辑《彩虹天堂》，当时就已经小有名气，2015年，担任励志减肥节目《减出我人生》的明星教练，2017年9月，携女儿小泡芙参加《爸爸去哪儿》，时至今日，刘畊宏已是行业内打拼32年的老艺人，早在出圈之前，就已经有一定知名度，是老骥伏枥的典范。

2. 肌肉男这么多，凭什么刘畊宏能快速崛起？

刘畊宏的走红，不但与其个人的努力和能力息息相关，而且也同样经历了典型的过程，从签约MCN机构，到小范围出圈，直至平台扶持，实现大规模互联网走红。

（1）个人能力：从2021年12月开始，刘畊宏签约无忧传媒后，开始转战抖音电商，2个月内直播9场，带货成绩不温不火。此后，开始重新寻找新的定位，尝试自己最擅长的健身领域，直播第一次便收获了24万观众，才迎来了个人直播生涯的第一次小高峰。在进入大众视野之前，刘教练已经在平台直播了两个月，粉丝量才逐渐累积到500万。4月26日粉丝数突破5000万，一举超过直播一哥李佳琦，一夜涨粉1000万，7天涨粉3400万，直播观看人次超1亿，创造了2022年抖音直播的新纪录。第一次出圈，来自在直播间穿羽绒服跳操的“名场面”。4月7日的直播中，在经历了因腋下毛发旺盛，被平台警告“不雅”，第二次出圈，则是因为胸肌过于发达，被系统误判“哺乳期擦边球”等乌龙事件后，刘畊宏干脆带着妻子穿着羽绒服进行教学。很快，羽绒服直播事件让刘畊宏登上了热搜，并在4月8日迎来了一波涨粉小高潮。

真正把他推向大众视线的，还是4月13日分享配合周杰伦的《本草纲目》改编的健身操，并称这组健身操“能脱离小腹、肚腩、肥油，练出你的人鱼线、马甲线，迎接美好的夏天”。因动作简单易上手，这组健身操很快登上了抖音挑战榜前列，引发了全网模仿热潮。

直播是考验综合能力的过程，不是仅仅有多年的专业健身教练经验就可以的，更需要清晰的人设定位、用户定位，准确理解直播的特点，把握粉丝在直播中跟练的痛点，调动粉丝参与直播的情绪，显然，刘畊宏过去的长时间的健身、演员、主持经历，都在这里发挥到了极致。人设定位清晰：刘畊宏的人设定位，是正能量满满、喊话比动作还多的健身教练，一边跳，一边鼓励大家，而旁边的的妻子则是“被迫营业”的“摸鱼”形象，代表了一众希望减肥，挣扎在肥胖与无奈健身两个领域的女孩子们。两人一强一弱，一个作为教练，一个更像学员，鲜明的反差层出不穷，导致夫妻俩各种互动直播间段子在社媒广泛传播。特别是王婉霏作为陪练直播跳操划水，痛苦的表情让不少粉丝感同身受。

用户定位准确：事实上，大多数来直播间的健身爱好者，都是小白，而刘畊宏的毽子操配《本草纲目》，从背景音乐上，选择了大家耳熟能详的大众节奏，动作上非常简单易学，几分钟就可以上手，好听、好看又实用，不得不说，对于如何让小白们动起来，刘教练定然是花了很多心思，这无疑帮助大众降低了健身的门槛，即使是不爱运动的人，看到他的简单易学的动作，跟着曾经熟悉的音乐，都忍不住律动起来。而很多专业健身博主，在健身内容的选择上，会选择偏核心的专业运动，其实更适合高阶玩家。强互动性：跟着刘教练的粉丝们都知道，刘畊宏的直播间，就算不看，即便只是听，你也停不下来，强烈的正能量互动性语言，像咒语一样，让你欲罢不能。强专业性：在直播过程中，对每个细节解说很到位，并且分解每个动作所训练的部位，讲解要领，甚至连“用力容易不对的地方”“用嘴呼吸会缺氧”等初学者容易遇到的问题都会一一解答。强福利性：与达人、明星联动则是必备的吸粉福利招数，特别是鲜有的惊喜。在刘畊宏抖音突破1000万粉丝后，刘畊宏夫妇和钟丽缇夫妇、应采儿夫妇来了场直播连麦。中间，应采儿儿子Jasper的突然出现，更是让网友感到极其开心，当晚，直播间观看人数达到了116万人。刘畊宏还表示，将在三千万粉丝跳操福利时和周杰伦连麦。人设定位清晰，用户定位准确，同时，直播的专业性、互动性和福利性要素，驾驭游刃有余，这些充分体现了刘畊宏的个人能力，过去的努力，没有一样是白费的。

（2）需求风口：很显然，刘畊宏的走红，和本轮上海封控走势是密切相关的。以3月27日上海市发布新一轮通告，大批上海居民将在4月1日前后，开启居家模式，并要求足不出户。而由此带来的居家健身需求也迅速井喷，而根据相关数据，刘畊宏在3月份，粉丝数只有331万，火爆的涨粉趋势，也恰恰是从4月1日前后开始的（见表11–1）。

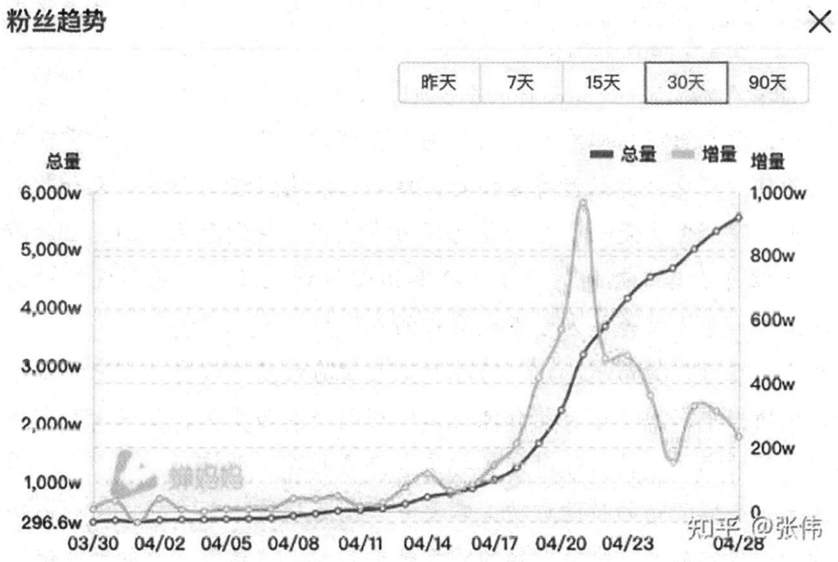

表11–1　粉丝增长趋势

（3）机构加持：2021年12月，刘畊宏签约无忧传媒，作为其在抖音平台的独家合作方。那么，无忧传媒何许机构？事实上，该MCN公司旗下签约主播达人超8万人，除了刘畊宏之外，还拥有大狼狗郑建鹏&言真夫妇（5080万粉丝）等千万粉丝人近20位，旗下全网粉丝总量超18亿，其“造星”实力可通过如下一组数据可见一斑，毛毛姐，粉丝数量从早期的60万增长至3000万；网红广东夫妇，从早期100万粉丝，到现在5000万，温精灵从700万到2000万粉丝，这背后都离不开该企业的加持。

（4）平台扶持：某音电商曾告诉媒体，正在发力运动健身这一赛道。截至2021年12月，粉丝过万的运动健身创运动健身视频数量同比增长134%，创作者数同比增长39%；健身类主播涨粉同比增加208%，直播收入同比增加141%。每隔一段时间，某音平台就会重点扶持某一个赛道的IP，比如4月12日某音签约“健身界风向标”帕梅拉。刘畊宏的横空出世，对于平台来说，也算是恰逢其时。而从更大的视角看，还有外界带来的危机感。去年以来，微信视频号通过西城男孩、五月天、崔建、AI修复后的张国荣直播演唱会破圈，四场演唱会的累计观看人数破亿。某音显然有了危机感。数据是最好的对比。根据腾讯上月公布的2021年第四季度及全年财报，2021年视频号DAU（日活）超5亿，这一数据在前一年还是2.8亿，而抖音主站、极速版及火山版累计近7亿日活，两者差距日益缩小。

3．经营个人IP或企业品牌的朋友们，从中得到何种营销启示？

其一，源于自身核心能力。刘教练也尝试过一些方向，而后才重回自己坚持已久的健身领域，开始健身直播时，估计也没有预料到会有今天如此火爆的现象，世间事好像多是如此，种花是因为喜欢花，待到春色满园，自然游人如织，坚持做自己真心热爱的事情，将其用心做到极致，方能形成核心竞争优势，而上天似乎也总是偏爱于眷顾这样的人。

其二，准确把握需求风口。特殊时期的上海的居家健身，需求量暴增，供求关系失衡当中，供给侧自然会涌现出优秀的个人与团队，让供求关系重归平衡，刘畊宏的爆火，是特殊时期各种需求要素的综合加持。

其三，公域营销的持续成功，需要专业团队持续运营，刘畊宏的成功同样离不开专业机构加持。公域营销的难度是很高的，这是条完整的产业链，比如多数成功的MCN公司过去往往有孵化明星的成功经验。目前国内很多经营个人IP或经营品牌的企业，往往擅长做内容，但推广和运营中，不断迭代模型，同样在公域营销中非常重要，更建议的是公域做规模，私域做变现，将私域作为流量的归集地，公域作为流量的放大器，两者充分结合，方能风险最小化，成果最大化。

其四，踩对平台扶持风口。某音自2020年以来，不断加码运动健身这一赛道，并且每隔一段时间，重点扶持赛道IP，刘畊宏在此时，正合某音战略。

（资料来源：https：//zhuanlan.zhihu.com/p/510898425）

第二节 旅游新媒体营销的形式和策略

旅游业作为朝阳产业近年来发展十分迅速，它能够充分满足都市人们休闲娱乐、放松身心的需求。而进入新时代，也对旅游营销策略提出更高要求，传统营销方式主要以报纸杂志、电视广播、门市等为主，已很难满足现代化旅游发展需求。相比于传统媒体，新媒体具有内容丰富、传播迅速，互动性强、个性化突出等优势特征，因而更加能够满足广大游客对于旅游服务的多样化需求。而我国旅游行业要想实现健康稳定发展，就必须要充分把握新媒体优势、创新营销策略，以更好地满足大众需求。

一、旅游新媒体营销形式

（一）内容塑造

新媒体营销的推广渠道不同，展示内容的方式也不同，但共同点是通过图片、视频、链接等形式进行推广。企业可以根据用户的需求塑造内容，不断优化和改进内容，通过创造性创新获得用户的关注。

（二）短视频操作

随着互联网的不断发展，现在是一个每个人都可以成为网络名人的时代，越来越多的个人和企业通过这种形式的营销推广，大V可以影响部分用户，但企业营销媒体推广的形成，可以有效地确保营销活动的曝光。

（三）平台建设

现在，除了依靠内容进行推广外，我们还必须使用专业的广告推广平台。只有双管齐下，才能实现全面地推广内容和渠道，使用户之间的联系更加紧密。

二、新媒体时代旅游营销策略

（一）深度了解用户需求

用户对企业或产品的兴趣和关注通常是基于他们最初的爱好或解决自己的问题和需求，通过输出内容来获得用户的关注，引起用户的共鸣，让用户认为所表达的内容对他们自己是有价值和有用的。从用户需求开始，抓住用户的痛点，在适当的时间，通过适当的渠道，推到适当的用户组。

（二）不断创新营销理念

进入新媒体时代，旅游营销必须要转变传统的理念，积极适应新媒体时代发展要求，转变营销策略，对于旅游企业而言，在进行旅游营销的过程中，必须要本着顾客至上的基本原则，并要使其积极主动地参与到旅游之中，这样才能对其购买欲望进行激发。除此之外，企业还要结合消费者的兴趣爱好，针对性选择旅游产品进行推广，使服务更具针对性，更好地满足用户的多样化需求，通过为游客定制个性化旅程，还有助于提升旅游企业竞争力，帮助其树立良好的社会口碑。

（三）积极开发个性化旅游商品

新媒体时代的到来不仅要积极创新旅游营销理念，同时要开发出更多个性化的旅游商品，旅游企业可借助新媒体平台对用户的喜好和想法进行了解，从而为其提供定制产品，使整个旅游服务更加贴心周到，充分凸显以人为本、顾客至上的服务理念。除此之外，还要成立专业的营销团队，在用户咨询问题时，必须要在第一时间予以回复，特别是在当前激烈的行业竞争背景下，旅游企业必须要善于抓住机遇，这样才能占据营销主导地位。借助电子邮件、微信、微博等与用户进行实时交流与沟通，为其提供满意服务，只有这样才能积累更多客户，提高旅游产品的知名度和影响力。

第三节　旅游新媒体营销平台

一、抖音

抖音，是由字节跳动孵化的一款音乐创意短视频社交软件。该软件于2016年9月20日上线，是一个面向全年龄的短视频社区平台，最初用户可以通过这款软件选择歌曲，拍摄音乐作品形成自己的作品。

目前，抖音短视频这个应用软件内有丰富的特效，节奏感强，并且制作门槛低，给人感觉酷炫时尚，因此，其科技、艺术元素和旅游场景的融合，就铸就了具有高度可传播性的视频内容，成为目前用户基础最广泛的新媒体平台之一。

（一）抖音旅游营销现状

庞大的流量和平台用户自主生产的短视频促成了抖音平台进行一系列的旅游营销，除了用户自主带出来的“网红景点”，抖音短视频平台也自主策划起了“跟着抖音游××”的旅游景点营销，目前包括了陕西西安、河北正定以及甘肃敦煌一系列景点，并且取得了极好的用户反响。

首先，在用户自主进行内容创作方面，由于抖音短视频的受众主要以年轻人为主，当代年轻人多是互联网的“原住民”，注重个人的社交形象塑造，因此他们更青睐于抖音这样的传播和自我营销的方式。他们喜欢创造和分享，参与度高，且抖音的社交功能，无论是具有交互性的短视频还是评论区的互动，也满足了这一代人强烈的社交需求。

用户尤其是具有一定粉丝基础的用户，通过抖音发布极具特色的景点、吸引人的相关活动、当地美食等受众所关注的优质短视频内容，引发其他用户的传播，进而扩大相关目的地的知名度。例如西安的网红体验之一就是西安城墙脚下永兴坊的“摔碗酒”这一源自民间传说的特色情感表达形式，具有足够的历史性和趣味性，这也是其能被包装成为“网红”的重要因素，进而吸引众多用户纷纷前来“打卡”体验。

其次是抖音运营方对旅游景点的包装宣传不仅局限于播主的自身创作，还包括其主动进行相关内容生产。如推广宣传甘肃敦煌这一景点时，抖音自主开设“如梦敦煌”这一账户，视频以第一人称叙述，将敦煌拟人化，将景点比喻成“家”，并且把敦煌的文物做“活”，动态化呈现敦煌这座古城厚重的历史文化和神秘色彩。

再者，抖音短视频 App 满足了旅游营销下所有利益相关者的需求及为他们创造了价值，包括抖音运营方、旅游地、播主及用户。用户参与视频观看，既满足了自身打发时间的需求，又在参与互动中贡献出自己的注意力，创造流量；而播主则在创作中获得心理满足感及平台补贴、商家合作等额外收入；抖音运营方通过大量的流量为旅游地进行包装宣传，为旅游地本身带来丰富的收入外，本身也能将流量变现，获得大量投资及广告收入。总之，这样的机制平衡了所有的利益相关者，并相互依存，相互促进，才使得这样的旅游营销得以可持续化的发展。

（二）抖音旅游营销策略

1. 旅游营销的核心在于抓住受众，积极引导其自发进行传播

当今时代，营销的话语权已经由传播主体转移到受众本身，传统的营销模式在这个注重个性化和个人表现的时代需要从本质上进行改革，需要从制度建设到整个营销模式的创新来为当代的旅游营销注入新的活力。

抖音平台也不例外，抖音短视频 App 的本质即通过短视频连接各种各样的人、事、物，搭建了一个共同展示“美好生活”，共创价值和共享利益，在这个平台里，每个用户可以创造自我价值，传播自身所掌握的讯息并与他人进行交流互动。因此，旅游营销也应搭建用户可实现自我价值并共享交流资讯的平台，吸引不同的资源进行融合，集聚民间智慧、发挥个体力量进行营销推广。

2. 提高短视频内容的质量，增强短视频内容的吸引力

抖音短视频 App 予以旅游营销最大的启发就是关于营销内容质量的提升和完善，这意味着在营销之际要做好充分的策划工作，基于所拥有的资源和市场、受众需求，接收来自各种各样群体的意见和建议反复打磨，细致研究。在形式上，也应有所创新，与时俱进，整合资源进行精致的包装来打造低门槛、

高质量的旅游宣传产品，加强与用户的互动和连接。

3. 进行旅游营销应整合多种传播渠道

营销应抓住互联网的优势，整合微博、微信等新媒体传播渠道增强与用户的互动，扩大其影响力。抖音短视频在微博及微信公众号均推出形式丰富、内容精彩的宣传文案，获得了受众一致的好评。在用户社群的建立方面，抖音短视频的传播形式符合当代人碎片化信息接收方式，积极引导用户创作，利用用户所喜爱的形式进行包装设计，在 App、官方微博、官方微信公众号等平台的评论区亦完善其互动社交功能，极大满足了用户社交需求并培育出一批具有高忠诚度的粉丝社群。

【阅读材料】

5 月 19 日，2022 年“中国旅游日”主会场活动在线上举办，主题为“感悟中华文化 享受美好旅程”。该活动由文化和旅游部、山西省委和省政府共同主办，文化和旅游部市场管理司、山西省文化和旅游厅等单位承办，抖音官方账号 @ 抖音直播活动对主会场进行了全程直播。

受新冠疫情影响，各地旅客出游减少。为激发更广泛的“云游”意愿，积蓄旅游复苏力量，5 月 13 日抖音上线 #519 中国旅游日、# 万名导游带您云旅游、#519 记录美好旅程系列话题活动，目前已有超 7.3 亿次播放。5 月 13 日至 5 月 23 日，各地文化和旅游部门、旅游景区、导游、旅行达人也通过直播、视频等形式，带领全国游客“云游”。

“云游”的特点是跨越时空，将远在天边的景色推到眼前，不受天气、空间限制。活动期间，字节跳动公益“山里 DOU 是好风光”项目将通过落地子项目“山西 DOU 是好风光”，带大家云游山西乡村风光，感受当地自然风光及人文底蕴。平遥古城、乔家大院、后沟古村等景区将做 18 场重点直播，联动抖音 @ 山西 . 魏道、@ 亮哥旅行攻略、@ 慧姐爱旅行等导游，为当地文旅蓄力。

此外，活动期间，用户带话题 #519 中国旅游日、#519 记录美好旅程等发布视频或图文，分享、推荐景点，将有机会获得流量激励。同时，抖音生活服务也发起商户直播活动，带动酒旅行业商户参与，助力酒旅商家吸引新顾客、开拓新可能。其中，长隆集团、华住集团、深圳佳兆业万豪酒店等将在抖音直播。

在抖音，越来越多网友、景区、商家学会玩转“云游”。抖音生活服务联合巨量引擎城市研究院发布的“五一抖音旅行报告”显示，五一假期网友宅家观看旅行视频，共有38.5亿次“云游”，2.5亿人次在直播间跟着导游打卡景点，相关评论和旅行攻略也成为网友的出游参考。与此同时，越来越多景区、景区商家也在短视频平台做营销，为复苏蓄力。

抖音相关负责人称，平台希望通过线上活动、“云游”等，让用户足不出户仍能“云游四海”，也让具有一定知识储备和表达能力的优秀导游做“云导游”，发挥所长，找到再就业的新舞台。“用户可以从相关视频和景区POI（兴趣点）中观看大量网友评论和反馈，在线咨询与预订，‘种草’与分享，对景区和景点商家而言，也是一种可常态化的新型旅游推广模式。”

（资料来源：新华网客户端，抖音上线“中国旅游日”系列活动，网友“云游”超7亿次）

二、小红书

小红书是近年来新兴的网络社区，小红书用户既可以是分享者，也可以是消费者，目前已逐渐成为旅游企业新媒体营销的重要手段。它主要是通过UGC的方式，由用户创造内容，属于分享类社交软件。企业在进行旅游产品营销的过程中，便可借助这一平台，分享相关的旅游体验，在真实用户口碑的影响之下很容易引发公众关注，从而提高旅游产品营销效果。现在的小红书衍生为以短视频、图文等当下流行的方式，都紧密地贴合了时代的步伐。

（一）小红书旅游营销现状

小红书平台用户以“90后”“00后”等年轻人为主，思想观念超前，易于接受新事物，消费欲望强烈。伴随着众多明星入驻，其平台的用户量不断增加，成为很多品牌的营销阵地。2019年，旅游出行相关内容成为小红书增速最快的品类。2020年，小红书开始密集布局旅游，其中包括与酒店民宿公寓PMS管理系统“订单来了”达成合作，为民宿企业号开通直接预订功能，在上海、广州、西安、成都四座城市及周边，发起“端午种草周边游”直播活动等。

（二）小红书旅游营销优势

以露营为代表的旅游新业态纷纷通过小红书进行旅游营销，得益于小红书的以下特点：

1. 内容优质且丰富多样

小红书官方平台会收录以及推送内容优质的小红书笔记，以供查询人进行参考。此外，小红书平台中的各个视频等都显示其播放量，用户观看时可参考播放量。小红书不仅涉及美妆、个护、发型等，还有影视、时尚、摄影、绘画、科技数码等，栏目齐全，能满足用户的各种需求。

2. 社交功能强大，社交电商优势显著

小红书平台互动性很强，用户可以发布视频、图片等内容或通过评论区、关注发布者等方式与他人进行交流，各用户之间的黏性很强，关联度很高。通过好友推荐或平台种草，用户增强对商品的信任度，易于成交商品。小红书商城正是通过社交方式引流用户到商城，实现社交电商。

3. 口碑传播高效，品牌认可度高

好的产品加上运营方案是能够引导种子用户进行二次传播，也就是到小红书去继续分享产生主动化的口碑传播，形成闭环。在不断的运作下，将会形成能卷入更多用户受众以及 KOL 参与的大闭环，大闭环下所产生的海量的内容就是品牌的认知资产，将会直接或间接地促使用户完成购买行为。小红书会是一个可以长期储存的内容阵地。

【阅读材料】

连续加班一个月的小郭，终于把调休和年假的时间拼接成了一个 12 天长假，他便想着出去旅游一圈，放松一下，由于国内著名景点都已经去过了，他就想试试一直关注的旅游博主“履行”推荐的小众景点。

不得不说“履行”发布的景点推荐内容着实令人“心里长草”，不仅有妙笔生花的文采还有敏锐的镜头捕捉，让人十分向往。最终小郭在众多推荐中，选择了一个被称为“超好拍秘境”的网红打卡景点。

然而等他实际到该景点后，却发现所谓的“超好拍秘境”就是一间蓝色的破木屋。舟车劳顿之后看到的却是一片荒芜，很显然，小郭被这个网红景点坑了。满心失望的小郭又打开了“履行”关于此景点的描述，文字中曾让他十分相信的“真实”“亲历”“美轮美奂”，此时却让他十分恍惚，他仔细看了一会儿，才从字缝中看出字来，原来满页都写着两个字“欺骗”！

事实上，被“种草帖”欺骗过的不止小郭一人，北京的刘女士在出游前也会看旅游网站上旅游达人们写的攻略、笔记等，她认为这些内容对自己旅途中少走弯路、发现新景点很有帮助，看得多了，经历得多了，刘女士也总结出了一些门道，现在她已经能从博主推文的标题和文章的话术中辨别出哪些才是真正的放松去处，哪些是“滤镜景点”。

“种草笔记”最初是真实消费者的体验和评价，有的商家发现通过这种方式进行推广，更容易被消费者接受，于是形成了新的推广方式，如果能让消费者通过这种方式购买到货真价实的服务和商品无可厚非，但若利用人们对原创内容的信任，招募写手代写、代发所谓的消费体验，通过虚假的、引人误解的内容，激发消费者购买欲望，引导其进行购买，就需要承担相应的法律责任。

资料来源：搜狐网，任战敏律师：网红打卡景点背后涉及商业交易，虚假“种草贴”违法吗？（有删减）

【本章作业】

1. 新媒体营销相比于传统媒体，有哪些优势？

2. 你认为旅游行业应如何利用不同的平台进行营销？

3. 案例讨论

4 月 19 日，抖音在西安举办了一场发布会。这是抖音两年来首次举行线下发布会。会场前两排座椅后背贴着“政务嘉宾”四个字。这是发布会的另一方主角们的专座。发布会上西安旅发委、网信办相关领导致辞。

这场发布会的主题是“从西安出发，向全世界讲好中国故事”。抖音与西安市旅发委发布合作，双方计划将基于抖音的全系产品，进一步宣传推广西安的文化旅游资源。这也是抖音“DOU”计划的第一站。

抖音与西安将推出“四个一计划”，通过文化城市助推、定制城市主题挑战、抖音达人深度体验、抖音版城市短片来对西安进行全方位的包装推广，用短视频来向全球传播优秀传统文化和美好城市文化。抖音方面称，此次与西安的牵手，是抖音美好生活计划中出行部分首个落地项目。

首次以抖音总裁身份亮相的张楠在接受经济观察网记者的采访中复述了这次合作。她是原抖音短视频总经理。与西安旅发委牵手，是一个偶然又必然的故事。“二三月可以自主刷到西安相关视频，西安比较突出。是缘分，没有谁先找的谁。正好抖音品牌升级，我们有意愿，西安也有意愿，借助这个契机，我们就来了。”张楠说。今年春节前，抖音注意到包括西安等城市的短视频在抖音上非常火。于是在那个时期，抖音与西安政府相关部门萌生了合作的意向。

抖音高级市场总监支颖介绍称，截至 4 月，抖音上关于西安的视频量超过 61 万条，播放总量超过 36 亿次，点赞总量超过 1 亿，而在抖音海外版中发起的西安挑战赛总播放量也已超过 1200 万次。例如，西安的钟鼓楼、肉夹馍、灌汤包子都在抖音上拥有不少的粉丝。其中有一条拍摄肉夹馍制作过程的视频获得点赞超过 10 万。

资料来源：经济观察网，抖音牵手西安旅发委，是一波怎样的操作。（有删减）

阅读上述材料，回答下列问题：

（1）旅游目的地通过新媒体营销需要哪些主体的参与？

（2）讨论旅游目的地的新媒体营销的利弊。

参考文献

［1］甄小虎．网络营销实务［M］．北京：科学技术文献出版社，2015.

［2］高秀英．网络环境下的旅游信息与旅游营销［J］．临沂师范学院学报，2015（6）．

［3］唐建兵，张薇．四川省旅游网络营销的现状和对策［J］．成都大学学报（社科版），2015（2）．

［4］李伟．旅游网络营销的功能及其实现策略［J］．重庆科技学院学报（社会科学版），2011（3）．

［5］冯英健．网络营销基础与实践［M］．北京：清华大学出版社，2016.

［6］瞿彭志．网络营销［M］．北京：高等教育出版社，2014.

［7］车云月．数据化网站运营深度剖析［M］．北京：清华大学出版社，2017（4）．

［8］中公教育优就业研究院．网络营销实战派：零基础学 SEO/SEM［M］．北京：世界图书出版公司，2017.

［9］秋叶，萧秋水，刘勇．微博营销与运营［M］．北京：人民邮电出版社，2017.

［10］翟东胜．网络营销那些事儿［M］．北京：电子工业出版社，2015.

［11］菲利普·科特勒．旅游市场营销［M］．6版．北京：清华大学出版社，2017.

［12］陶红亮．“互联网＋”网络营销推广实战宝典［M］．北京：中国华侨出版社，2016.

［13］秦勇，陈爽．网络营销理论、工具与方法［M］．北京：人民邮电出版社，2017.

［14］徐茂权．网络营销决胜武器：软文营销实战方法、案例、问题［M］．北京：电子工业出版社，2017.

[15] 刘敏 . 新媒体背景下旅游营销策略分析 [J] . 现代营销（经营版），2020（11）：156-157.DOI：10.19921/j.cnki.1009-2994.2020.11.074.

[16] 张念 . “旅游 + 新媒体”助推城市旅游营销策略研究——以六盘水市为例 [J] . 传媒论坛，2020，3（12）：151-152.

[17] 戴晓瑜 . 浅析抖音短视频 APP 旅游营销的借鉴意义 [J] . 传播力研究，2018，2（21）：117.

附件

扫码观看说课 PPT

扫码观看旅游网络营销课程考核方案

扫码观看旅游网络营销教案

扫码获取旅游网络营销
网络课程超星截图

项目策划：孙妍峰
责任编辑：孙妍峰
责任印制：孙颖慧
封面设计：武爱听

图书在版编目（CIP）数据

旅游网络营销 / 周凯波，林晓宁主编 ； 周欢，喻林萍，智瑀副主编. -- 2版. -- 北京 ： 中国旅游出版社，2023.7

“十四五”职业教育国家规划教材

ISBN 978-7-5032-7188-5

Ⅰ. ①旅… Ⅱ. ①周… ②林… ③周… ④喻… ⑤智… Ⅲ. ①旅游业－网络营销－职业教育－教材 Ⅳ. ①F590.82

中国国家版本馆CIP数据核字(2023)第138194号

书　　名：旅游网络营销（第二版）

主　　编：周凯波　林晓宁
副 主 编：周　欢　喻林萍　智　瑀
出版发行：中国旅游出版社
（北京静安东里6号　邮编：100028）
http://www.cttp.net.cn　E-mail:cttp@mct.gov.cn
营销中心电话：010 57377103，010 57377106
读者服务部电话：010-57377107
排　　版：北京旅教文化传播有限公司
经　　销：全国各地新华书店
印　　刷：北京明恒达印务有限公司
版　　次：2023年7月第2版　2023年7月第1次印刷
开　　本：720毫米 × 970毫米　1/16
印　　张：17.75
字　　数：292千
定　　价：49.80元
ISBN　978-7-5032-7188-5